時光，我的成長青春頌

1
2 | 3

1. 彰化中學59年（1970年）第四班同學畢業照。導師張國恩先生（第一排右六）是位謙謙君子，令同學們孺慕敬重。同學們親切友愛、純眞質樸，時逾半世紀，友情之篤，歷久彌新。
2. 1968年5月，高一下學期結束前，《幼獅文藝》主編朱橋老師（第一排左）、救國團彰化團委會下屬的《彰化青年》執行主編黃正雄先生來訪，攝於彰中校門。當時，醉心並參與青年文藝寫作及編輯活動，培養成爲一輩子對文史的興趣愛好，雖然讀了臺灣大學歷史系，但職涯卻走向商業的發展。摯友廖俊傑（後排中）考上文化大學新聞系，一輩子都在報社及文化界服務。
3. 1958年的大年初二拍攝的全家福。父親半百後雖經商不順，以致家道中落，退守彰化八卦山腰，但他仍舊總是衣著光鮮、體面派頭。他將日據時代崢嶸歲月時期於彰化八卦山所建造的龐大別墅改裝成旅館，做起「小飯店」生意。我（前排右一）在這裡出生、長大，生活到初中一年級。父親是老練的商人，家中雖不再富裕，但小時候的記憶中，沒有生活匱乏的問題。

1	3
	4
2	5

1. 1974年6月，畢業典禮後，回到文學院的百年古蹟老建築前，做最後的巡禮。此去，江山萬里，投入不可知的未來。一介歷史系畢業生，沒有出國深造計劃，沒有寫作教書或擔任公職計劃，一心一意往商界發展，滿懷的卻是莫名的樂觀與自信。
2. 鐘聲21響，是臺大生活的注記。傅鐘下的英姿颯爽、浪漫不拘是臺大生活的寫照。這幾位歷史系同學，或是高中一起同班過來，或是大學時賃屋同住的好朋友。
3. 1973年11月，大四上學期時，攝於臺灣大學校總區行政大樓前。當時二哥去服役，留了一部偉士牌摩托車給我，我取名爲「露露」。這部摩托車陪伴我度過大學多采多姿、青春浪漫、瀟灑自在的時光。
4. 舉辦舞會是大學生活不可缺的社交活動。我雖不太熱衷，但身爲班代表及社團主要幹部，卻不能不組織舉辦此種活動，而每次辦起來仍有模有樣。此圖攝於 1971年5月，大一下學期，圖左是林聖芬學長，曾是《中國時報》社長、中視董事長。圖中爲盧達謙學長，香港僑生，當時是「大學新聞社」總編輯，是一位溫煦謙和的領導者。
5. 大一時，擔任班代表，在陽明山公園舉辦第一次班上郊遊烤肉活動。女同學的青澀，男同學的土氣，構成還算和諧的畫面，且具有年代感。

1
2

1. 1974年6月大學畢業前夕舉辦謝師宴，當時都是青澀的社會新鮮人。坐排右一是班導師林瑞翰教授、左三是時任文學院院長的李邁先教授。當年歷史系師長都是鴻學碩儒、溫文儒雅，不汲求世俗功利的讀書人。
2. 畢業後40年（2014年），臺大母校舉辦四十重聚會，部分同學重聚一堂，都成爲爺爺奶奶輩，散溢出成熟的韻味。前排左二爲朱惠良，前立法委員，前新北市文化局長；後排右五爲馮明珠，前台北故宮博物院院長；後排右四爲王健壯，《新新聞》創辦人。

起飛，保險人生的開展

2 | 1
4 | 3

1. 1977年，投入保險行銷的第一年，在進修營參加培訓，攝於淡水國泰教育中心內的大鵬石雕旁，雕座上刻有「鵬程萬里」四個字。當年年輕氣盛、樂觀自信、不懼艱難，懷鴻鵠之志，一路勇往直前，一份工作竟做了半個世紀。
2. 1979年3月，在南山人壽擔任業務主任時期，攝於總公司培訓教室。當時還是黑板粉筆時代，也是南山在台灣萌芽發展的初期，教材不多，缺乏實戰經驗。訓練、培育人才是我的擅場。從入行不久，我就建立專業化、系統化的培訓課程，建構有效的人才發展體系，也同時形成堅實的領導力。
3. 1981年10月9日，我率領33位南山人壽業務夥伴成立「金山營業處」，當時的核心骨幹是8位單位主管，平均不到30歲，右起爲羅尚德、羅齊家、林志耀、林重文、藍再興、陳仙宮、陳必成、吳得文。我們不斷創造出「金山旋風」，更在十年後，發展成2000人的業務團隊。
4. 1982年6月，在淡水聖本篤修道院，與南山人壽前董事長、時任資深副總經理的郭文德先生合影。當時我創辦金山營業處不久，聯合台南分公司黃敏智經理的團隊舉行進修會，邀請郭先生前來打氣。郭先生是位偉大的領導者，南山的經營文化、業務制度、人才培育體系的建立，他是靈魂人物。他的眞誠、厚道，諄諄教誨，不但贏得尊敬，造就南山傳奇，更讓南山成爲壽險人才的搖籃，子弟兵遍布海峽兩岸領導階層。

1 | 2
4 | 3

1. 1992年5月26日，第一人壽30週年慶暨CIS發表會在台北信義聯勤俱樂部舉行酒會。「三十年根基，三十歲幹勁」的「新第一」嶄新出擊。我率領成軍半年的「種籽」部隊各營業處的處經理上場，右起爲鄭賢得、高豪鐘、劉月桂、林繼平、羅志宏。這批精銳卓越的指揮官，當時都沒超過35歲。
2. 1988年9月到舊金山訪問Norman Levine取經學習。Norman經營北美最成功的經紀人公司之一，尤其是商業保險、家族辦公室業務。此趟個人的北美學習之旅，訪問了三家經代公司，收穫巨大，開拓了我經營保險事業的視野、格局，對日後創辦鑫山時，對業務品質、人才素質及職場環境，有非常深刻的啓發。
3. 九份山上的茶館，是我最流連駐足的地方。從茶館的露台遠眺基隆外海，無論是雲霧裊繞或陽光燦爛，都讓我心曠神怡，思維開闊。特別是挫敗苦惱時，更是我心靈的避難所。1992年11月5日，我帶著我的副手，陳亦純、陳養國及台北的四位營業處經理林繼平、高豪鐘、羅志宏、鄭賢得（左起）到九份茶館做年度策略規劃的準備會議。
4. 海峽兩岸保險業自1992年開始組團互訪交流，1994年首次保險學術研討會在台北舉辦，1995年8月在上海舉辦第二次研討會，台灣保險界踴躍參與，組成大陣容的代表團，受到熱情的接待。圖中第一排人士都是當年台灣保險界的大老，如今多數已凋零；第二排人士在當年也是業界的中壯精英，如今也大都屆齡退休了。

1
2 3

1. 政大企業家班的同學來自各行各業的企業主或高管，都有豐富管理經驗，異業交流，課堂上的互動常碰撞出精彩的火花，特別是個案教學，必須集體思考、分組協作，建立起革命感情，因此課堂外的交誼活動，也形成豐富的人脈網絡。1997年3月28日畢業旅行就選在沖繩，度過一個非常愉快、充滿歡笑的假期。
2. 1994年進入政治大學企業家班第14屆進修企業管理課程，1997年結業。三年的學習，好像是打通了任督二脈，經營管理的技能和觀念不斷突破、進化。
3. 2018年10月中旬，企業家班總導師司徒達賢教授應邀來上海演講，我擔任政大上海校友會會長，負責接待。國際知名的經濟學家、北大教授林毅夫先生從北京趕來相聚。林毅夫曾在政大企研所就讀碩士班，是司徒教授的學生；他就讀臺大時，與我都是社團負責人，彼此也是舊識。司徒教授是政大企業家班的靈魂人物，也是國際知名的策略大師，桃李滿天下，極受學生愛戴及企業界的推崇，他講授的「組織管理」及「策略管理」是最經典、最受歡迎的課程。

1 | 2
3

1. 1998年10月，面對日益惡化的財務狀況，經營形勢嚴峻，慶豐人壽董事會調整了高階團隊，鄭鐘源董事長（第一排左，著深藍上衣）與我展開救亡圖存的艱巨工作。鄭董事長邀集慶豐人壽各部門主管前往九份山上喝茶餐敘，激勵團隊的士氣。
2. 2000年台灣人壽董監事會成員合影，第三排中爲朱炳昱董事長。每個月的董監事會是我在台壽工作中最不愉快的時刻。日後回顧才悟到：原來這些曾加諸於我的凌辱、批鬥，都是來修煉我的怒目金剛菩薩，他們帶給我日後領導的旅程裡極其珍貴的養分。
3. 2000年7月中旬在馬來西亞蘭卡威舉辦的「第一屆台壽高峰會議」，177位績優夥伴參加，活動精彩、熱力四射、情緒沸騰，士氣衝激到最高點，成爲台壽業績飆升成長的轉折點。

轉折，跨國遨遊展身手

1 | 2
3

1. 2001年9月初到加拿大宏利金融集團任職亞洲區業務發展副總裁。當月下旬到越南胡志明市參加區域高管會議（ROM）與台灣分公司財務長黃秋丸女士坐三輪車遊街。這是到宏利工作後第一次出差，從此展開後半生職涯跨境異鄉的旅程。脫離過去數年職涯的困境，當時心情的愉快躍然臉上。
2. 日本東京峰會的台灣精英代表團遊覽箱根的蘆之湖。後排右起第四位爲Michael Huddart，時任台灣分公司總經理，我兼任他的高級顧問。我們工作上合作無間，而私底下他更是我洋人圈裡最要好的朋友。
3. 2002年5月，宏利亞洲中、越、台區域聯合舉辦日本東京峰會。左起第六位爲Marc Sterling，當時主管中越台區域。他增員我進入宏利集團，任命我擔任中宏人壽總裁。我在宏利十年都向他彙報工作。我們相互欣賞、親如兄弟，而工作關係緊張時，又不容如水火。

1 | 2
3

1. 2002年6月中旬，出差到新加坡Manulife支持培訓工作，做業務發展診斷，並對業務人員做了一場激勵性演講「與成功有約」。現場與新加坡宏利的管理團隊合影。
2. 2002年6月24日，出席在上海舉辦的「LOMA戰略研討會—New Path to Excellence」，與幾位老部屬聚會。左起張芳玫、李勳欽、呂國雄、林茂泉。張芳玫、林茂泉都曾是66粒種籽成員。林茂泉迄今仍是鑫山的營運長。呂國雄、李勳欽都曾擔任台灣人壽子公司總經理。
3. 2002年11月下旬，宏利人壽台灣分公司十週年慶業績大賽「胡志明市假期」峰會時，與台灣的管理團隊合影。峰會結束後，我直接飛往廣州，參加中宏人壽廣州分公司的開業慶典，再飛上海，對中宏上海的業務夥伴做一週的培訓課程及營銷發展的指導。三個月後，我就接任了中宏人壽的總裁工作。

1
2

輝煌，西進大陸市場

1. 2003年8月31日，中宏人壽高峰會議頒獎典禮在北京人民大會堂盛大舉辦。據說，這是有史以來作爲國家最高殿堂「人民大會堂」首次開放給壽險公司舉辦慶典活動。對民營企業而言，這是極高的榮耀，而對於業務人員而言，更是畢生的殊榮。爲了能擠進這個國家殿堂，夥伴們士氣高昂，視爲一生中最重要的目標任務。結果將士用命，把原先低迷的業務氣氛轉危爲安。那一年，中宏人壽業績成爲整個宏利亞洲地區達標率的榜首。
2. 2003年10月22日，時任加拿大總理克雷蒂安（前排中）訪華，撥冗爲中宏保險北京分公司的獲准開業站台祝賀，可見宏利保險集團在加拿大的社經地位，以及宏利全球總裁Dominic D'Alessandro（前排左）作爲世界級商業領袖的分量。

1
3 | 2

1.&2. 2009年6月16日，中宏保險高峰會議首次移師台灣，在圓山大飯店舉辦盛大的頒獎典禮。對我而言，這次峰會龐大的業務精英代表團，回家鄉參訪旅遊，心情特別愉快，尤其是安排下榻圓山大飯店，更有兩岸交流的歷史意義。

3. 2010年3月，中宏人壽內勤主管年度會報，參加人員包括總公司高管、部門負責人、分公司行政主管等。這個團隊的特質，就是年輕、專業、服務熱忱高，在保險業界評價甚高。

創業，豐富人生下半場

1
2

1. 2012年11月9日，我創辦的鑫山保險代理公司在上海浦東陸家嘴的環球金融中心舉辦開業慶典。現場冠蓋雲集、人氣鼎盛，熱烈而溫馨。四面八方好友及同業的祝福，讓升火待發的鑫山駛出順利的第一步。
2. 環球會議每年在歐洲、北美洲、澳洲各地輪流舉辦，一直是鑫山夥伴最期待、最興奮的旅行。「與總裁遊世界」，已成爲鑫山年度盛事，多旅行，多看看世界，也是「鑫山家族文化33條」非常提倡的價值觀。中圖於2017年西班牙巴塞隆納，下圖爲2019年俄羅斯聖彼得堡。環球會議的優勝夥伴們熱情洋溢，興奮之情溢於言表。

1/2

1. 2017年6月，西班牙環球會議在巴塞隆納半山上的古堡隆重舉行。這是一個非常經典，充滿歐式風情的頒獎盛會。會長由四匹白馬的馬車拉上古堡大門，接受夥伴的歡呼：露天庭院色彩繽紛的頒獎典禮及浪漫醉人的雞尾酒會，古堡內的盛大華麗晚宴，配上四人管弦樂隊助興，各個場景極盡榮耀，來彰顯業務夥伴的貢獻與價值。
2. 2017年9月4日，鑫山舉辦五週年慶典，在上海浦東張江的博雅酒店，全中國最出色的業務精英齊聚一堂。2017年是鑫山發展極關鍵的一年，連續五年業績成長超過60%，全國性據點基本布局完成，躋身爲壽險經代頭部前五大，公司並大幅獲利，奠定了長期經營的深厚基礎。

1	2
3	4
	5

2022年是鑫山創立的第十年。十週年的主題定爲：Next Ten Next You（未來十年，有你更好）。它的意涵是：未來十年有你有我，一起提升人的價值與成長，面向多元與創新的未來。基於年輕、精緻、多元的品牌基調，在爲期半年的十週年慶典期間，推出了12款十週年紀念品，舉辦公益路跑、鑫達人等活動，用一種非常創新的、多元且富有活力的方式，成功推動公司品牌形象的年輕化、精緻化、專業化。

1. 十週年紀念品直播帶貨
2. 奔赴未來公益路跑活動
3. 鑫山品牌影片
4. 「快樂鑫益」弘梅小學足球賽
5. 十週年主畫面

上海鑫學堂　海派洋氣小資風格

蘇州鑫學堂　江南園林現代風格

杭州鑫學堂　戰國經典厚重風格

寧波鑫學堂　海洋商貿文化風格

瀋陽鑫學堂　前清皇室華貴風格

我創辦鑫山，特別注重品質經營，貫徹精緻、人文的管理文化，提供夥伴們高端、舒適、富有人文氣息的書香辦公環境。我特別打造了「鑫學堂」，夥伴們可以利用這個空間會客交流、學習進修、舉辦沙龍、品茶讀書，深獲大家的喜愛，現已成爲鑫山獨具特色的名片，在海峽兩岸的保險企業獨樹一幟。

待續，未完的領導旅程……

2016年5月中，攝於高鐵珠海站。身後爲中國內地高鐵最南端的鐵軌及月台。當時出差到珠海，籌設珠海分公司。手上提的公事包，陪我在大陸馳騁奔走20年，是我的出差神器；北到瀋陽、大連，南到珠海、深圳，西到成都、重慶，這一副裝扮行遍大江南北。

出將入相

鑫山保代公司創辦人
林重文的保險人生與領導旅程

林重文——著

謹以本書

獻給跟隨我到第一人壽的66粒種籽

在我學習領導的旅程中

他們讓我發現領導真正的目的與力量

1992年，第一人壽浴火重生，成功蛻變，震驚了台灣壽險界，這歸功於當年年初種籽隊伍的引進及奮鬥。

66粒種籽造就了一段壽險經營的傳奇。

12月5日，種籽重聚慶功，在台北陽明山上的「白雲山莊」，重溫一年來艱苦奮戰、患難與共的感覺。我送給每一個人一座四面錐體的小水晶做紀念，上面刻著：「一粒種籽，一棵大樹」，既是感恩，也是祝福，更是期待，期待每一位參與的種籽皆成壽險業裡的參天巨樹。

目次

自序　領導者的旅程不會終止……006

推薦序　「做我所能　愛我所做」啟示錄……011

第一部　生命旅程

第一章　楔子……016

第二章　小學：渾沌未開的童年……021

第三章　中學：春風得意少年兄……027

第四章　大學：青春年華好時光……035

第五章　南山人壽：厚植職涯的根基……046

第六章　第一人壽與慶豐人壽：從輝煌走到頓挫……062

第七章　台灣人壽：身涉險灘奮力行……081

第八章　亞洲宏利：快意國際化旅程……094

第九章　中宏人壽：馳騁中原拓疆土……101

第十章　鑫山保代：創業十年磨一劍……117

第二部　領導旅程

第一講　領導概論：我心中的領導者畫像 …… 138
第二講　聚焦於人：紙袋裡的星巴克 …… 157
第三講　溝通與傾聽：疫情連三年，家書抵萬金 …… 176
第四講　激勵士氣：為何而戰，為誰而戰 …… 197
第五講　團隊合作：六十六粒種籽的傳奇 …… 216
第六講　信任：因為信任，一根針都插不進 …… 229
第七講　承諾及責任：「This is your ship！」 …… 247
第八講　看見未來：小巨蛋的一場饗宴 …… 267
第九講　企業文化：鑫學堂是文化的標記 …… 284
第十講　經營準則：百年老店的定海神針 …… 303

後　記　人生的羅盤 …… 324

自序

領導者的旅程不會終止

「誰是接班人？誰能接下你的棒子？」

這是鑫山保代（以下簡稱鑫山）在經營六、七年，有了一些成績及基礎，已立於不敗之地的時候，在年度董事會上，一位好友，也是鑫山的創始股東，在會議進行中突然提出這個問題，我一時愕然語塞。照理說，一個才初創幾年的新公司，應該還在招兵買馬、整軍經武、開疆拓土的階段，「接班人」不該是被關切的優先議題。

不過，鑫山不同。這位董事的關切是有道理的。

以虛歲的算法，那年，我已經超過六十六歲，奔向七十。以一般企業機構的負責人而言，早就交棒了。我六十歲創業，就該想清楚，我在領導的位子上，不會做太久，也就是說我沒有二、三十年的時間，慢慢建立接班團隊，交棒的問題很快就會浮現。因此在公司經營穩定之後，找到繼任者，在我還能任事的時候，把接班人扶上馬走一段路，就成為我思考的課題之一。其實，我內心還想的是更深層的問題：我能夠留下什麼遺澤傳承，讓一個新創企業，能邁向百年老店而歷久彌新、永續經營？

好的管理，離不開領導力

做了近半世紀的壽險工作，我一直把壽險的經營，比喻成一部四輪驅動的越野車，四個輪子各自驅動，又相互牽引作用。除了團隊、產品、人才培育三輪外，第四個輪子就是領導力。因此多年來，我在不同的公司擔任一把手，都不間斷地親自講授「領導才能」的課程，目的在提升管理幹部的領導力，以期提高團隊的績效，減少經營的障礙。**我一直深信，公司不走岔路、不變質、不變調，除了找對了最高領導者外，還要有一群理念價值觀相近、具備領導能力的管理幹部，共同攜手，走正確的路。**因此，鑫山要傳承、延續成為百年老店，不只是需要「一位」接班人，更需要「一群」優秀的領導者。

二〇二〇年春節後，新冠肺炎爆發，很快地席捲大陸乃至全球，因為疫情不明朗，我滯留在台北。鑑於上述的想法，我利用這期間，開設了一個在線的「培養領袖講堂」，把我四十幾年來關於領導工作的想法、實踐、經歷、故事及身為領導者的進化，變成課程，透過視訊，跟鑫山內外勤主管分享。那年三月起心動念後開始備課，五月中就開講，每週三晚上講九十分鐘，一共進行了十週、十個講次。除了我自己的實證經驗化成講述的論點外，我也大量引用國內外卓越領導者的案例故事。講題從領導者的特質、信任、用人、溝通與傾聽、激勵士氣、團隊合作、承諾與責任、看見未來，談到企業文化及經營準則。十講講完之後，同事反應比我想像更熱烈，除了深入認識鑫山的企業文化及我的管理哲學之外，不少聽過的人認為，一般財經類談領導的專書較注重管理方法，但我的分享更強調「人心工程、文化與價值觀、真誠、熱情、遠見及正能量」，這些觀點是商管專書較少觸碰、但在實務上卻極為關鍵的題目。

確實，在我的領導思路裡，始終認為：**好的管理，一定離不開領導力**。鑫山是一家保險代理公司，但骨子裡，是一家以人與文化為核心的企業；**鑫山創業的初心，是要創造一個以人爲本、價值觀強大的公司，而有感召力的眞誠領導就是其核心關鍵**。

不過，講完之後，還是有遺珠之憾。有同事反應，是不是可以再細膩一點，把一些領導決策背後的思維，講得更通透、更有系統。甚至有人建議，把國外別人的案例拿掉，講我自己的職涯故事，對照五十年來的帶人經驗，把講稿編撰成書，不僅成為鑫山的傳承經典，更可以讓每個想成為領導者的人，都可以找到方向，同時跨越保險，一體適用於其他產業。更有一位熟悉我的出版業好友建議，把我獨特的職涯寫成傳記，搭配工作中的領導管理的心得感悟，重新編寫，讓讀者從我的經歷及實戰經驗，更體會我對領導的思維背景。自二〇二一年底起，我在公忙之餘發憤寫作，歷經冬、春、夏、秋四季，終於產出這本《出將入相》的厚書，包含六萬字的「生命旅程」和十萬字的「領導旅程」。

十六萬字，半世紀的生命淬鍊

為了寫書，我在二〇二一年，花了一年時間，閱讀半世紀來，手寫的近百本日記和工作札記。我有寫日記的習慣，但寫完就束之高閣，從來不回頭再讀，因為我把寫日記只視為與自己內心的對話，或者是一種心理療癒。可是當我把塵封多年的日記攤在桌面上閱讀時，往事歷歷如繪，恍若快速地重活一遍；過去職場工作的得意挫敗、跌宕起伏，師友同事的親仇恩怨，甚至高層爭鬥的驚濤駭浪，公司讓售的爾虞我詐等陳年往事，一件一件鮮活地跳躍出來，雖然時日已久，事過境遷，但心情竟仍然翻滾洶湧，豈止是掩卷嘆息而已。

可喜的是，從回顧往事的過程當中，我看到了自己這半輩子領導力的進化。

我發現，**領導者對於自己人生經歷的強烈感受，會影響其領導思維及風格，而從中獲得的啓發，變成養分，進而形成進化**。特別是他們對於挫敗的、痛苦的、不愉快的人生經歷或職場遭遇，用一種積極正向的解讀方式，從中發現自己的熱情和靈感，不但重新定義自己的人生和領導力，並追隨內在的聲音，朝心中的羅盤前進，且影響周遭的環境與人事，最終成為強大的領導者。

我的職涯經歷比較獨特：大學畢業後，我從南山人壽開始銷售人壽保險，建立營銷團隊，接著在第一人壽、慶豐人壽及台灣人壽擔任高管，然後在加拿大宏利集團服務十年；我從保險業務員出身，竟有機緣在海峽兩岸都擔任過壽險公司總裁；我在六十歲時才創業；我服務過的保險公司，包括南山、第

一、慶豐、台壽和（台灣）宏利人壽都先後賣掉；我在台灣本土企業文化、大陸新興市場文化、西方成熟的跨國文化中次第成長與發展，除了巨大的文化衝擊外，環境變遷、人事遭遇更是曲折離奇，有時已覺山窮水盡，但突又柳暗花明，最終走出一條康莊大道。這個生命的旅程其實與領導的旅程息息相關，因為領導力常植基於工作中對所遭遇的事件的理解與反應，形塑了經營企業的觀點與風格，最後影響了企業的發展。

領導者不會眞正的退休，因爲領導的旅程永遠不會終止。經歷了近半世紀的領導工作，我最後得到的結論是：**領導者的最終責任，就是要培養更多下一世代的領導者，教會這些新領導者具有遠見、能激勵他人、眞誠而值得信任，當然要績效卓著**。這個結論既是我當下努力的目標，也是我對未來的承諾。本書取名《出將入相》，就是希望因為這些領導經驗的傳承，能讓新世代的年輕人有所借鑑。倘若有些後起之秀因本書得到啓發，進而發展進化成為將相之才，則過去兩年多投入撰寫的辛勞，就非常值得了。

推薦序

「做我所能　愛我所做」啟示錄

林聖芬／中國時報前社長、清華大學
科技管理學院榮譽講座教授

鑫山保險代理公司創辦人林重文總裁，於投入保險行業工作將近半個世紀，並逾耳順之齡選擇在上海創業。二〇二二年總結「十年磨一劍」的心路歷程，撰就《出將入相》新書。個人因緣際會，得以先讀為快，並以逾半世紀的職涯歷練，對重文兄弟無私地分享其豐富的「生命旅程」，以及高瞻遠矚的「領導旅程」，衷心表達佩服。爰不揣淺陋，謹撰寫新書序言。深信有緣的讀者，不只可以長知識，更將有所助益於提升在生命與職涯旅程的量能。

歷史系學長學弟卻結緣於大學新聞社

回顧個人與本書作者的相識結緣，起始於一九七〇年作者進入臺灣大學歷史系就讀，而當時我則是他歷史系大三的學長。但我們兩人真正結緣相識的場合，其實並非歷史系的課堂，反而是當時的「大學新聞社」。以我個人而言，之所以選擇加入「大新社」，乃是有感於「今天的新聞，就是明天的歷史」。因而迫不及待的想要在「第一現場」就見證歷史是如何積累而成的，以免「青史盡成灰」。而沒想到，重文兄弟同樣也是對新聞領域充滿熱情，甚至在中學階段就曾參加救國團舉辦的「新聞研習營」，進而想把就讀新聞系列為報考大學聯招的第一志願。最後雖然因為高三導師的勸勉，把臺大歷史系填為第一志願，但入學後卻毫不遲疑地把加入大新社，作為他參加課外活動的「第一志願」。從而我們也就一見如故的相見甚歡，雙方在社團辦公室頻繁的交流漫談，成為大學生涯美好的回憶。

後續的生命旅程，個人雖然因為另類的因緣際會，沒日沒夜地投入新聞媒體領域，以致長時間未曾與重文兄弟交流互動，但新書所展現其豐富多彩的「生命旅程」，不只堪稱為臺大歷史系畢業系友跨領域「斜槓」到財經保險產業並卓有成就的典範。而其所歸納出的領導旅程十講，有別於傳統保險產業所聚焦的經營績效、獲利量能，情深意長的強調經營及從事保代業務，更須秉持「尊重、誠信、利他、感恩」的價值觀。如此的「獨樹一幟」，固然使得鑫山得以十年就磨成一劍，但同時也彰顯重文總裁之所以能展現有別於一般保代公司的傳統經營管理模式，他在大學階段曾經受到歷史人文的薰陶，無疑也提供了一定的養分。

人文歷史素養薰陶出生命與領導的養分

論及歷史人文領域的素養與薰陶，個人忍不住也想在此分享其所能賦予有心創業者的特殊養分。沒有錯，從世俗的眼光來看，學習擁有歷史人文素養，在創業或職場發展上似乎沒有可以具體量化的效應。然而從宏觀的角度來看，正所謂「無用之用是為大用」，擁有豐厚的人文歷史素養，反而比較不會陷入急功近利、當下即是的迴圈中，也更有機會化危機為轉機，進而在轉機中找到商機。然而人文素養的高下，固然難以具體量化，但其實還是可以有一些參採依循的指標。以下姑舉兩個值得參採的實踐準則：

其一是北宋理學大師張載所揭櫫的「為天下立心，為生民立命，為往聖繼絕學，為萬世開太平」。此一被民國初年哲學大師馮友蘭稱做「橫渠四句」的經典論述，原創者張載是把它定位為士大夫知識份子必須依循、信守的為學入仕的行事準則。千年之後的今天，當就學讀書不再是少數人才能觸及的網路知識經濟時代，透過網路人們可以方便獲取想要得到的任何知識與資訊，但資安的風險以及堅如壁壘的同溫層效應卻正在快速的破壞、撕毀這個世界。而本書雖未直接談到「橫渠四句」，但重文總裁別出心裁的「鑫山經營準則十三條」，其實堪稱是「橫渠四句」的二·〇版，值得各行各業人士師法參採。

其二是曾經被稱為「四大公子」之一的前清華大學校長沈君山，在他的《浮生後記》中，總結他多采多姿的「生命旅程」。除了在學術研究與大學治理留下良好口碑之外，更為人稱道的尤在於沈博士於台灣猶處於戒嚴威權體制的肅殺氛圍下，卻敢於挺身而出，投入支援台灣民主轉型，以及促成兩岸深化交流、互補的行動。最後並歸納出他的相關行為準則乃是「做我所能　愛我所做」。這看似簡單的泛泛之談，其實既提醒有志於推動改革、落實創新者，不應衝動的只會高舉理念卻陷入「暴虎馮河」的困境。而更重要的是除了要「做我所能」，真正的關鍵指標尤在於是否「愛」我所做。否則只淪於公事公辦的層級，卻缺乏因「愛」而啟動的無限能量。準此，個人認為重文總裁的人生與領導旅程，其實正是符應沈君山所揭櫫的此一行事準則。相信與本書結緣的讀者，也將可以在典範、案例的啟發下，不只是投入保代、財經領域，也包括學術研究、科技創新等不同領域，又何嘗不需要獲取這些「養分」，從而得以走出一條既利己也利人，並兼顧當下與永續的康莊大道。也是個人對於本書得以付梓出版最虔誠的祝願。

第一部

生命旅程

第一章
楔子

金茂大廈的最後一夜

十一月七日，晚上九點三十分。

二〇一一年，深秋的上海，夜晚已披上濃重的涼意。在中宏人壽（以下簡稱中宏）擔任總裁的八年八個月裡，工作雖然忙碌，我也難得在夜晚，一個人待在浦東金茂大廈的辦公室裡加班。今夜，腳下陸家嘴「世紀大道」車水馬龍的夜景，如常的斑爛。

不過，這一夜不一樣。幾小時前，中宏人壽才剛在金茂大廈內的君悅酒店二樓宴會廳，熱鬧慶祝在中國落地生根的第十五個年頭。加拿大宏利集團全球多倫多總部、亞洲區香港總部、中方合夥人及大陸各地的高管，都飛到上海一起祝賀。冠蓋雲集、盛況空前。

「中宏人壽」是中國第一家中外合資的保險公司。我在服務的這八年多的日子，帶領中宏從上海、廣州開始快速向外擴充，在全中國建立了四十九個分支機構，組建了一萬五千名營銷人員。最令人欣慰的是，我建設了強大的正能量文化，員工對公司認同度高達七四%，在中國保險業，創造了極高的評價。十多年前，我在台灣曾陷入人生低谷，歷盡心志折騰，曾經山窮水盡疑無路；誰能預見人生轉折，我竟有機會來到大陸，領導一家跨國保險公司，開疆闢土，馳騁中原，站上職業生涯的高峰。

遠方來客，杯觥交錯，非常盡興。東道主的我，逐桌向在場的四、五百位貴賓及優秀的營銷夥伴敬酒。慶典結束，時間已經九點半。送走了最後一批賓客，我卻沒立即離開，搭電梯，直上總裁辦公室。我發出最後一封告別郵件，整理一些私人物品，放進陪我征戰二十多年的公文包，把鑰匙、門卡、黑莓機等留在桌上。十點整，熄燈，離開辦公室。

又完成一個大型的活動任務，頭頸和肩頭輕鬆起來，但心情卻不一樣。

因為這是我在中宏的最後一天。

這天來得其實有點波折。我早在四月，就提出退休申請，希望能在八月三十一日，我在宏利集團服務屆滿十年的當天圓滿退休。這件事，讓我的洋老闆有點措手不及，因為不到耳順之年的我，竟在宏利集團的法定年齡六十五歲之前，就選擇提前退休。他不斷的勸留，最後，我用了「女兒懷孕，要回鄉照顧未來的金孫」為由，終於說服老闆，各讓一步，在十一月上旬主辦完公司十五週年慶典活動之後，正式退休。

依慣例，退休前三個月，看守模式開啓；禮貌上，重要決策都不宜做，但我老闆一直找不到合適的繼任人選，一直到十月底，我還百分之百實權投入。即便在中宏的最後工作日仍然排滿行程：上午陪同宏利集團全球CEO，Donald A. Guloien，及亞洲區總經理Bob Cook到虹橋盲童學校參訪；中午宴請服務十五年的員工和營銷夥伴；下午進辦公室簽發公文，五點半發出每月寫給員工的信，「James' Message詹姆士傳真」，這篇最後的文章題為〈感恩．祝福〉；然後到金茂大廈二樓君悅酒店宴會廳，主持中宏開業十五週年慶典活動。晚宴結束，才終於卸下八年多的執行長重擔。在創建了業績頂峰的時機，我選擇離開，結束美好、精彩、豐富的中宏旅程。關燈的剎那，心中滿懷感激，但也沒有太多依依離情。

因為，隔天，有一個更重要的任務等著我——創業。

六十歲創業的第一天

創業的念頭在我的工作生涯裡從來沒有停歇過，而在過去的半年，轉化成具體而積極的規劃。中宏的崢嶸歲月，就讓它隨著十五週年的杯觥交錯中過去吧！離開時在電梯間，碰到中方股東派來的常務副總經理夏邦于（Benny），他說：「您明天真的不來上班了？」看到他眼中，閃過一絲的傷感。我瀟灑地向Benny及窗外的世紀大道揮揮手，結束了我在金茂大廈工作的近三千個日子。

十一月八日下午，我又來到了浦東。

這次是坐在中國保險監督管理委員會上海監管局（簡稱保監局）馬學平局長的辦公室裡。我送了他一本書，那是我的退休紀念著作《舉重若輕》，並當面向他報告兩件事：第一、我從中宏退休了；第

二、我要創業，建立一家全國性的保險代理公司，名字叫「鑫山」。

上海是中國的金融貿易中心，而馬局長是主管上海保險產業的監理首長，作風開放，積極支持產業發展。我在中宏總裁任期內，不搶快、不躁進，專注於營銷隊伍的建設，培養出中宏高素質、高產能的保險代理人，繼續率及質量率業界第一，這種經營方式，很受他肯定，他更以「中宏現象」稱譽之。

厚積薄發的「中宏現象」，不只壯盛了一萬五千名的業務隊伍，更影響了中國保險業的生態，在業界樹立了一個清新的標竿。聽完我的計畫，馬局長咧嘴而笑，非常鼓勵地說：「你在海峽兩岸保險經驗豐富，趁著現在還年輕，自行創業，未來一定會有更大的貢獻！」就這樣，在我「退休」生活開始的第一天，鑫山籌建正式啓航。

鑫山的「第一號員工」

帶著馬局長的祝福，我趕赴下一個約會：鑫山的第一號員工，周萌。

周萌本來是一個基層助理，雖在中宏任職，但我並不認識她，有了創業的計劃後，需要一個可靠又利落的幫手。輾轉透過第三者的推薦，聘用了周萌，在我正式退休的半年前，她就已經入職，進行籌備文件的準備。

我向一位股東老友位在浦西的辦公室，借了兩張桌子，開始埋鍋造飯。在所有籌備文件中，官防、印鑑都齊備，唯獨「負責人」那欄總是空白的，周萌一直都不清楚真正的老闆是誰，只知道，這是家新的保險代理公司要成立，而老闆還不能出面。直到十一月八日下午，我託人帶信息給她，約在星巴克見面。她一見我，就笑了：「總裁，我猜想就是您！」這是我第一次見到她。

轉眼間，十年過去了，周萌從當年的小姑娘、小助理，一路升到副總裁。她現在是營銷支持系統的系統長，掌管營銷企劃、業務行政、供應商管理和非壽險業務，還兼任董事會秘書。鑫山十年的發展，處處都看到這位「第一號員工」的成長與貢獻。鑫山也從一家小公司，壯大成中國保險仲介業的前五甲龍頭公司，業績排名雖不是最大，但「高品質、高專業、高產能」的三高團隊，在中國保險界，肯定是一支最精銳的隊伍；而鑫山的品質經營、精緻人文的風格，在業界更是獨樹一幟，被市場及監管機關高度評價。

不一樣的人生下半場

近半世紀的保險歲月，就像走馬燈一樣，一幕幕在腦中滑過。六十歲退休的第一天，也是人生第一次創業的開始，對大部分人來說，這都是一條不可思議的路，但我選擇了它，成為後段人生的起點。

如今鑫山也十歲了，在夥伴的努力及在各方善緣的支持下，已經站穩腳跟，正往下一個目標前進：上市。雖還不到花團錦簇，卻是生氣盎然。在非常競爭的中國保險市場裡，開拓出一條很不一樣的路。近五十年保險生涯，我經歷的路，跟大部分的人不同，更多的是冒險、開創，在逆境中力爭上游。

種籽，也許從小就已經埋在心裡。

第二章

小學：渾沌未開的童年

我出身於比一般人較為複雜的家庭。父親有三房妻室，育有十個孩子，我是老么，上面有六個姊姊，三個哥哥。但我又成長於相對單純的家中環境：在童少年的記憶中，姊姊都已出嫁，大哥離家浪跡江湖，只有父親、親生母親，兩個同父同母的哥哥一起同住。

父親是出色的、有派頭的商人

父親是一位出色的商人。他是遺腹子，在台中縣潭子鄉（今台中市潭子區）的農村長大。在日據時代，小學畢業後就被台中霧峰林家[1]的長輩帶到日本東京當學徒，學做生意，二十幾歲就嶄露頭角，在東京股票市場大展鴻圖，賺到了可觀的財富。我大姊、二姊、三姊都到日本就讀女子高校，在當

1 日據時期的台灣五大家族之一，發跡於今台中市霧峰區而得名。

年，等同貴族子女身分，非常稀有，可見當時父親的雄厚財力。

二戰前後，父親跨海做生意，足跡遍及五湖四海。他到上海開貿易公司，到廣州設紡織工廠，到新加坡買橡膠園農場。顯然他的身體中流著企業家、冒險家、創業家的血液。這也說明了，為什麼大房媽是台灣人，二房媽是新加坡人，而我親生母親是廣州人的緣故。

父親發跡早，除發展事業版圖，南征北討外，青壯得意之時，沒忘衣錦還鄉，增添家門榮耀。他先在潭子鄉瓦磘村的祖厝翻蓋一座美輪美奐、中日式合璧的三合院；後又在彰化市八卦山麓買了半個山頭，開山整地，興建一座仿郵輪形式的兩層樓別墅建築，起碼有二十個房間，二樓還有偌大的舞廳和露台；當然也修祖墳，把祖父以上的歷代祖先的靈骨合葬，成為潭子當地最雄偉、最顯著的墓園。

父親在日據時代的崢嶸歲月，一向衣著光鮮體面。從厚重的相片集中看到他永遠西裝筆挺，頭髮梳理油亮。幾位大姊姊受良好教養，氣質優雅。家中阿姨前呼後擁，出入黑頭轎車，父親自己還玩當時非常稀有的德制BMW重型機車。然而這些富貴榮華的日子我都沒跟上，我出生時，已逐漸家道中落了。

家道中落仍不虞匱乏

日本侵華戰敗，台灣光復，國民政府播遷來台，卻是父親運勢衰敗的開始。父親不會講國語（普通話），當時政府官員幾乎清一色是「外省人」[2]，他無法有效溝通，也不適應新的政治經濟環境，導致格格不入，處處碰壁。

當時政府陸續推出「耕地三七五減租」、「耕者有其田」[3]政策，要求大地主釋出農田，抵換從日本殖民政府接收過來的農林礦公司及金融行庫的股票。父親不得不交出大片農村土地，換來大把的股票，但他昧於形勢，且內心深處根本不信任「外省人」，把手上的股票視作貼牆壁紙，用低於票面價格售讓出去，錯失成為省營農林礦公司及行庫具有實力股東的機會，財富大為縮水，從此家道開始中落。

從我有記憶起，父親就退守彰化八卦山，把仿郵輪型別墅改裝成旅館，經營起飯店生意。我便是在這裡出生、長大到初中一年級為止。雖不再富裕，但父親畢竟是老練的商人，家中生活沒有匱乏的問題。

在一九六〇年代，台灣的經濟仍屬農業社會，民眾生活只能圖溫飽，國民平均所得尚不及美金兩百元。在記憶中，我家孩子沒打過赤腳，過年有新衣服穿。小康的狀態從兩件事看得出來：每年春節，父親都會請專業攝影師來拍全家福，在當時物資缺乏的時代是少見的；每年清明節，父親會帶著全家人從彰化回台中潭子掃墓祭祖，祭品豐盛，從不中斷。

繼承創業家、冒險家精神

父親雖然只有小學畢業，但長年商場打滾，經歷大江大海，見過世面。行住坐臥，在我印象中是

2 廣義泛指在第二次世界大戰後遷台、非台灣省籍之大陸人民。

3 一九四九年實行三七五減租，一九五三年實行耕者有其田，為早年台灣的一系列土地改革政策。

相當有派頭的，他隨時梳理乾淨，頭髮油亮，即便大熱天居家，也一定襯衫穿著整齊，外出時，總是頂著圓盤南洋帽。他六十二歲後，退守潭子鄉下，經營水產養殖生意，風光不再，但企業家的氣質依然莊嚴，具有威儀。

父親大我四十八歲。他的心思似乎永遠在生意上，沒放太多在家庭和孩子身上。我從小讀書自動自發，是家裡孩子中唯一會讀書的，從來沒被打罵過，沒讓大人多操心過。一方面與父親年齡差距大，加上無論是彰化或潭子家中房子都很大，不容易碰到面，印象中，成長過程中僅有少數幾次與父親有親密相處的時光，但他在我心中始終是巍巍巨人的形象。

大二結束那年暑假，在台北接獲父親腦中風住院，我趕回台中，在醫院陪侍照顧了一週，直到他辭世。陪父親走完生命旅程最後一哩路，竟是我們父子最親密的一段時光。父親留下的有形的傳承不多，但經歷了半世紀的工作生涯，我幾乎可以肯定，我完全遺傳了父親創業家、冒險家不安分的基因。

父親曾對我說：「做事業，不是做到倒（閉），就是做到死！」他的意思是，真正做事業的人，沒有退休的概念，唯有「盡形壽」，做到生命的最後一天。他自己就是這樣親身實踐！很多朋友不解，為什麼我六十歲還要出來創業？還能做幾年？其實，父親的這個事業觀，早就埋藏在我心中，就像一粒種籽，不停的萌芽、成長。

父親留下一些非常經典的話，他用台語說：「有錢尚嗨（諧音上海），嘸錢尚害（諧音上海）」，意思是有錢的人最海派闊氣，沒錢的人最慘。他又說，「**同吃一鍋飯，才會齊心**」，意思是**做老闆，當領導，要與部屬同甘共苦，萬眾才會歸心**；他說：「會呷才會賺」（會吃才會賺），他的哲理就是以消費刺激生產，捨得花錢換得努力賺錢的動能；也寓意健康的重要，能吃的人才有體力幹活賺錢。這些都影響了我一輩子的經營思維。

從懵懵懂懂晉升優等生

我的生日在九月下旬，過了年度入學的期限。為了讓我提前入學，父親難得牽著我，戴著圓盤南洋帽，帶著介紹函，親自到彰化市中山國民小學校長室請託，最後我得以搭上當年度末班車，坐進教室裡上課。

當時，班上的同學都已經開學一陣子了，我延遲就學，又沒讀幼兒園，小學一年級的功課就一直在倒數幾名徘徊。當時，我一直想不明白，為什麼班上同學那麼厲害，上課一聽就懂，老師的問題都能搶著回答，而我像外星人，接收不來這些訊息。直到三、四年級，才慢慢開竅，功課逐漸上軌道，到了五、六年級，我已經是班上的優等生，成績可以排到前五甲。

在我那個時代，台灣還沒實施九年國民義務教育，小學畢業之後，必須考初中。各校單獨招生，只是好學校名額不多，升學競爭壓力很大。升六年級的暑假期間，學校安排輔導課，強化考試實力。老師也有升學率的壓力，每天除上課半天外，還會出一大堆數學及作文的功課給學生，填滿下午及晚上的時間。

我功課雖好，但玩心重，有一天貪玩，沒寫完作業，第二天懷著僥倖的心理，想蒙混過關，結果被老師發現。一向被譽為標竿的優等生，竟然做出惡劣的示範，老師盛怒之下，當著全班同學的面，拿著雞毛撢子，一路把我打到教室外，並趕我走。雖然幾乎皮開肉綻，但羞愧之心已蓋過皮肉之痛，身為班上的優等生，竟被老師掃地出門！我既不能回教室，也不敢回家，一個人躲到八卦山後山去。在懊惱、悔恨、羞愧之餘，我發憤用功，竟在當天晚上把厚厚一本參考書的數學習題全部做完。

形塑自動自發、堅韌好強的性格

被老師當眾狂打出門，我視為平生最大的恥辱，第二天，仍然沒有臉去上學，也不敢告訴父母，又到後山躲了起來。老師看我沒來上學，派班長及兩個要好同學去家裡找人，卻撲了空，最後在後山幾位要好同學的秘密基地找到了我，一番勸說之後，我才噙著淚水走回教室。

經歷了這番恥辱洗禮、心志折磨、發憤在一個晚上做完整本參考書的習題後，我突然發現，我的任督二脈全打通了，所有的數學題目完全難不倒，我成為每次數學考試最早交卷、成績最好的學生。最後，我沒讓老師失望，以優異的成績考上省立彰化中學（以下簡稱彰中）初中部。

那位老師的名字叫魏應陽，我小學畢業後再也沒見過他。小學六年，所有教過的老師，歷經一甲子歲月，名字都叫不出來了。唯獨，對我最兇悍、最「愛之深、責之切」的魏老師，沒齒難忘。永懷師恩！

童年時代的日子，我是比較乖巧平順的，讀書也自動自發，沒讓大人操心。但在平和的外表中，力爭上游的心不斷形塑，內在性格中堅韌、強硬、好勝的特質逐漸顯露。

第三章

中學：春風得意少年兄

八卦山紅土坡上的中學校

省立彰化中學坐落在彰化市八卦山腰的紅土坡上，是彰化縣最好的中學；在縣裡每一個鄉鎮的小學，幾乎只有全校最優的幾名才有機會考進來。當時每天從各鄉鎮到彰化中學通勤的學生特別多，從鹿港、二林、員林、秀水等地搭著火車或客運巴士到彰化火車站前，然後成群結隊，徒步半個多小時到學校。

台灣光復後，翁慨校長從大陸內地來到彰中，不到三十歲就當上校長，一幹近二十年。他辦學非常成功，奠定深厚根基，當時彰中與台中一中、台南一中、高雄中學齊名。彰化縣各鄉鎮的孩子，第一志願就是讀彰化中學，因此人才薈萃，臥虎藏龍，大學的升學率非常高。翁校長倡導強身強國，所以校內運動風氣鼎盛，足球校隊在全省高中聯賽贏得多年冠軍，籃球隊也在省內名列前茅。學業成績不好的人還沒資格入選校隊，而當時保送臺灣大學醫科的優等生幾乎都是足球校隊隊員包辦。

早年彰化中學有個特色：採用能力分班，每個學期按學業成績就大風吹一次。我在一九六四年考入初中部時是第二班，到下學期時就拿著書包搬到第一班，跟華碩集團董事長施崇棠、前馬偕醫院總院長施壽全、前國泰醫院總院長洪焜隆同班。我們這一屆同學非常優秀，雖都來自純樸、偏遠的鄉下，但後來在產、官、學、醫、軍界等都有相當出色的表現。

彰中六年，除了高三發憤考大學，其餘五年沒有好好讀過書，心思總是在教室窗外。初中三年，朦朧過去，竟僥倖直升高中，到現在還不明白為什麼。高二主編校刊出了事，差點畢不了業，高三認真讀了一年書，居然社會組（或稱文組）畢業班考最高分，第一志願進了臺大歷史系。似乎我的考運特別好。

家中發生變故搬回潭子鄉下

初一結束時，家中一個大變故，促使我們舉家搬回台中潭子鄉下的老家，那是父親在日據青壯輝煌時代，在他出生的祖厝地基上，所興建的中日混搭風格的三合院及偌大的庭院。這個變故，改變了當時的生活，也影響了我未來的成長，更是重傷了父親的健康。

台灣光復後，父親事業逆轉，家道中落。父親退守彰化的產業——八卦山上的別墅，經營起飯店的生意。在光復初期，父親經商的年代，常有商人互相作保的事情，為避免擔保引發的風險，父親將彰化龐大別墅的地產產權讓渡寄託給住在台中大甲的大姑媽名下。多年下來，大姑媽辭世，後代子孫起了貪念，覬覦這份地產，遂興訟要求父親交出。經纏訟多年，儘管人人都知道這產業是父親的，但法院終歸只認白紙黑字的文件，彰化地產被連根挖走。父親無奈，只能遷回潭子老家。這是父親後半生中，節節敗退裡的最後、最重大的挫敗。

父親決定，等我初一學期結束後才搬回潭子。搬家前夕，六月底的初夏，一個月明星稀的夜晚，父親帶著我漫步爬上通往彰化大佛方向的石階，悲涼地說：「阿文仔，你爸爸乎人分傢伙啊！你要永遠記得這件事！」（台語，意即爸爸被人剽竊侵佔財產了，要我永遠記取這個教訓！）我望著那曾經在商場叱咤風雲、喊水會結凍的老英雄身影，蒼老佝僂，不再英挺，心裡頭暗下決心：「我將來要當律師，我要捍衛公道、伸張正義，不要讓這些不公不義的事情發生！」

然而物換星移，高中時興趣的變化，讓我大學讀了歷史。但親歷這家中變故與目睹父親的創傷，正氣與公義的觀念已深植我心，成為一輩子處世與領導的價值觀。大學畢業後，我轉折做保險，雖然從商的路子與父親很不一樣，我打的是團隊戰、組織戰、人才戰，但經商的本質是一樣的。我明白，我身上流的商道血液，是父親遺傳下來的。

文藝青年的夢想與代價

高中前面兩年特別精彩。高一寒假時，參加救國團舉辦的文藝戰鬥營，營隊教師群都是當代的文壇大師，如司馬中原、鄭愁予、余光中等人，雖只有短短幾天，但沐浴在這些大師的風采光影，影響很深刻。

高一暑假時，又參加救國團舉辦的新聞研習營，結訓後用學生記者身分先後到合歡山及金門外島採訪青少年戰鬥營隊，記者身分特殊，備受禮遇，又吃又喝，玩得不亦樂乎。課餘期間，我也到彰化縣救國團團委會協助編輯刊物。特別是高二時，接下校刊《彰中青年》總編輯的任務，課外活動多姿多采。可以說，高中文藝活動助我奠定文字功底，培養了我對文史的興趣愛好。即使進入社會後從商，做銷售、做管理，在青少年時代形塑出的人文素養，深深影響工作中各個階段的生涯。

高二那年主編《彰中青年》，是一段最值得懷念的美好時光。我找了廖俊傑、劉錫威、張全興、施壽全等人一起編校刊。這幾位同學文采風流，才華橫溢，組成了夢幻團隊。我們常藉編輯校刊名目，逃學到彰化市區銀宮戲院旁的冰果室玩。當然最後也編出嘔心瀝血、自認為絕世佳作的校刊出來。

高中時，來了一位闕姓校長，海軍少將的背景。這位新校長不懂教育，剛愎自用，更無視於校風與傳統，拿治軍的一套治校辦學，講究威權與服從。譬如說，他想綠化學校，要把足球操場種上草皮，但他無視於八卦山的紅土，是種不出草皮的，為了種草皮，禁止踢足球，結果彰中足球隊一蹶不振，從此消失於聯賽。

高二下學期，闕校長交下三篇青年節的徵稿文章，要求登在校刊裡。我們編輯團隊非常牴觸抗拒，我們自認為新時代的文青，怎麼能刊登這種歌功頌德的八股文章呢！但來自校方的壓力非常大，三令五申強調非登不可。但我實在不願屈從，把校刊出刊時間一延再延，直到學期結束前才出版。為表達我的無言抗議，我把那三篇文章單獨印刷成粉紅色的幾頁薄紙，並用廣告夾頁的方式處理，連目錄都看不到三篇文章的標題。

闕校長也很沉得住氣，出刊之後，對我的「特殊處理」，完全不動聲色。那年，我們升高三，為準備聯考，暑假必須到校上輔導課，學校也一直沒有刁難，一整個夏天，平安無事，我以為風波已經過去。

詎料，高三新學期註冊，我興匆匆地到教室窗口辦理註冊手續，居然沒有我的名字，我大為震驚，那時才明白我已被校長除名了。我被迫留在家裡，內心極度焦慮，心想：再過一年，就到了夢寐以求、多姿多采的大學生活！已是一尺之遙而已，竟被阻隔於門外！幸好父親及姊姊多方奔走，找民意代表關說，最後得到訓導主任黃呈瑞老師的穿梭協助，終以記兩大過兩小過、留校察看的處分下，得以回到學校就讀，那時在家已滯留了兩個星期。

胯下之辱，逆增上緣

終於回到學校，編到第四班，發現根本沒有我的座位了。原來，像彰中這樣的男子學校，選擇文科的同學本來就少，開學之後，僅有的社會組三個班，座位都已經滿了。導師只好把教室後門堵起來，挪出空間，勉強放了一張桌子。我就這樣被塞在角落裡，開始了高三生涯。由於高二編校刊，混得太兇，功課不好，但導師張國恩先生仍然點評鼓勵我：好好努力，還是有機會考上大學的！可見當時我多麼不被看好。

經歷這些挫敗折騰，並未稍減少年內心的傲氣，反而更激發起不服輸的性格。我決心奮發圖強，洗雪關校長加諸的胯下之辱。過去多年上學通勤，我每天必須五點就起床，從家中出發，沿著鐵路走半個小時到潭子火車站，搭六點九分的火車到彰化市，再走半個多小時到八卦山學校上課，來回每天至少花四個小時在路上。

為節省時間和體力，獲准復學後，我在學校旁的民宅，租了一個房間，並搭三餐伙食，既吃不好也住不好，但咬緊牙關，臥薪嘗膽，懸燈苦讀。我每天下課後吃過簡陋的晚餐，就到學校圖書館，念書到午夜十二點才回到住處。每個週六傍晚回到溫暖的潭子家，喘息一天，週日傍晚吃過晚餐之後，告別父母，踩著黑夜的腳步，孤獨的搭火車回彰化。每到了這個時點，總是心裡最酸楚的時刻，週復一週，長達一年。

辛苦總算有了代價。我的模擬考成績，從第一次的全班第四十幾名，第二次快速上升到接近前十名的位置，高三下學期的第三次模擬考，更一舉衝到全班第四名，最後一次模擬考成績，已經是全班第一名。大學聯考發榜，我竟然拿到全校社會組最高分，彰中文科的榜首。

從新聞系到歷史系

那個階段，我喜歡舞文弄墨，醉心編輯刊物，又當過學生記者。在我心中，大學讀新聞系是首選，而那時卻只有政治大學及文化大學設有新聞系，大學聯考一百多個科系，我傲氣的只填這兩個系。導師強烈反對：「你的成績絕對有機會上臺灣大學，為何要放棄？何況這也攸關校譽啊！」拗不過老師，我只好重新填表。高三期間，我深受歷史老師黃呈瑞先生的啓發，他又是我的救命恩人，於是把臺大歷史系填為第一志願。果然輕鬆考上，最終無緣就讀新聞系。

當年年輕氣盛，只為爭一口氣，而發憤讀書，但後來歷經職涯歲月滄桑，回首驀然發現，原來關校長是怒目金剛，是生命中助我逆增上緣的貴人，沒有他的折磨砥礪，就沒有考上臺大的動能。就因為身邊的這些善緣，不知不覺的改變了人生的旅程！

關校長任期數年，把一座名校完全打趴，掏空了彰中過去二十年的深厚根基，彰中隨後沉淪了將近二十年，直到後來聘任幾位校友前後出任校長，才逐漸恢復舊觀。

當年很不可思議的是，關校長竟禁止畢業班同學製作畢業紀念冊。我這一屆一九七〇年彰化高中畢業生，恐怕是全國極少數畢業生手上沒有畢業紀念冊的。直到五十年後的二〇二〇年，我的同班同學，前經濟部政務次長林聖忠接任校友會長，並發起製作「畢業五十週年紀念冊」，才彌補了這個長達半世紀的遺憾。

記得編輯紀念冊時，聖忠兄打電話到上海給我，說：「你曾是校刊總編輯，五十週年紀念冊上不能沒有你的文章！」於是，我寫了一篇：〈長懷親愛純樸的彰中〉，以追憶紀念那段春風少年的美好時光。

長懷親愛純樸的彰中

畢業五十年，人生歷練半個世紀，回頭看彰中六年，雖然是一段青澀的歲月，卻充滿著夢想、懷抱著熱情、擁有用不完的活力的時光。（下略）

高中時代對師長的孺慕敬重是一種很特別的情感。像蔡長啟老師的嚴厲，陳元豊老師的親切，張國恩老師的溫煦，都讓人懷念！其中影響我最深的是教歷史的黃呈瑞老師。他是我貴人，不僅因他擔任訓導主任，把我從被開除的名單中救回來；而且，他教歷史，把上下五千年的中國史，化繁為簡，講得條理清晰、生動有趣，讓我對學史產生了嚮往。考大學，我第一志願填臺大歷史系，完全受他的啟發，也形成了一輩子的讀史的愛好！（下略）

高中畢業後，因家不在彰化，就很少回學校。大學畢業留在台北生活、就業，二〇〇三年搬到上海，擔任加拿大宏利人壽保險公司中國區總裁，就更沒機會了。因此五十年來，很慚愧的，對師長們疏於問候，對同學們也少聯繫。過去十年，參加了幾次春節大年初一舉辦的同學會，老同學相見，雖然大家同步衰老，都視茫茫，皆髮蒼蒼，但親切友愛之情歷久彌新，半世紀交情，歸功於母校孕育出來的親愛純樸的向心力。尤其像李志仁、柯世昌、廖俊傑從中山小學同窗迄今六十年，相知相惜，情誼彌篤，誠是人生中最珍貴的回憶。

中學時代，生長在彰化小城和潭子農村裡，簡單、純樸，寫寫文章，吟弄詩詞，到冰果室吃碗紅豆冰，就心滿意足；同學交往，用赤子之心，不識世俗的利害攀緣，友情純真濃郁。當時，每天戴著大盤帽，背著書包，搭乘清晨六點九分的火車上學，晚上再搭六點十六分的火車回家，到家七點半才吃晚餐，日復一日，規律而單調，卻認為理所當然，不以為苦。

每天通勤的火車，蒸汽燒煤的濁味，拖著長長的黑煙，拉出厚重的汽笛聲，都是濃濃的少年記憶。而自從高中畢業，火車換了柴油機車頭，後來又鐵路電氣化後，昔日簡單平靜的時光就一去不回頭了。取代的是大時代的波瀾壯闊，和大學生活的繽紛多彩。

第四章

大學：青春年華好時光

風起雲湧的大時代

台灣自一九四五年光復後，實施土地改革，增加農業產能，扶植中小企業及輕工業茁壯，外貿由入超轉成出超，國民所得快速成長，到六〇年代後期台灣經濟開始「蛻變」，為七〇年代的政治改革鋪下了良好的基礎。

一九七一年初，美國將釣魚台列島管轄權，「逕行」轉移給日本，引起全球華人嚴重關注。臺大學生率先發起抗議行動，群起走出校園，前往美國大使館提交抗議書。此後大學校園掀起一股民主運動風潮，大學生開始關心國事，舉辦各種座談會討論「國是」。緊接著一九七一年十月，中華民國退出聯合國，來年又與日本斷交，外交一連串重大挫敗，民心士氣大受影響，更激發了大學生的愛國憂國意識。

在這關鍵時刻，一九七二年六月，蔣經國接任行政院長。由於蔣經國勤政親民，貼近民間疾苦，嚴厲「推行行政革新，打擊貪污官吏」，以提高政府效率、推展經濟建設為目標，激勵了民心士氣高昂奮起。他也非常重視人才培植，重用諸如李國鼎、孫運璿及趙耀東等將才，又培育多位台籍才俊，如林洋港、邱創煥、李登輝及連戰等，都是蔣內閣時期精英閣員。

一九七三年初，發生全球能源危機，國際油價飆漲，這對依賴能源進口的台灣，發展經濟極為不利，工商業活動陷入谷底，民間企業投資意願低落。蔣內閣適時推動「十大建設」計畫，利用擴大公共投資，帶動民間企業的活力；此外，改革金融市場，活絡融資通路，協助中小企業蓬勃發展，落實「藏富於民」的經濟政策。當年政府財政並不寬裕，推動十大建設欠缺財源，蔣院長發揮主帥毅力及果斷力，排除萬難，鼓舞全民一起推展十大建設，並以五年達成為目標，這是台灣經濟體質得以脫胎換骨最關鍵的一役。

我是一九七〇年九月進入臺灣大學，四年大學躬逢其盛，正值台灣光復以來最波濤壯闊、風起雲湧的大時代。我參與了保衛釣魚台行動，貼大字報，辦國是座談，到美國大使館示威遊行，年輕愛國的心激昂澎湃。一九七二年底，台灣初次舉辦全面公民選舉，我剛好滿二十歲，第一次有投票權，聽了多場場面熱烈、言辭尖銳的自辦政見發表會，見證了台灣民主跨出重要的一步。大學生涯，處在大時代的洶湧波濤中，真是人生難得的機遇。

多姿多采的社團生活

從高中比較簡單、刻板的求學生活，一下子跨越到豐富多元、自由翱翔的大學校園，我如魚得水，毫不遲疑的投入社團活動。

我那年的歷史系，錄取了四十六位學生，只有四位是男生，其中三位包括顏清洋、張港和我，是彰化中學同班同學。男生不多，容易被注意到，加上我在高中的社團經驗，所以大一學期開始，我輕易地被同學選上班代表（班長）。接著，我參加了「大學新聞社」（以下簡稱大新社），開展了我熱愛的跑新聞、寫新聞的課外活動。

大二時，我應邀參與文學院代表會，擔任副主席，轟轟烈烈的組織了「花城園遊會」、「文學院之夜」的大型活動；同時在「大學新聞社」擔任副總編輯兼採訪主任，麾下有三十多位採訪記者。當年，大新社報導時事，臧否人物，在校園裡頭頗有影響力。

大二下學期時，大新社社長是醫學院醫學系的文姓學長，他內定下任社長交給楊姓醫學系學長。我覺得醫科同學私相授受社長職務，把持社務，是不公不義的；而且當時民主風潮興起，外交節節敗退，學生覺醒，關心時政，頗有捨我其誰的使命感，我仗著年輕氣盛，挺身而出競選社長。不料當朝派操縱選舉機器，大量吸收人頭新社員，我被徹底鬥垮，最後黯然離開大新社。這是我人生中競選公共事務職位的第一次挫敗。

大三時，我被選為「歷史學會」會長。從學校社團回歸本系，更加熱情的投入，一年任內，舉辦了很多精彩的活動。在多場參訪活動中，我印象特別深刻的是，率系上同學參訪在大直的「三軍大學」，當時校長蔣緯國將軍親自接待，把同學們當國賓，親自導覽並做了場演講，又安排一場藝工大隊的晚會節目，最後派巴士送同學回校。蔣將軍平易風趣、灑脫周到的風采，贏得了系裡男生們的讚嘆，也風靡了這一群女生。

史學會學術活動也辦得不少，幾乎每個月都邀名師碩儒演講或座談。這些活動，對我衝擊最大的，莫過於郭正昭教授講的「現代化對傳統社會的衝擊——從科學史的視野與觀察」，以及後面系列有關現代化的議題。這在五十年前，台灣從農業社會蛻變成工業社會，從農村逐漸都會化的進程中，其趨勢觀點都相當獨到，非常發人深省。有一晚，我甚至邀了好友楊承達、尤少銘等人到郭師家，一夕暢談，欲罷不能，到深夜最後被郭師母催緊了才告辭，仍覺意猶未盡。

社團經驗成為領導養分

在參與社團的活動中，自然的開啓了領導的旅程。大學生自主意識強烈，特別是臺大人，絕大部分都是很會讀書、絕頂聰明、又有鮮明個性與想法的人，在社團中大家身分平等，沒有領導力是很難服眾的。我在史學會，就經歷痛苦的經驗：歷史系一向陰盛陽衰，女生多，聰明伶俐、能力強、意見多，吱吱喳喳，整合意見是當時重要的領導工作，否則順了姑情拂嫂意，動輒不開心就罷工、怠工不幹，一年下來，吃了很多苦頭。其實，進入社會後，回頭一看，這些社團磨練出來的能力，都成為日後領導團隊的養分。

當年的學生活動中心及社團辦公室，坐落於椰林大道盡頭處的一幢白色建築物，是每天最常去的地方，比到教室上課還勤快。我大二時，代聯會[4]主席是王復蘇，畢聯會[5]主席是趙少康，一代會[6]主席是林正義（後改名林毅夫），時有來往。這些學生領袖都是思想敏銳、眼界恢宏、膽識過人的領導者。

事實上，我認識的這些社團負責人出校園後，在各行各業都是佼佼者，甚至是一方之霸，學生時代培養出的領導力，讓他們一生持續優秀。如趙少康，事業經營成功，高票選上市議員、立法委員，入閣幹環保署長，也差點選上台北市長。而其中際遇最曲折離奇的當是林正義。他升大二時，響應蔣院長號召，投筆從戎，轉學讀了陸軍官校，轟動一時。官校畢業後，在金門最前線的馬山連擔任連長，帶了兩個籃球，游到對岸投共。之後，他成為經濟學家，曾任世界銀行副行長，是中共中央很器重的經濟智囊，也改了名字叫林毅夫。

兩年多前，我讀政治大學企業家班的總導師司徒達賢教授來上海演講。林毅夫在四十五年前就讀政大企管所時也曾是司徒老師的學生，專程從北京來上海相會，師徒們相聚一堂，迸出無數的智慧火花。我們聊起昔年往事，很多事我都不記得了，但這些鴻學碩儒記憶力超強，追憶往事及人物如數家珍，實在令人讚嘆！

4 代聯會是全校各學院各年級各班的班代表組成的組織，代聯會主席由全體班代表直接選舉產生。
5 畢聯會是應屆畢業班組成的組織。
6 一代會是一年級新生各班級組成的組織，主席的產生同代聯會。

浪漫奔放頌青春

除了學生社團的投入外，大學的生活是奔放的，是狂野不羈的，年輕的青春浪漫，沒有虛擲。在大學裡最要好的幾位同學，包括楊承達、陳照賢、尤少銘及賀家德，常常晚上臨時起意，連趕兩場電影，電影散場吃消夜，在永和啃完豆漿燒餅，然後沿著中正橋、水源路走回學校，一路嬉笑，走一個多鐘頭才踩到椰林大道的陰影下，返回宿舍睡覺；也曾午後在操場踢橄欖球，傾盆大雨來了，在雨中跳著、躍著，衣服濕透了，脫下來擰乾了再穿上，滿臉污泥，就著雨水沖乾淨，散發出青春無限的活力。

大四那年十二月一個週日下午，楊承達來找我，他的同班同學借了部敞篷吉普車，要到北海岸兜風，問我去不去。我二話不說，抓了件夾克，就跟著去了。吉普車駛過北宜公路九彎十八拐，然後朝北往宜蘭頭城去。當時北海岸還沒有濱海公路，更沒有衛星導航，我們走著泥石山路，翻過一座山，發現前面還有更多的山。天黑了，輪胎也爆了，四個人都沒有換輪胎的經驗，找到了一個農家，借了蠟燭，終於找到了工具箱，居然四個人合力把輪胎換好了。海濱山崖，下面就是太平洋，夜黑風高，石頭路似乎開不到盡頭，好幾次感覺已迷失在山中。在挨餓受凍中，經過貢寮、頂雙溪、金瓜石，抵達瑞芳，轉北基公路，最終在十個小時後開回到台北，完成了一個驚奇難忘的探險壯舉。

除了奔放的青春活力外，當時許多同學心中都澎湃著愛國憂國的情懷，無數個夜晚，幾位好友一聚，就高談闊論，暢議國事，評論潮流，直到天亮。其中最常找我聊的是歷史系學長林聖芬，他高我兩屆，是「先天下之憂而憂」的典型，思想細膩，條理清晰，見解過人。他擔任過慈幼社社長，畢業後，進入中國時報系統，做過總主筆、社長，退休時是中國電視公司董事長，相交五十年，是一生的良師益友。

學習與師友

剛進大學校園，目眩神迷於豐富、多樣、忙碌的社團活動，加上在那激盪的年代，關心國事，心裡浮躁，所以前面兩年沒讀什麼書。大三擔任歷史學會會長，接觸較多的師長及前後屆的學長們，受耳濡目染，內心覺醒，才真正開始讀書。那時，一週有好幾天到系館，從早到晚專注用功。除課業外，也博覽課外的名著，譬如馬基維利的《君主論》（*The Prince*），是我閱讀的第一本關於領導的書，在當年就給我在領導學習上有很大的啓發。

那個仍是質樸的年代，對學術的尊重，對師長的孺慕，是很傳統的儒家方式。尤其是歷史系的師長大都溫文儒雅，謙沖為懷，一輩子安靜鑽研學術，不求世俗功利。像教中國美術史的李霖燦老師，當時仍任台北故宮博物院副院長，每週六下午二小時，幾百個座位的階梯教室，坐得滿滿的，旁聽的比選課的多。像文學院長李邁先老師開的西洋近代史，把錯綜複雜的歐陸王朝關係條理清晰的說出來，我的筆記總是寫得滿滿的，還有餘裕分章分節。杜維運老師講中國史學史，更是一絕。他博聞強記，上課一開始，先引用古人文章精節，用粉筆把黑板寫滿，講完擦掉，再寫滿另一段精節，同學們都佩服得不得了。這些師長有一共同特色，就是酒量很好，喜歡小酌。學問家的風雅、灑脫就在這杯觥中自然流露。

我的導師林瑞翰先生就是一位典型的讀書人，守著學術一畝三分田，恬淡自處，與世無爭。但這樣安靜做學問的人，也會惹來無妄之災。我大三那年五月，《中國時報》副刊方塊署名誓還（吳姓立法委員的筆名）寫了篇文章「栽贓」，指控林瑞翰師所著《中國通史》曲解史實。原來，林師以史料證明岳飛為跋扈不馴之軍閥，不聽朝廷號令，岳飛之死，乃宋高宗之本意。但吳委員以岳飛精忠報國乃是千古定論，指控林師「偽造證據」、「任意栽贓、以實妄說」。其實說穿了，當時政治風向強調漢賊不兩立，岳飛是官方認定的民族英雄，不容與主流有不同的觀點，吳委員不過是政治壓制學術自由的打手而已。

緊接著幾天，《聯合報》刊登出監察院成立委員會，要專案調查林師的案子，事情越鬧越大。令人難過的，林師是那麼善良、安貧樂道的學者，卻無端捲入風波。有記者來採訪林師，他卻完全緘默，不發表任何意見，整個形勢風向對林師非常不利。我性格中的正義感頓時泉湧，當晚，找了幾位同學，包括蘇更生、張港等人忙到深夜兩、三點趕稿子，為林師辯護。他們寫報社讀者投書，我寫文章發臺大代聯會訊。文章定題為：〈痛心之餘的豪語〉，把政治味沖淡，引導成有關學術自由的論辯，以避免校方的干預。文章在代聯會訊二版頭條登出後引起廣大的回響，連《英文中國郵報》（*The China Post*）都引述我的文章撰寫社論。

這個事件，見義勇為固然化解了林師的困境，但對我有更深一層的意義：即便在那個威權的時代，我有勇氣向權威挑戰，也有信心向權威挑戰，對往後職業生涯中，不懼權勢，爭取獨立平等的工作尊嚴，行事講求正氣，其實在學生時代早已培養出這種價值觀。

覺醒與演化

大一時，雖然讀了歷史系，也喜歡歷史系的師長及環境氛圍等，但我仍然念念不忘新聞，當時心中規劃，大學畢業再去讀新聞研究所。我曾把這困惑請教杜維運老師，他說：「新聞工作，其實就是一個現代史史學家，是歷史系學生值得走的路，然而從事新聞工作必須忠於自己，忠於自己的智識，不討好少數人，不苟合於多數人。」

後來，我才發現，杜老師的影響有多大！臺大歷史系前後期畢業生到報社工作者為數眾多，特別是《中國時報》集團，如林聖芬、王健壯、林國卿等，都出類拔萃，成為媒體精英或領導者。除了新聞媒體的發展外，我這班同學在相關領域上也都有非常傑出的成就。如趙永茂、顏清洋走學術路線當了教授；朱惠良、馮明珠先後進入台北故宮博物院服務，朱惠良中間還插花去當了立法委員、新北市文化局長，而馮明珠畢業後就參加秦孝儀老院長校注清史稿的團隊，一路升遷，最終成為台北故宮博物院院長。

畢業後何去何從

升大三那年的暑假末期，父親腦中風辭世。我同父異母的大哥回家接手父親遺留下來的水產養殖貿易生意。家中長輩協商，由大哥負責家中生活費和弟弟們的學費。雖然生活上、學業上暫時沒有顧慮，但心理上的壓力與父親在世時截然不同，財務自立的渴望日益加深，賺錢撫養母親的念頭日益殷切。

那個時代，班上幾乎半數同學都在準備出國讀書。家中變故，不但斷了我留學的念頭，連繼續讀研究所的想法都沒有了。我也不斷思索，歷史系師長選擇平穩的安身立命之道，少有波瀾，而我不安分的個性，能否耐得住做學問的寂寞？父親大行不遠，每憶及父親，那個巍巍然商道的形象躍然於前，我心中逐漸明白，大學畢業後的發展應該何去何從。

大學暑假期間，為了讓父親開心，我每天中午到教育部「語文中心」學日語。父親辭世後，我放棄文學上的努力，更用心學習日文，只因為中日貿易是當時的主流。大四時，聯合報系創刊發行《經濟日報》，是台灣第一家財經專業的報紙，我經常到報攤買來閱讀。在當時，財經信息對我而言，都是晦澀的文字，有如天書，但我勉力而為，因為事業發展的方向——從商，畢業後不再深造，立即投入職場，以及在企業組織中學習擔任領導的角色，方向與藍圖已經非常清晰。

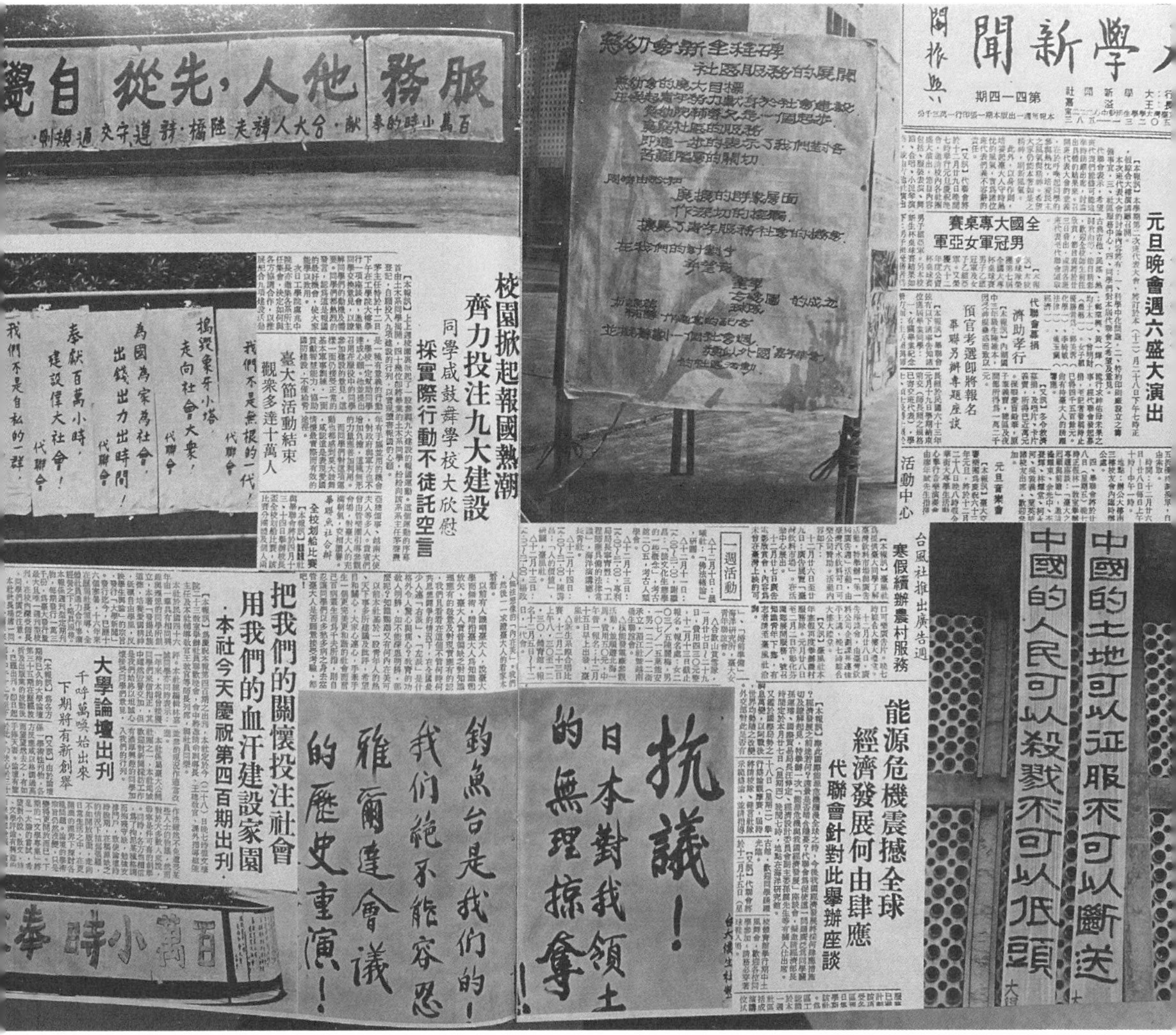

高中時代參加救國團的「新聞研習營」，一直熱衷新聞報導寫作。進臺大就讀後，第一個參加的社團自然就是「大學新聞社」。在「大新社」兩年，大二時擔任副總編輯兼採訪主任，轄下有三十多位學生記者，是學習領導的絕佳機會。

在大新社期間，正值台灣光復以來波濤壯闊、風起雲湧的大時代。我參與、見證並報導校園內的保衛釣魚台行動、貼大字報、辦國是座談等，年輕學生激昂愛國的行動，實在是人生難得的機遇。

第五章

南山人壽：厚植職涯的根基

在我讀大三，擔任系上史學會會長任內，我數度邀請郭正昭先生來系裡演講。他是研究現代化議題的年輕學者，從政治生態、社會環境及科學發展等廣泛的範圍，研究現代化對傳統社會的衝擊，帶來許多新觀念，對我的思維啓發深遠。特別是，郭師把中國百年來現代化的失敗，包括政治、經濟、社會、教育的層面，總的歸結於「專業化運動」的失敗，他認為傳統中國「通人」的觀念根深柢固，是專業化無法跨越的障礙。他從清末到民國，及國民政府遷台種種史實、案例、現象相對於歐美同時期的進步富強，歸納出他的理論體系，非常有說服力。

為什麼選擇南山人壽？

當時是一九七〇年代初期，台灣正從農業社會慢慢邁向輕工業，中小企業才開始萌芽，不要說現在流行的多元、開放、渠道平台、科技賦能、大數據等名詞，即便是專業化的觀念都聞所未聞。因此我深受郭正昭先生影響，懷抱年輕的熱情，對未來職業生涯建立起專業化的嚮往。

大學四年級下學期，我認識了張世良先生。他高大、熱情，臉上永遠堆著笑容，舉手投足間，散發出自信、快節奏的風采。他那時候只是南山人壽的業務主任，但談起保險，總是熱情洋溢，神采奕奕。雖然我大學還沒畢業，也還沒想清楚畢業後到哪個行業去，甚至我還要先服兩年兵役才能開始工作，但是他積極增員我，帶我進入南山人壽的辦公室。

那個時候，美國友邦保險集團入主經營南山人壽不到四年，還是台灣最小的一家保險公司。但我在公司裡，看到總經理是老外洋人，行政副總是香港人，助理業務副總是馬來西亞華人，連意外險部經理都是一位帥氣、年輕的老美。大家上班都是西裝筆挺，打著領帶，穿著綁鞋帶的英國紳士皮鞋，與當時其他保險公司的業務人員，大都是兼差兼職迥然不同。毫無疑問的，南山是一家非常專業化的公司，正是我所嚮往的企業，而張世良先生及其他穿著體面的外勤人員就是我想一起工作的專業經理人。於是，畢業典禮甫結束，我就走進南山，參加為期兩週的新人培訓課程。

大四下學期時，我考上了第二十四期預備軍官，分發到空軍澎湖馬公基地指揮部擔任人事官。南山的新人培訓班結業，我還來不及上市場試試身手，就接到召集令了。服役之前，我跟我的二哥茂洋和二哥的同學，當時在鐵路局擔任隨車警察的陳兆忠先生介紹人壽保險事業。顯然我談得很好，我看到他們兩人眼中興奮的神采，於是我把他倆介紹給張世良先生，後來他們都變成出色、專職的業務人員，等我退伍下來，兩人都已晉升為業務主任。所以我常說：我的保險事業是從增員開始的，而不是從銷售開始。

張世良先生深諳增員育才之道。在我服役兩年期間，他沒有忽略我，每個月寄各種保險信息及公司動態到部隊給我，甚至在服役期間，壽險公會舉辦第一屆保險從業人員資格考試，他寄書本材料要我準備，我請假回台北應考，一舉取得執業證書。可以說，我在澎湖服役的一年半期間，沒離開過保險。我一退伍，沒有懸念，沒有猶豫，隔日就到南山人壽報到。人壽保險，就這樣成為我進入社會的第一個工作，也是這輩子唯一的工作，迄今超過四十七年。

艱苦的起步

我的老家在台中潭子，童年、少年成長與讀書在彰化，讀大學時才上台北。因此在台北，除了同學外幾乎沒有人脈，而同學們都剛畢業、就業，也買不起保險，卻偏偏銷售保險很需要市場人脈，這使得我的起步非常艱難，何況南山業務制度採用佣金制，沒有底薪，只有產生業績，才有收入。但我沒有退路，我一九七六年五月退伍，九月初結婚，來年六月大女兒 Grace 出生，我必須賺錢養家，心裡頭壓力是滿大的。

當時公司訓練剛進入社會的新人，用掃街方式，挨家挨戶拜訪，做冷渠道的直銷（Direct Sales）。我的起步就從台北市承德路沿街的商鋪開始，然後輻射到重慶北路、中山北路，也遠到新北市的三重，每天至少十訪，完成指標再回公司開夕會復盤，日復一日，這需要極大的毅力、堅持。當時流行一句話：「把月亮當太陽，把下雨當沖涼」，這話的背後是咬緊牙關的艱苦。

但我又喜歡這種自由發揮、自律自主的工作方式，不用打卡，不用被交代工作。南山教導我們這些年輕的菜鳥：公司不是你的雇主，你自己就是經營者。經營好自己之後，去建立一個團隊，從小到中到大團隊，一路發展，建立自己的事業。自建團隊，自主經營，自己設定目標，自行完成目標，這個概念非常吸引我，而事實上，成功銷售所帶來的成就感，更一直是動力的源泉。

在銷售生涯初期，技巧肯定是半生不熟的，但成功重要的關鍵卻是膽識、勤快與堅持不懈。有一次，我騎摩托車到三重，到了長樂街，把車停好，就沿路掃街，看到店面就進去賣保險。有一家富升電機行，老闆叫江雲乾，竟然沒有拒絕我，江老闆蹲在地上修馬達，天氣熱，我索性把領帶也拔下來，長袖襯衫捲起來，就蹲在他旁邊跟他談保險，談家庭，談生活。

江老闆是客家人，很節儉，很顧家，我去了幾次，他也沒反對，每次拜訪後，我要促成，他總說下回再說。有幾次，我看他白天忙，就晚上去，那時住台北市東南隅的臥龍街，在家吃過晚飯後，騎車經過忠孝大橋，跨過淡水河到他店裡，一趟路要一個多鐘頭。在去了十三趟後，他終於簽單了。他說：「林吔（台語俗稱林先生）！你講什麼我都沒在聽，但是你的精神夠讚！我決定交你這個斯文朋友！」後來，江老闆來總公司做體檢，一雙油膩的工作鞋，把醫務室的地毯踩得留下幾個大腳印。

扎實的銷售根柢

做保險的第三年，有一次，我逛到了文山區，抬頭看到一家齊宏建設公司。我習慣性就推門進去，看到一位高瘦黝黑的男子，正坐在會客區沙發上。他問我找誰，有什麼事？我道明來意，他很客氣，讓我坐下來。

聊了一個小時後，我才知道他就是老闆侯靖孝先生。侯先生很健談，喜歡談他的建案，特別是談他為崇光女中規劃的山上新校區時熱情洋溢，神采飛揚。他的思緒很跳，我必須很專注聽，才能連結上他表達的意思。雖然是陌生拜訪，但我們很投緣，見面第三次，侯先生就投保了壽險，後來陸續買了工地人員意外險，及他太太的壽險。四年後，他又購買全公司員工的團體壽險，這一張大單，讓我僅以些微之差，差點當上當年度南山人壽高峰會議的會長。

我們成為很要好的朋友，我辦公室重新裝修時，侯先生特地跑來指點提供意見。他的連襟林先生是他公司的工地主任，也是泥作專家。我前後住過的兩套房子，裝修工程都是林先生幫忙做的。

沒料到，我從事保險處理的第一件重大理賠，竟是侯先生的案子。一九八六年五月一個週日下午，我接到侯太太電話，告知她先生因心臟麻痺遽逝。這消息猶如青天霹靂，令我痛心扼腕，不能自已，長達十天，每思及才四十一歲英年，懷抱愛心、熱情和理想的侯先生，竟輾轉床側，不能成眠。

侯先生過世後，建設公司結束，團體壽險也中斷，但我與侯太太一家人仍保持長期的友誼，有一年冬天，還一起出遊北京和東北三省。侯先生的三位子女都非常爭氣，書念得很好，事業有成，其中懿文是留英的平面設計師。二十六年後的二〇一二年，鑫山在籌設時，適巧侯家兄妹在上海開設計公司，便委託他們規劃鑫山的企業標誌，代表鑫山品牌的三座金山 LOGO 就是他們設計的。因為保險結出的緣分，實在不可思議，這是做銷售與客戶家庭長期友誼的一段佳話。

在一九七〇年代，保險從業人員沒有什麼社會地位，保險銷售被認為是一個「找不到工作的工作」，主要原因是從業人員很多來自家庭主婦或中年失業的人，不少是兼職且以人情拉保為主。臺灣大學的畢業生，做銷售者已不多見，做保險銷售者更是鳳毛麟角，我便是其中的異數。剛開始做保險，大家都用異樣、不能理解的眼光看我，等到我做出成績後，大家卻說：「難怪他做得好，他是臺大畢業的耶！」一線銷售做了十六年，我沒覺得臺大這頂帽子帶給我優勢，反而有更多的心理障礙需要去克服。

銷售的初期階段，用高度的自律、樂觀與自信，面對每天的挑戰，而挑戰後面就是成長與發展。**每天充實工作，是基於對保險理念簡單的相信，對業務工作自由自主的特性的喜好，對銷售帶來榮耀與成就感的熱愛**。因此不懼艱苦，越挫越奮。我掃街拜訪奠定深厚的銷售功底，又慢慢建立自己的團隊。自己訂下的五年目標時程，晉升業務主任、業務區經理，最終一九八〇年晉升營業處經理，竟如期一一實現。假若人生是一場職業生涯長跑，那我最初的五年起跑階段，是非常扎實的。

創立金山團隊

一九八一年，南山人壽在台灣市場用專業化的理念及訓練體系戮力經營十年後，逐漸地開花結果。坐落在台北市南京東路二段十五號的小型大樓已不敷使用。公司遂實行營業處出去獨立自主經營的政策，遴選優秀的經理帶著自己團隊到台北各行政區租賃辦公室就地發展。我經營團隊的活力與領導力被公司高層看到了，指派我擔任營業處經理。我挑選了位在信義路四段與敦化南路一段三角窗的名洲大廈作為營業據點。六月開始籌備，十月初「金山營業處」正式開幕成立。那年我才二十九歲。

我帶著一支三十三個人的團隊，包含羅尚德、陳仙宮、羅齊家、陳必成、藍再興在內的八位單位主管，就開始了往後金山十年的經營。團隊中最年長的只有三十四歲，絕大部分都三十歲以下，是一支年輕、熱情、積極向上的隊伍。取名「金山」，是效法先人篳路藍縷、不畏艱險的到北美的舊金山、澳洲的新金山謀生存、求發展，也隱喻金山營業處是一座價值非凡、挖掘不盡的金礦寶山。開幕時，我請書法名家寫了一幅字：**「勤於治事，誠以待人」**，懸掛於大辦公室牆上。夥伴們在各項晨會、主管會議、進修會等活動結束時，都會全體起立，高聲齊誦：「金山人！勤於治事！誠以待人！」堅守勤誠，在開業初始就成為金山的信念與價值觀，影響往後的發展，十分深遠。

金山營業處成立，是時機、努力加上運氣的結果。擔任處經理，自立門戶，自主經營，讓我有機會開展更廣闊的視野，學習更多元的經營能力，提升了領導力。以不到「三十而立」的年齡，有機會得到這樣全面的職涯進化，可謂是上蒼的眷顧。而我在金山十年的辛勤耕耘及學習，所獲得優異的績效、成功的領導及開闊的眼界，讓我在離開南山人壽後的三十年，在海峽兩岸的保險公司擔任高管或自行創業，都能夠遊刃有餘、盡情發揮。南山人壽這個平台供給我的養分居功厥偉，不但影響了我終身的事業發展，更確立了我在海峽兩岸發展培育保險人才的生命價值。

金山團隊初期運作非常辛苦，沒有太多經驗，公司也沒有成功的標竿可以學習，一路摸索。但夥伴們用心認真投入，舉辦晨會、週會、競賽激勵、主管在職訓練及進修會、週末或夜間的增員推介會，腳踏實地經營，績效逐漸開花結果。我開創了「經營委員會」的模式，把在大學搞社團的方法，運用到營銷組織，把營業處做成社團化的經營，鼓勵夥伴們積極參與、學習、分享、共好、利他。後來這個「經委會」的營銷組織創意，隨著我在保險業的發展而開枝散葉到各家公司，後來我又帶進大陸，迄今經委會的運作模式，在兩岸保險業的外勤組織仍然被廣泛的採用。

叱咤風雲的金山旋風

辛勤工作，基本功夯實後，業績開始突飛猛進。一九八二年，金山的第一年，新單保費台幣九百一十五萬元，比前一年成長五七%；一九八三年雖然僅成長三九%，但已深蓄能量，厚積薄發。果然，一九八四年一舉衝到新單保費台幣兩千七百二十七萬元，成長率一一四%；一九八五年提速到成長率高達一二五%；一九八六年新單保費已經達到台幣一．三一億元，成長率一一四%，大放異彩，創下連續三年成長都翻倍的記錄。當時總公司管理層稱這三年刮起了「金山旋風」，我也連續數年獲得南山榮譽會年度表揚大會「最佳營業處經理」的榮銜。

經營之神王永慶說：「樹長大之後，要讓它分枝，再長成一棵大樹！」南山人壽這種「分枝哲學」的策略運用相當成功，激發了外勤隊伍快速的成長。分枝哲學在南山業務制度成功，可以歸納為幾個原因：第一，處經理適當的管理控制幅度；第二，有能力者當家作主的願望；第三，中小團隊的歸屬感與認同感；第四，組織利益在分枝後仍得以延續。

金山快速的發展與擴充，自然面臨上述的問題。因此幾年內不斷分枝裂變。一九八五年六月陳仙宮經理帶領他的團隊成立復興營業處；一九八六年五月羅尚德經理成立民權營業處；一九八八年六月廖學茂經理成立敦南營業處；一九九〇年十二月陳榮昌經理成立金城營業處。他們分枝獨立後都非常出色，一輩子持續在保險業發展直到退休。

但分枝營業處，恰如分娩，對母體而言，是極重的損傷，若回補不夠，母體會積弱不振。每次轄下經理帶了團隊出去獨立，對我都是嚴酷的挑戰。而從一九八五到一九九〇年，六年內連續分枝四個子營業處，每次我都在半年內奇蹟式重新強壯母體，恢復舊觀。金山系統化的經營，培育人才的能力，強大的文化價值觀，促使它有了旺盛的再生能力。一九九一年十一月一日，舉辦金山成立十週年慶典時，我直接分枝出去的第二代營業處有四個，加上二代衍生的第三代營業處又有五個，構成了擁有十個營業處，業務人員超過兩千人的金山家族，在當時的南山人壽，乃至台灣壽險業都是數一數二的龐大軍團。

向東南亞輸出技術與文化

金山旋風不但刮過南山，連南山人壽所屬的美國友邦保險集團（亞洲AIA）也吹到了。一九八七年初我接到邀約，前往友邦保險馬來西亞及新加坡分公司巡迴演講。九天的行程去了北馬的檳城和亞羅士打，然後飛到新加坡，再從新加坡乘車進南馬的新山市。風塵僕僕跑了四個城市，在每個城市都造成轟動，受到極大的歡迎。

一九七〇年代，南山人壽在起步中，高管幾乎都是外籍人士，偶爾會邀請境外保險優秀經理來公司演講分享。經過十多年的秣馬厲兵，到一九八〇年代中期，居然能夠輸出講師人才到原本保險業較發達的馬、新等國，這其間應歸功於當年擔任南山人壽總經理的郭文德先生。他一九七〇年來台開始擔任業務總監，創建外勤體制培育人才無數，居功厥偉。

由於元月份巡迴演講分享之行非常成功，造成極大的回響，友邦保險馬來西亞北馬總監彭錫枝先生在同年八月上旬舉辦北馬區第五屆壽險業務研習會時，再度邀請我及南山同事包括徐水俊、盧繼徽、王海張等人跨刀相助。兩天主管課程及兩天銷售課程，風靡了北馬ＡＩＡ數百人的會場。我們一行講師，儼然都成了超級巨星，握手、簽名、合照，課後都忙得不亦樂乎。郭文德總經理出身北馬，剛好返鄉也在檳城度假，在大會閉幕式上受邀上台講話，他強調他從檳城輸出ＡＩＡ文化，在台灣精緻化、豐富化後，再輪回馬來西亞，言談間充滿了衣錦榮歸的欣喜與自豪。

同一年兩次的馬新分享之旅，對我個人的成長是巨大的進化。我雖然不拙於講課，但在講台上面對五百人，畢竟是完全不同的場景。第一次出國演講，心情的緊張不言而喻。出發前幾天，我去探望台南分公司的黃敏智經理，當時他因眼疾手術住在陽明醫院。敏智兄是一位令人敬愛的兄長，菩薩心腸，且永遠熱情洋溢，在公司裡是一位渾然天成的演說家。他教我此趟去馬新，就照我原來的樣子，放大膽子去講，用豐富的情感講我深信的信念，講我做出成績的經驗，不要顧慮怎麼說，不要刻意修飾文詞，只要口語化、生活化的把我相信的事講出來。聽了他的指導，我決定丟掉已準備好的講稿，只擬了幾個講綱題目。會場上，我用生命的力量，把追求成功的信念，以無比的熱情說出來，博得數百人如雷的掌聲、盈耳的歡呼聲，會後學員不斷傳誦複述我傳達的理念，及我談的案例故事情節，我自己都深深感染到分享的喜悅。

馬新的演講，對我職業生涯是個重大的突破。從此以後，我不再寫講稿，不再因緊張而感覺壓力。二〇一一年八月初，我應保銷集團邀請，在韓國首爾的世界華人保險大會上做主題演講，面對六千人的聽眾，我泰然自若，從容自在。因為我只講我深信的事，而用最簡單的話，用最大的熱情把它講出來。

開放後思變的年代

一九八八年一月十三日，蔣總統經國先生辭世，強人殞落，舉世震悼。台灣政治、財經、社會的發展，自光復以後，似乎因經國先生的辭世切成兩半。過去強人拍板，政治有序地解禁開放，經貿穩定地自由化成長，而今權力解構，執政高層表面上一切如常，政權遞嬗均依常軌運作，但私底下暗潮洶湧，洗牌卡位、各有打算，變化的格局已經形成。

大環境在變化，個別的產業環境也面臨新的衝擊。由於台美貿易逆差，經台美諮商貿易談判，美方要求台灣保險市場優先開放，政府同意每年開放兩家美商壽險公司進來。一九八七年開始，美商挾雄厚資金及先進的保險技術正式登台，帶來了強大的競爭，特別是同業挖角，人員流失，造成業界的成長隱憂及經營壓力。

而在這變化的年代中，南山人壽內部也出現一些問題。由於連續多年的快速成長，量大質變，傲慢自大，且財務及成本決策權力控制在香港亞洲總部，因此弊病逐漸衍生：

- 內勤人員因低薪政策，待遇差但工作量重，缺乏敬業精神和支持服務外勤的熱忱。
- 電子化電腦轉型過渡期間長，行政質量惡化，發單、契變等作業流程冗長，缺乏工作效率。
- 利率下降，保單紅利利率隨之下降，導致保費提高。南山昧於市場趨勢，長時間來，推出的新產品缺乏創意，不具備市場競爭力，對業務人員的銷售造成打擊。
- 成本掛帥，費用管控過度，導致外勤營業辦公室硬件設備質量低劣，辦公環境普遍不佳。

鑑於上述種種問題，且與總公司業務高管溝通不良，在解決問題上有相當落差，一九八七年底，南山的外勤處經理、區經理聯合發起成立「業務主管協會」（簡稱LALA），我被推選為首任會長。當時希望透過組織化的力量，對公司能起督促鞭策的作用。但遺憾的是LALA始終沒有發揮功能，一方面，它是外勤經理組合的鬆散組織，大家都是兼職，沒有專業的行政幕僚人員，且利益與立場各異，難以統合力量；另方面，基於對郭文德總經理的敬重與愛護，協會沒有採取任何激烈的抗爭手段，難以構成改變的壓力，到最後竟無疾而終。

當時我身為公司外勤夥伴的意見領袖，經常與公司高層據理力爭，要求改善一些不合理的制度與現象，總是徒然無功，而我個人樹大招風，得罪當道，承受的壓力巨大。我明白，南山人壽當時的生態，除非外力，如美商新公司大軍壓境，造成人才流失，業績停滯，否則不會改變。那時，失望之餘就萌生了去意，開始尋求職涯的另外的可能出路。

保險經紀制度的探索

當時台灣的金融法令還未完備，早期南山人壽的資深業務人員通過壽險公會的資格考試，都可以申請成立保險經紀人事務所，並參加「台灣區保險經紀人協會」，成為會員，我也是其中一員。過去多年來，「保險經紀人協會」沒有太多作為，我也沒有積極參與。

但時局環境丕變，我覺得這是未來值得探索的方向，遂聯合南山人壽的資深同事們，謀劃角逐協會龍頭，以爭取對政府政策、對保險公司有更大的發言權與影響力，同時對經紀代理業務未來的發展也可以深入探索。一九八八年二月五日，經過縝密的策劃，我當選協會的理事長，成為與財政部保險司、產壽險公司對話的窗口。兩年任期，我積極對政策建言，爭取經紀人的權益，提升保險從業人員的社會地位，把一個過去死氣沉沉的協會轉化成有活力、有影響力的公會社團。

一九八〇年代美國的經紀人制度已相當成熟，保險公司鮮有自己的直營隊伍，九成以上的業務都來自於第三方的經紀人公司。擔任「經紀人協會」理事長後，我決心自費規劃一趟考察美國經紀人制度運作的「學習之旅」。一九八八年九月四日，我隻身啓程前往首站舊金山，接著橫跨美洲大陸到紐約，一共參訪了三家公司，深入了解業務制度、主力產品結構和經營手法，收穫巨大，更清晰經紀業務的趨勢和運營的方式，大大提升了國際的視野。

在舊金山時，我到美國大型保險集團 State Mutual Life 北加州的 General Agent 參訪，盤桓了兩整天。蒙負責人張王薇女士熱誠接待，還有楊兆平經理（故楊西崑大使的公子）詳細解說當時台灣還沒有的 Universal Life 的結構及商業保險的概念，令我眼界大開。另外花了一整天的時間造訪美國保險銷售最大咖之一的 Norman Levine，坐落在 Mutual Benefit Life（簡稱 MBL）大樓第二十四層的辦公室。Levine Associates 是 MBL 北加州的專屬代理人，二十幾位業務夥伴，每人都有獨立豪華氣派的辦公室，幾乎每人都是全球壽險精英的最高盛會「百萬圓桌會議」TOT 級（Top of the Table，頂尖會員）的高手。Norman 熱誠接待我，中午請我吃日本料理外，還指派他兩個兒子 Daniel 和 Donald 為我嚮導解說一整天。我最感興趣的是，當年他們把與保險有關的投資、退休計劃與財產保險結合一體，令我嘆為觀止，其實這就是現在業界通稱的家族辦公室業務。而早在三十多年前，在美國已經成熟的運作了。

到紐約後，我前往位在長島的紐約人壽的 General Office（簡稱 GO）訪問。GO 的制度比較像台灣保險公司的直營體系，但更精緻、更專業，生產力更高，沒有兼職的業務人員。辦公環境的設備、質感，與台灣保險公司不可同日而語。這一趟學習之旅，對我日後自己創業時，對業務質量、人才素質及職場環境的標準，有非常深刻的啟發。

訪美歸來，我到郭文德總經理辦公室分享此行的觀感與收穫。我們聊了很多生活與做人做事的話題，最後我坦率的提出現在的心理困境：「經營營業處已經到頂了，下一步，往哪邊走呢？」他說，像我這樣的情況，有兩條路：第一，到總部幹行政主管；第二，去參與開新的保險公司。第一條路，我自由自主慣了，我不會高興幹，做得不會快樂；第二條路會做得很辛苦，滿頭白髮，而成功機率只有一半。接著，我直率的問他，開經紀代理公司是不是可行的第三條路？他說，台灣開設經代公司的門檻低，台灣人喜歡當老闆，一旦培養出人才，這些人就想自立門戶，人才留不住；其次，台灣人的性格，缺乏安全感，要不就是當小店的老闆，要不就是到保險公司這棵大樹下庇蔭，而在經代公司裡工作會感覺缺乏保障；第三，台灣的營業費用率偏低，無法提供經代公司足夠的費用，來支撐像美加、新馬的經代公司高質量的環境、先進的設備及培訓。

他講的都是實情。我明白在當下，自立門戶的時機尚未成熟。

專業培訓機構的探索

參與創辦「百分企管顧問公司」是另一個事業方向的探索。

起初是我與南山的幾位資深營業處經理聯合舉辦了「樂在工作研習會」，這是一場三天兩夜，在桃園國際機場旅館的五百人大型業務活動。這場研習會非常成功，激勵了與會南山夥伴堅定從事壽險的信念。之後，核心成員討論決定成立常態性的組織，遂成立了「百分企管顧問公司」，我也把「百分」視為金山營業處的外部培訓部門。

一九八八年後，大環境產生重大的變化，我開始思索，主營培訓及大型活動的「百分企管」，能不能成為一個事業方向？於是派了我的業務大將陳養國去專責「百分」的業務。「百分」除了常規性的培訓課程外，同時也舉辦了幾次成功的大型活動，如一九八八年八月在福華飯店，有六百多位業務人員參加的「國際壽險經驗交流會」；一九八九年三月的「南國假期——檳城關丹進修會」；一九八九年九月的「第二屆壽險樂在工作研習會」。這些活動都辦得相當精彩，深獲好評，但我也看到了亮麗與喝采背後的陰影。受限於景氣循環及台灣市場規模的限制，「百分」只能停留於小微企業，難成氣候；加上「百分」培養的是別人家的人才，不能創造自己的營銷團隊，是沒有根的，我最終明白，像「百分」這樣的專業培訓機構，是看不到遠景的。

南山人壽金山營業處的經營將滿十年，雖然持續成長，業績迭創高點，但我早已頂到天花板，工作味同嚼蠟，我需要更大責任的刺激與挑戰。我才三十九歲，我不希望未來二十年重複做同樣的事。父親遺傳下來冒險家的基因在體內作祟，我第一次面臨了職業生涯的十字路口。

第六章

第一人壽與慶豐人壽：從輝煌走到頓挫

二十九歲那年，我帶著三十三位外勤夥伴，成立了金山營業處，是當時南山人壽最年輕的處經理。經過十年，在南山這片豐腴的土壤上，乘著台灣社會經濟快速成長的東風，我發展了轄下兩千位外勤的龐大團隊，經營得心應手，駕輕就熟，在南山已被尊為祖師級的人物。但我才三十九歲，就已活在舒適圈裡，年收入超過台幣五百萬元，開著賓士 300SEL 名車。我在想：往後二十年，我就不停地複製營業處的經營模式，享受優渥的收入，頂著祖師爺的虛名，過著無憂自在的生活？還是，打破舒適圈，放棄既有的安定、輕鬆，冒險投入人生新的戰場，探索不可知的未來？創業創新的性格讓我選擇了後者。

走進第一人壽

一九九一年上半年，第一人壽的加盟邀約就來了。經過幾個月的商談和長考，我確認第一人壽是我優先的選擇。我考慮的是：

- 雖然我在南山的團隊大，且持續在成長，但南山的營銷體制兼職人員較多，與我心中的高產能、高素質的「精英團隊」，及擁有勤誠、尊重、信任的團隊價值觀仍有相當距離，我夢想建立自己的理想國。
- 第一人壽規模很小，在八家壽險公司排名倒數第一，有效人力僅有百人。到第一人壽推倒重來，機會更好。
- 大股東郭家不懂保險，郭功立董事長是醫師背景，為人謙和客氣，勢必借重專業經理人，我的發揮空間大。
- 創業成立一家保險代理公司，培養成千上萬的保險營銷人才，是我人生的夢想與規劃。但當下時機不夠成熟，實力也不足。若進入壽險公司總部擔任高管，我可以學習到經營管理公司的能力。當然，一旦進入高層，最終目標就是擔任總經理。

當時，南山人壽許多外勤營業處經理都是營銷高手，身懷絕技，面對大時代風起雲湧的機會，其實都摩拳擦掌，躍躍欲試。而最終我開響了第一槍。

一九九一年十一月一日，我舉辦完盛大的金山營業處十週年慶典。十二月四日，第一人壽董事會通過我的聘任案。十二月十六日，我帶著陳亦純、陳養國，三人小組走進第一人壽上任，開啓了人生第一個轉折點，揮別一線營銷生涯和我一手創立的金山團隊，進入保險公司經營的殿堂。

三人小組拼了三張辦公桌，就侷促在一個臨時的小辦公室開始籌備工作。雖然，第一人壽是一家三十年的老公司，我卻懷抱從零開始的創業心情，而不是專業經理人打工的心態。

籌備工作非常忙碌緊張，壓力巨大。我計劃在春節前的一個半月內，完成組織調整、業務制度、產品規劃、核保規則修訂、股權激勵、種籽項目同業增員辦法，包括規劃裝修外勤夥伴在總公司十一樓的辦公職場。

平台基礎建設次第落地，就開始增員招募，搭建營銷組織架構。我在南山人壽的基礎深厚，影響力大，南山自然做鋪天蓋地、銅牆鐵壁的防堵，使得增員南山的外勤夥伴非常艱難，拉鋸折騰，多少夜晚談增員到半夜，多少夜晚因心情起伏焦慮而輾轉床側。我談夢想，談願景，談建構一個專業、溫暖、和諧、進取的工作環境，談搭建一個共好、富裕、快樂的事業平台。我的舊屬，從最初跨刀加盟的鄭賢得、高豪鐘，然後陸續到位的林繼平、李佳蓉、楊玲芳、張芳玫、胡壽寧、林茂泉、李韻中等人，奇蹟似的在一個月內號召了六十六位精英夥伴，組成夢幻團隊。一九九二年一月二十九日，農曆春節前幾天，我在陽明山白雲山莊設宴，名為「開創新機歡迎餐會」，實際上就是誓師大會。這群夥伴熱情洋溢、鬥志高昂，平均年齡不到三十歲。晚會最後一幕，熄燈點起蠟燭，燭火相連，像即將出征的勇士，升火待發而互相祝福。雖然僅有六十六位夥伴，但氣勢激昂，令人動容，在那一刻，我彷彿看到一支百萬雄師的勁旅。

一粒種籽，一棵大樹

二月十日，春節假期結束，上班第一天，業務正式開跑。一群人就在辦公室還沒裝修完成，天花板還吊著電線，地板上仍堆著裝修廢棄物的雜亂環境下，開始上戰場。那種懷抱創業心情，篳路藍縷、勇往直前的感覺，激發出驚人的熱情與高昂的士氣。銷售技能已是次要，產品競爭力也不在意，每個夥伴爭先拚搏，力創佳績。我在大辦公室裡準備了一面大鼓及一個大鑼，只要夥伴帶業績回來，就可以擊鼓敲鑼，整個辦公室則全體起立鼓掌回應。那個階段，辦公室鼓聲不絕，掌聲、歡呼聲不斷，創造出榮耀及歡樂的氛圍，夥伴們經常保持在激動、亢奮的狀態。

隨著業務正式起跑，我同時策劃了第一屆第一人壽檳城高峰會議。第一個月指標首年新單保費（ＦＹＰ）訂了台幣三百萬元，由於業務氣氛高漲，鬥志昂揚，業績一路飆升，最後竟然完成台幣六百八十七萬元。接著的三月份更衝刺到台幣九百萬元，四月份再飆高到台幣一千兩百七十萬元。種籽部隊初試啼聲，一鳴驚人。台北的成功，延燒到高雄、台南、台中，劉月桂、馬再發、張嘉宏、李建國、許貫一、蔡耀焜等人紛紛加盟。很多業績高手前腳才在南山人壽年度榮譽會上領完獎，後腳就到第一人壽的辦公室報到。新團隊氣勢如虹，吸納各方英雄，掀起業界轉換平台的風潮，加上白板新人增員的成功，到八月時已從最初的六十六人建立起一支七百人的隊伍。八月份當月業績甚至一舉突破ＦＹＰ台幣四千三百萬元，單月就超過我在年初訂定的全年台幣四千萬元的年度指標，實在不可思議。

初期短短三個月石破天驚的表現，引起保險業界的矚目及媒體的關注。五月二十三日那一期的

《商業周刊》，對第一人壽報導多達六頁，充滿著讚譽之詞；「中華電視」晨間新聞也做專訪；《工商時報》張明暉先生大篇幅報導第一人壽CIS（企業識別系統）的推出，而次週，《保險營銷雜誌》也長篇報導第一人壽成功的蛻變。

五月二十六日，我策劃的「第一人壽三十週年慶暨CIS發表會」，在台北信義聯勤俱樂部盛大舉行酒會，財政部官員、業界大咖齊來祝賀，冠蓋雲集，熱鬧非凡。業務夥伴在會場中展現壯盛軍容，一股沛然莫之能禦的氣勢呈現。而郭功立董事長及郭家家族成員穿梭在賓客中，既興奮又得意，因為第一人壽從來沒有這麼風光過。我在半年內，南北奔波，夜以繼日，率領團隊一起拚搏，讓「三十年根基，三十歲幹勁」的「新第一」嶄新出擊，第一人壽正站在過去與未來的分水嶺上，當時內心的自豪與成就感難以言喻。

一九九二年十二月五日，我從南山人壽辭職恰滿週年。在一年前，我投入不可知的未來，一年後，精英平台已經成形，六十六粒種籽的夥伴精神、革命感情形成牢不可分的感情紐帶。張芳玫和汪明娟發起種籽重聚活動，回到一年前誓師的陽明山上的「白雲山莊」，重溫那種艱苦奮戰、患難與共的感覺。六十六粒種籽，因為曾經共同奮鬥，經歷辛酸憂苦，心志折磨，也曾共有歡笑美好，會中大家的情緒衝激到最高點。陳養國、羅志宏、陳亦純激動地語多哽咽，而李佳蓉、楊玲芳則哭成一團。最激動的，莫過於郭功立董事長，他痛哭流涕，把積壓在內心深處的壓力、苦悶，如山洪般傾瀉出來。令人動容的一幕，他單腳跪下來向大家致謝，謝謝夥伴們挽救了第一人壽。至情、至誠、至性流露無遺。

人生最美好的事，莫過於領導一群志同道合的夥伴，爲共同的理想、目標，心手相連的奮鬥。過程中雖有風雨、淚水、酸苦，但最後終見彩虹，歡樂收割。

我送給每一個人一座四面錐體的小水晶做紀念，上面刻著：**「一粒種籽，一棵大樹」，既是感恩，也是祝福，更是期待，期待每一位參與的種籽皆成壽險業裡的參天巨樹。**

第一次面臨離職出走的關頭

我在台灣服務過四家公司，從南山人壽、第一人壽與慶豐人壽、台灣人壽到宏利人壽。這四家公司都在我離職後先後被變賣過。其中第一人壽還被賣了三次（第一人壽賣給慶豐人壽、慶豐人壽賣給英國保誠、保誠賣給中國人壽）。回顧這些企業經營史，共同的現象是：這些變賣都直接肇因於領導力，而不是市場或政策的變化。

作為專業經理人，這樣的際遇顯得顛沛流離。主觀個性上，我是不安分的，有一顆驛動的心，勇於追逐夢想。但客觀形勢上，我常被逼到繩圈角落，面臨留與不留的處境，而這也歸因於自己比較強勢的風格與上面領導者的心態和格局。這些困頓的經歷，都化成了生命的養分，形塑了我日後領導的視野與對待部屬的準則。

在第一人壽和慶豐人壽時代，我有三次非常強烈想離職，那時，對現狀極度失望，都已箭在弦上，跺跺腳就走人了，但最後卻都過了心坎而留下來，人生也沒走到另一條路上。

一九九三年年底，歷經一年的整軍經武、馬不停蹄的奔波，立下赫赫戰功，把第一人壽推到成為台灣壽險界矚目的明日之星。當時，郭董事長持續地找我談接任總經理的安排規劃。他意識到以第一人壽現有的管理團隊架構，很難再往前面突破，他決心換領導班子。終於在一九九三年十二月三十日常董會決議換掉總經理。我當時風華正茂，氣勢熾盛，也覺得當仁不讓，滿懷改革的理想，矢志把第一人壽建設成頂尖的公司。

但當時四十歲出頭的我，太天真了。一介武將，雖有顯赫戰功，怎麼躲得過大股東家族明來暗往的鬥爭？何況當時我正為了外勤夥伴的配股方案，在董事會強勢力爭，發言盈庭，剽悍霸氣，也讓外部董事及大股東家族心生忌憚。董事長雖然欣賞我，但他優柔寡斷，遇阻力則延宕猶豫，在家族兄弟姊妹間又缺乏領導力，不能一言九鼎，我的命運早被決定了。

董事會預定一九九四年二月二日下午召開，決定總經理人選。直到一月三十日，我從高雄出差回來，郭董事長約我在環亞飯店的咖啡廳見面，講了一個鐘頭，才勉強擠出，由精算出身的屠副總接任總經理。而事實上，在過去一個月裡，屠副總仍不斷強調支持我擔任總經理，使我產生假象及誤判。在當下極度失望之餘，我才明白自己被出賣了。

我面臨了人生中最重大的考驗和抉擇：第一條路，辭職出走，不再為缺乏誠信的領導者賣命。但慮及業務系統那麼多人衝著我來第一人壽，我的動向，會衝擊這些人的未來；我若投奔同業，並帶走一群夥伴，外勤隊伍可能分崩潰決；即使另闢戰場，大夥的鬥志、體力都是問題，能否快速東山再起？

第二條路，忍辱負重留下，但我的傲氣，是否能心平氣和的與出賣我的人共事，並接受他的領導？

我決定到九份山上靜一靜，避開郭董事長的約談，避開四面八方紛至沓來的關切電話。山上起霧，有點冷冽，環覽群山，俯瞰基隆嶼，手上抱讀《歷史的頓挫》，感覺如此的英雄氣短。但心靜了，思慮就澄澈了，悲憤的情緒也慢慢地放下了。考慮公司發展的穩定，我決定放下個人屈辱，避免過去兩年追隨我來、一起打拚的夥伴弟兄們，因為我而顛沛流離，放棄辛苦建立的基業。

次日清晨七點多，一向支持我的張耀煌董事來電話慰勉。他說，我敗在太強勢！大股東家族器量小、不信任人，對太強的人不放心。從面相看，我是有福分的人，也能帶給別人福分，是將將之才，要忍一時的挫折，終歸要成大局面的。他鼓勵我，沉潛歷練，幾年後實力更強，會有更好的機會與發展。張董事是一位非常成功的企業家，更是一位出色的激勵者，懂得如何重振失意者的心。

慶豐入主，再次面臨去留抉擇

一九九四年下半年到一九九五年是我進入第一人壽最糟的期間，如龍困淺灘，動彈不得。上有大股東家族不和，各謀己利，而郭董事長又官司纏身，焦頭爛額；其次高層管理團隊爭權掣肘，互不信任，而外勤隊伍不斷受同業厚利誘惑，人才出走，導致軍心不安，業績不振。最終大股東郭家無心戀戰，在五月初以每股七十二元的天價把股權、經營權全讓給了慶豐集團。

五月十日下午召開股東常會，慶豐完成購併第一人壽的程序。隨後股東會改選董事，我坐在台下，當九席董事選出來的那一刻，我才發現，我原有的董事席位被拔掉了。我沒料到，總經理聯合慶豐集團派來的常董，會用這麼卑劣、粗暴的手段來對付我，事前不提，未做任何說明，直接在選舉中把我除名。不但如此，隨後發布的人事公文，連我的「執行副總經理」頭銜的「執行」也被取消，直接降級。

我心頭的震驚、悲憤、屈辱，難以言喻。我在想，郭家過去三年，每年增資只用一股十元的定價，而今天得以一股台幣七十二元高價售出，這公司的價值誰創造出來的？誰拚搏出來的？而創造局面的將軍竟被無情的凌遲，而引進外部買家的權臣竟春風得意、上下其手？

能遠者，是否能忍？我第二度面臨去留的抉擇。

我連續休了四天假，讓自己靜下來。這期間許多好朋友以及部屬同事紛紛來關懷，像羅志宏、梁建芳、陳養國等人，勸慰我韜光養晦，沉潛自修，以待來日。特別是梁建芳連續兩天命理的解析，彷彿做了完整的心理療癒。我從面子的執著、不平的嗔怨、挫敗的陰影中逐漸復原。到後來，《工商時報》記者張明暉兄來電關心探詢時，我已經可以用很自然、平靜的心去面對。

五月十五日星期一，我恢復上班。我若無其事，工作如常，情緒控制在平靜的狀態。日後發現，這段忍辱的磨練過程，其實是生命的進化，帶來個人極大的突破與成長。

雖然在隨後半年內，執行副總頭銜及董事席位陸續被恢復，但由於我不認同新領導階層不分人才良竄、大肆撒錢挖角同業的作法，一九九六年初，我進一步被釋兵權，不再掌管業務體系及分公司，成為只管「國際事業部」及兩位部屬的「光桿」執行副總經理。離開決策權力核心，我倒沒有失去舞台的失落感，心境反而因為清閒而開闊起來。

十二月三日，我擔任國際事業部新職後第一次出差到北京，參加香港 Infocus 機構舉辦的「大陸保險市場研討會」。入住王府井飯店後，傍晚前我漫步在長安大街上。北京的十二月初非常清冷，白楊樹葉枯落，細長的枝幹透著深濃的蒼寂，我環視著大街兩旁巍峨矗立的方正巨廈，感受大國京城號令天下的威儀。一股豪氣從心裡深處湧出，懷抱逐鹿中原的雄心自此展開。

這期間中興人壽（後改名遠雄人壽）、國寶人壽頻頻來接觸，邀請我過去工作，我不為所動，我的心已不在台灣一隅了。我利用這段時間，整理過去二十年營銷管理的經驗寫成了我的第一本著作《菁英團隊》（遠流出版，一九九六），也完成我在政治大學企業家班的兩年半進修課程；而母親罹癌，在世最後半年三度住院，剛巧有這段空檔得以陪侍左右。可以說，上蒼做了最好的安排，被拔掉兵權，卻是一個福報，得以寫書、學習進修、盡孝道，而且在沉潛自修中，成就了更強大的自己。

政大企業家班的學習

我是在一九九四年進入政治大學企業家進修班第十四屆就讀，一九九七年結業。我過去沒有受過正式的企業管理教育，在工作接近二十年且擔任公司高管後，進入這台灣數一數二的管理學術殿堂，好像是打通了任督二脈一樣，暢快的吸吮養分。經營管理的技能和觀念不斷突破，學前學後，管理領域的進化，實在難以斗量。

政大企家班有一特色，同學都是來自各行各業的企業主或高管。我班上來自於科技業、電子業、食品業、營造業、出版業、製造業及金融業的同學，都有豐富的管理經驗，異業交流，課堂上的互動，常碰撞出精彩的火花，而私下的交誼活動，也形成豐富的人脈網絡。

兩年半的學習課程，涵蓋了生產管理、營銷管理、人事管理、研發管理及財務管理。師資一流，老師也跟同學打成一片，教學相長，互動極好。我在結業後還回到企研所旁聽了「投資銀行」這門課，對資本市場的操作得以一窺堂奧。

總導師司徒達賢教授是企家班的靈魂人物，是國際知名的策略大師，桃李滿天下，極受學生愛戴及企業界的推崇。他講授的「組織管理」及「策略管理」是最經典、最受歡迎的課程，每堂課他都用個案研究（case study）教學。學生事前先要分組研討、思辨，做分析歸納。司徒老師在課堂上從個案中提出問題，學生回答了問題，他又以學生的回答引出更多問題，大家一起腦力激盪，迸發出智慧的火花，引出創造性的思維。上他的課，事前要準備充分，問答過程非常緊張，要全神貫注，也常常出糗。但這兩門課一直是同學最回味、最津津樂道的。

司徒老師在個案教學中強調「聽說讀想」的修煉，而我也從老師的教學中學會高效的「問問題」，學到更好的「聽力」，更精確掌握「思維邏輯性」，這都對日後的管理及領導工作有驚人的進化。

企家班讀書期間，我著手整理撰寫過去二十年的壽險營銷管理心得，完成《菁英團隊》這本書。由於企家班的衝擊與啓發，我把我過去在南山人壽經營「金山營業處」，其中快速成長的六年期間，寫成一個兩萬字的大個案，放在書裡作為教學及培訓之用。後來，我用這個教材，在慶豐、台壽、中宏乃至鑫山等公司內部實施個案教學，用來培訓主管，都獲得極大的成功。我是個案的主人翁，也是個案的撰寫者，又是個案的教學者。三種角色都是同一個人，這恐怕是個案教學史上極其少見的。

大廈傾頹，第三度想離開

一九九六年，我因遠離核心高層，反而避開了混亂的局面。但公司經營漫無章法，急功近利，腳步紊亂，甚至連烏龍保單都出來了，逐漸掏空公司的根基。下半年，常董會徵召我成立經營企劃室，除招募一批年輕碩研集中培育（取名A計劃）外，並進行十二項改造工程。一九九七年，我又陸續接管四家分公司、教育訓練部、信息部、法務室、契約部、理賠部，包括企業改造、策略規劃、上市作業、年金開發、ISO項目都在我手上推動。這是特殊的際遇，我從過去營銷業務的專長，經過忍辱磨練，加上企業家班管理課程的學習，豐富了經營的領域，不但做出價值貢獻，自己的成長蛻變更是可觀。

但深入經營核心，卻駭然發現公司的根基已腐壞了。同業增員失敗，商品策略錯誤，造成巨額虧損，而領導無方導致制度崩壞，是非不分，士氣低落。以當時慶壽高階團隊不專業的組合，幾乎沒有成功的機會。我身為高層之一，有更多的失落與無奈，有看不到明天的焦慮，以致身心非常疲憊。

一九九八年六月十二日，當時慶豐派來的施副董事長在董事會上強渡關山通過組織調整案，要我放下我一手改造的運營後援系統，回頭去接管複雜沉痾的壽險業務部。沒有溝通，沒有尊重，沒有信任，我有再度被欺騙的感覺，遂萌生第三度去職的強烈想法。

世邦船務集團李健發董事長是我最親近的莫逆之交，從出社會工作以來，兩家情同手足。他知道我想辭職後，力邀我出任世邦集團旗下聯合空運公司董事長職。

六月十四日，我和鄭鐘源董事長帶領外勤夥伴們出行第七屆高峰會議——「前進廣州」。六月十八日，在經澳門回台北的飛機上我向鄭董事長請辭。當天下午四點，回到辦公室，我再向施副董事長請辭。他立即直截了當說：不接受我的辭職。

我的辭職，如平地驚雷，震撼公司上下。隔天，我的副手呂國雄副總經理跟進。公司夥伴們充斥著不安定，人心浮動的氛圍。

留得餘地鋪明月，莫築高牆礙遠山

一週後，施副董事長在主管月會上宣布成立「經營發展委員會」，指派我擔任主任委員，每週開會，決定公司經營政策與執行方案，向常董會報告負責，這個角色等同於與屠總經理「共治」公司。

我再度陷入天人交戰的情境，心頭沉重，去留就在一念之間。然而鄭董事長向我說，我若堅持走，他只有提前退休了。這話太重，使我除了留下，別無選擇。

幾個月後，屠總經理辭職，慶豐集團指派我接任。多年前，我從南山外勤轉換跑道擔任第一人壽高管，職涯目標就是幹總經理，但我達標時卻沒有絲毫喜悅，面對千瘡百孔、財務惡化的公司，只有承擔艱巨的凜然。

劉義雄常務董事是當時慶豐集團旗下三陽汽車工業公司總經理，在董事會上通過我的總經理任命案後，向我握手致意說：「即使黃世惠董事長在場，也不會向你說恭喜！」道盡了這任務臨危授命的特殊性，因為慶豐人壽已面臨危急存亡之秋。

一九九九年，慶豐人壽處於風雨飄搖的困境。由於前任總經理發行的烏龍保單，及東南亞金融風暴導致的衍生性金融商品投資的崩盤，重創了慶豐人壽的財務，導致財政部要求慶豐人壽巨額現金增資台幣二十八億元。這對慶豐集團而言是沉重的包袱，逼得集團董事長黃世惠先生下決心出售慶豐人壽，拋掉這燙手山芋。

慶豐集團委任投資銀行 ACP 尋找買家，我和鄭董事長責無旁貸的協助支持，配合買家做盡職調查（Due Diligence）。這是非常痛苦煎熬的過程，日常經營上要若無其事，維持公司業務的正常運作，另方面，在不驚擾員工的情況下，準備盡調材料，並強忍不安焦慮的心情，應付各種的諮詢與討論。

當時來參與股權購買的世界知名保險公司有 Manulife、CGU、New York Life、Pru UK 和 Aegon。其中以英國保誠人壽（Pru UK）最積極，第一輪出價最高，取得優先議價權。代表英國保誠主談的人，是梁家駒（Dominic梁）。梁先生是香港人，友邦保險出身，曾經一小段時間擔任南山人壽總經理，之後任英國保誠人壽亞洲區的執行董事（Managing Director），在我中宏人壽總裁任內時，他也曾經擔任過中國平安人壽董事長。

當年，英國保誠人壽在梁先生主導下，正積極籌設台灣分公司，經營班底也已組建。接到慶豐人壽出售的訊息，保誠人壽自然積極參與，因為慶豐人壽營銷體質很好，行政體系健全，經營班底又大都來自於梁先生熟悉的南山體系。若買下慶豐人壽，肯定可以讓保誠人壽縮短好幾年在台灣發展的時間。

從四月底，財政部要求增資台幣二十八億元，到九月初步決定優先議價出讓對象，其實慶豐集團壓力極大，假若現增時程不能配合上買賣股權及經營權轉移進度，將面臨監理機關的處分甚至接管的災難。而且時間拖得久了，媒體聞到風聲，不斷前來詢問，謠言開始出現，對員工及隊伍士氣會造成恐慌的氛圍。

在時程的巨大壓力下，慶豐集團逐漸失去談判力，而保誠方好整以暇，挾著買方優勢，首先要求慶豐集團簽下協議，允諾未來旗下的慶豐銀行要全力配合保誠發展銀行保險（Bancassurance），又藉故拖延簽訂買賣備忘錄（MOU），要求慶豐集團減讓台幣八．二億元，集團不能接受，談得不歡而散，幾乎破局。

九二一震垮了最後的梁柱

一九九九年九月二十一日凌晨一點四十七分，芮氏規模七．三的百年大地震襲台，天搖地動，宛如世界末日。從清晨開始，死傷消息一路攀升，震央從南投集集鎮，重創到台中、彰化，甚至遠到台北，瓦礫成堆，滿目瘡痍，高樓傾斜，怵目驚心，十萬人無家可歸，死亡超過兩千人。

地震當天一早，我趕到公司，一樓大堂一片陰暗。在停電停水的狀態下，我從一樓爬樓梯到十三樓辦公室，召開「九二一」緊急應變行動會議，從理賠、貸款、放款、收費等做出優惠措施的決策，並決定內外勤員工捐出一日所得，福委會的基金全數捐出救災賑災。當天下午，還應先前之約，帶著憂急悲痛的心情，到遠企大飯店與梁先生及李源祥精算師做第二度的盡職調查。時間對慶豐集團非常不利，雙重災難當前，心力交瘁，勉力而為，內心的衝擊難以筆墨形容。

九二一大災難震垮了慶豐集團談判的底線。九月二十四日下午，在香港，保誠與慶豐終於談妥價格，慶豐減讓台幣五．八億元，成交價為台幣十九．二億元，即每股台幣十六．七元，且附帶條件，慶豐集團必須把慶豐人壽持有的未上市關係企業股票，如金豪證券、鼎豪實業等原價買回。保誠簽了MOU，交易終於拍板。慶豐集團買賣談判完全潰敗。

在保誠人壽取得優先議價權後，我身為總經理，數度與梁先生會談。除了做盡職調查，介紹公司經營的狀況與管理制度、數據外，我曾多次觸及未來保誠入主後的經營策略、組織架構及管理階層的人事安排，梁先生卻總以交易尚未定案而迴避不談。

九月三十日上午十時，慶豐與保誠集團雙方高層在台北君悅飯店簽了購股協定（Stock Purchase Agreement）。上午十一時，我召集內外勤同仁宣布此案；下午兩點拜會財政部保險司說明保誠購併案；下午四點召開記者會；下午五點半召集台北市業務主管告知保誠入主。接著一個多月，進入看守時期。這期間，梁先生始終未對高層主管人事定位做任何決定，而我也駭然發現，慶豐集團總部委任ACP及常在法律事務所談判購併條件時，居然隻字未提及對慶豐人壽經營團隊的任何工作安排或離職補償，顯示出慶豐集團高管的顢頇、ACP及常在的漠視和保誠的不尊重。

十一月三日下午四時，召開保誠人壽入主的第一次董事會，會中慶豐集團正式移交經營權。我待命留在公司，直到下午三點五十五分，梁先生才出現，他來約我晚上見面細談。我拒絕了，要他立即花五分鐘時間說明最後的決定。他那時才提出，希望我去廣州，到保誠新取得的中外合資公司「信誠人壽」工作。

倉皇辭廟日，心中無牽掛

這是我在慶豐人壽的最後一天。

我曾投入最黃金的年華八年，把一家全台灣倒數第一的公司，建設成令市場矚目、同業尊敬的公司，也幹到了這家公司的總經理。但最後一天，最後五分鐘，才被告知下一個職務安排。一位支持經營順利移轉、堅守崗位到最後一刻的總經理，竟然沒有得到卸任尊重，沒有安排歡送會的告別、祝福。沒有善待，沒有禮遇，這種英式作風實在不可思議。

從下午四點到晚上八點，才匆忙整理好八個紙箱的私人書籍文件物品，我獨自安靜離開辦公室，心中了無牽掛。過去一年多，我背負經營、增資與出售公司的壓力，心力交瘁，非常疲累，雖然最後面臨的處境粗糙、不近情理，但我卻如釋重負，帶著輕鬆的心情，開始休假。

第二天，呂國雄副總來了電話，告知我，跟著我在慶豐人壽一起拚搏了八年，年年考績優等的陳養國、林茂泉兩位經理被解聘。保誠接手營運的第一天，就以強勢入主的姿態做出整肅，營造立威、肅殺的氛圍，公司一下子陷入人心惶惶的局面。

我立即打電話給梁先生，他對這兩人的處置做了說明，但理由非常牽強。我非常的失望。

我當下明白，從保誠高管的思維與態度，看到了這是怎樣的一家公司。看一家公司的企業文化，就看一家公司如何對待員工、對待顧客、對待合作夥伴與交易對手，以及如何對待環境與社群。真誠的領導，永遠會善待他人、尊重他人。顯然這不是我想要服務的企業。

二〇〇九年二月二十日，保誠人壽入主慶豐人壽不到十年時間，把個險業務及資產，用台幣一塊錢賣給台灣的中國人壽，認賠台幣數十億元，黯然退場。保誠其實是非常專業、品牌力強、資金雄厚的跨國保險集團，但從領導力的角度來看，台灣保誠雇用的管理層器量狹隘、傲慢自大，早已種下敗因。最終這個結局，一點都不讓我意外。

歷盡千帆，歸來，仍是少年

三十九歲到四十七歲在第一人壽和慶豐人壽的時代，正值青壯年華，卻是工作上、人際面上碰撞最激烈，跌宕起伏最厲害的階段。看盡江湖險惡、權鬥算計，但也是動心忍性的修煉，管理能力成長和領導力精進最快速的階段。

「歷盡千帆，歸來，仍是少年。」歷練中，不知不覺人變得更成熟，性格更圓潤，而且初心沒變，樂觀、自信、熱情、愛冒險的性格依舊。

第七章
台灣人壽：身涉險灘奮力行

台壽與廣州的抉擇

一九九九年十一月十五日，我第一次見到朱炳昱董事長。是當時的政治大學商學院謝龍發教授介紹安排的，他是我服預備軍官役時在訓練中心的同班戰友。朱董邀我到台灣人壽擔任業務營銷系統執行副總經理。

才一個月前，台灣人壽從省營保險公司剛改制為民營企業，由龍邦建設公司朱炳昱董事長入主擔任民營化的第一任董事長。台灣人壽是在抗戰勝利後，接收日據時代的各種人壽保險業務組建的公營機構，年齡比朱董和我都還大。它負有政策的任務，也享有公營企業的優勢，自然也充斥政府事業單位的官僚文化和人事包袱。改制民營，對台灣人壽是企業再造的機會，但長達五十年的公營體制的改變，更是一個艱巨的挑戰。

朱炳昱董事長白手創業，龍邦建設公司是他起家發展成功的上市企業。他獲得財政部青睞入主台壽，在政府公關及個人的勤奮努力上，自有其過人之處。而擔任董事長後，望治心切，勵精圖治，求才若渴，認真經營，更是他企業家性格的自然流露。

十一月三日我匆忙離任慶豐人壽總經理職，被保誠人壽聘為董事長高級顧問的虛職，在家休假待命。我對英國保誠高管不信任，對其企業文化沒信心，心中相當排斥去保誠工作，這期間就接到謝龍發教授的電話，安排我與朱董事長在來來大飯店（現台北喜來登大飯店）午餐。一席話談下來，感受到他求才的誠意後，我立即開始徵詢多位好友的意見，其中最關鍵的意見來自於鄭鐘源董事長和企業家班的同學林嘉律先生。鄭董認為台壽是資產雄厚的上市公司，只要先澄清兩個問題：工作的發揮機會和老闆的為人處世，若沒問題，他認為到台壽的機會不錯。而嘉律兄在啓阜營造公司與朱董事長長期共事，他說朱董為人正派，能授權，可以放心共事。他倒認為只要能澄清官股的角色，不會是改革的阻力，台壽值得加盟。

抉擇的考量

人生中不同階段面臨各種職涯的選擇。這一次，不但是抉擇，更是一個賭注。去保誠人壽廣州新籌的合資公司任職？還是留在台灣，為超過五十年，亟需改造的本土公司跨刀？我已四十八歲了，任何的抉擇，都影響我往後的生涯走向，甚至決定我的生活方式和內容。

到大陸工作，是我懷抱多年的夢想，但這次到保誠廣州卻使我不安：其一，我與保誠完全沒有淵源，與保誠的領導高管沒有合作的默契與信賴，甚至在慶豐購併過程中，感覺很差；其二，我由不熟悉的保誠人壽派去廣州，負責新籌合資公司，去開發不熟悉的市場，與不熟悉的中方合夥人共事。我是不是有必要去挑戰這種可能最糟的情況？

因為對去廣州的不安，使我對台壽的機會在心情上逐漸靠攏。十一月二十日，我再應朱董之邀到台中龍邦總部，謝龍發教授作陪。上午九點半的約，聊到下午三點半，中午朱董還邀去他家吃中飯，誠意十足。長談中，廣泛地交換了經營上、策略上的意見，也感受到朱董對官派高管缺乏專業的擔憂及改革的決心。

我保險生涯做了二十五年，最初十六年半的外勤，做到頂尖，擁有兩千人的營銷團隊；後面八年擔任總公司高管，救亡圖存，力爭上游，也是成績斐然。台灣人壽有五千位營銷人員的隊伍，底子深厚，但公司派系傾軋、僚氣深重、管理粗放、專業不足，亟需改變。我要不要參與這個改制改造的大工程，讓它歷經半世紀而浴火重生，再創輝煌？坦白講，這個挑戰的機會，對我不安分的性格而言，是有很大的吸引力。但顯然我的抉擇，沒有足夠深入了解未來的老闆，更輕忽了官股角色的影響力。

決定加盟台灣人壽

十一月二十四日，我應邀與朱董事長及台壽幾位董事在來來大飯店午餐，席間允諾了加盟台灣人壽。眾人都很高興，謝教授特別開心，說他增員成功了。很快地，十一月三十日，台壽董事會通過我的任命，距第一次與朱董事長見面，只有半個月。當天《經濟日報》聞到風聲，已搶先登出我轉台到台壽的報導。

朱董事長很誠懇地請我早一點履任，以利快速進入民營化改革工程。我心裡明白，他剛接手台壽，亟需一位總綰兵符的副手，我沒想太多，就同意十二月八日就職。其實，我只要拖過十二月，我在保誠人壽可以獲得不差的年終獎金；而且我是主動辭「董事長高級顧問」職，而不是被辭退（Terminate），保誠人壽完全不需要付給我離職金。但考慮這些眼前利益，不是我的性格和風格，我心中想的是：當人家需要你，而你做得到，就要迅速去回應人家的需求。

上任後聽了一輪各部門及七個分公司的簡報，我的心情一天比一天沉重。這是一個超過我專業經驗背景裡能想像、理解的公司！一群外行人管理的保險公司，體制矛盾、系統紊亂、展業質量不佳，而企業文化僚氣十足，派系傾軋。雖然我有挑戰艱難的心理準備，但落差這麼巨大，內心壓力無比沉重。

朱炳昱董事長是一位用心、認真、勤奮的企業家，上半週在台壽工作，下半週回台中龍邦，南北奔波，毅力驚人。他最令人驚嘆的是「朱氏操練法」，每個月下旬的星期一開部門主管月會，清晨六點三十分開始會議，通常到下午三、四點才結束。會議冗長沒有效率，但人人精神緊張，不敢怠慢。受到朱氏領導風格的影響，我在台壽任職期間，經常工作、開會到午夜才回家，一天工作超過十六個小時是家常便飯。我在南山人壽學會營銷管理，在第一、慶豐學會經營公司，而我在台灣人壽學會了絕對勤奮的精神，這些都成為日後在大陸事業發展的養分。

官股代表掣肘阻撓改革

進入金融保險領域，對朱董事長並不容易。他搞建築起家，精於生意門道，對一磚一瓦的成本錙銖必較，習於短打思維。但保險的經營重心不在日常管銷費用，必須具備長期觀點、經營遠見，而產品及基本法的精算假設事關重大，投資又必須穩健，賺取微薄利差、費差及合理的死差。朱董事長一方面要改造人事冗員、調整文化習氣、變革體制，另方面要學習保險的經營本質，這若非科班出身，實在不容易專精。

然而，朱董事長最大的挑戰卻是來自於官股代表的掣肘。

由於龍邦建設及朱董家族的持股僅有三〇%左右，而官股當時仍持有約二七%股權，是關鍵性的第二大股東，總經理及兩席董事約定由大股東「臺灣銀行」指派。朱董事長需官股支持才能擁有實質的經營權，自然對官股代表曲意籠絡。遺憾的是，其中一位官股代表周姓董事，仗著財政部的人脈靠山，舉止特別囂張跋扈，他不但出席部門會議，公然干預日常業務與人事，甚且在台壽總公司設置辦公室。他幾乎無時無刻不在董事會或部門主管會議中，公然對我的改革舉措及用人大加撻伐，橫加阻撓，以遂行其私人利益。我懷抱滿腔改造的豪情加盟台壽，卻低估了官股對改革的阻力，台灣人壽竟成為我職業生涯最短暫的中途站。

營銷改造，勵精圖治

到台壽上崗兩週後，我搭機到墾丁福華飯店參加「台壽英雄高峰賽」頒獎典禮及旅遊活動，這是我首次直面接觸台壽的績優業務夥伴。我過去聽取介紹說，台壽外勤夥伴素質較低，年齡偏高。但第一次參加業務活動，我訝然發現，台壽的業務人員不但擁有外勤的熱情、活力、開放的特質，他們又更質樸、單純，草根性十足。

台壽夥伴們比較封閉，對外界所知不多，對公司要求不高，雖然缺乏專業訓練及系統性的管理技能，但生產力高，戰鬥力強。他們期待進步、改革，更期待有專業內行的領導者。在那一天，我發現，只要帶領他們進步，很容易贏得他們的尊敬與向心力。

面對這龐大、老化的組織體系，我果斷行動，切入改造。我先從營銷組織定位及職掌調整著手，修改展業措施，加大激勵制度，並快速全省跑遍，訪問團隊、激勵士氣，向外勤夥伴勾畫民營體制的變革藍圖，統一思想，創設營銷文化和價值觀體系，建立共同的目標願景。

二〇〇〇年一月七日，我到台壽任職滿月，接到好朋友，時任淡江大學保險系系主任黃秀玲女士來電話打氣問候，可見業界朋友都不看好而為我擔心。張明暉兄也特地來辦公室看我，關心的問：「覺得怎麼樣？」我回答：「生態文化還沒調適好，還沒有歸屬感！但逐漸往好的方向了。」他認為，這需要三到六個月的時間來適應，至於要把台壽改頭換面、浴火重生，非三年無以成其功。問題是，我有那麼多的時間嗎？

我到各分公司，每參加一場業務活動，總是增加一些信心。這些外勤夥伴動員力量驚人，無論是在文化中心或學校體育館舉辦動員月會，每場動輒幾百人，像廟會或像選舉擂台一樣熱鬧，舉辦內容質量低俗，但熱情洋溢，聲勢浩大，而這些都不可思議的轉化成生產力。

公營時期的台壽業務系統，更像公司體制內的經紀人承包制，每一個營業處都像是獨立的、各據山頭的經紀人公司，而處經理則像是小型經紀人公司的董事長。除了相同的展業措施規範制度運作外，其他沒有半點是一樣的，包括職場、業務活動、銷售模式、訓練系統，就像台壽內部有七十家經銷商，七十種經營的風格和文化。我到各營業處督導視察，就像到了不同的公司，擺設不同的辦公家具，看不到台壽的企業識別系統。有的營業處經理的辦公室、辦公桌比董事長的還大，最不可思議的是，幾乎每個營業處的牆上都高掛神龕，或供奉財神或土地公或關公。它更像是傳統小型企業的布置，而不是國際化、現代化、專業化的辦公職場。

辦公環境良窳，會決定職場的能量、氣場，影響職場文化和價值體系，更是業務績效的基礎。一個有效的領導者，絕對講究職場的明亮、活力和能量。在諸多變革中，我就從職場改裝優先開始。

在取得朱董事長的支持後，我交代林茂泉經理帶著他的團隊，從北到南一路改裝台壽的五十個職場，從辦公室選址搬遷、OA家具、軟裝布置等，實施配備標準化、採購統一化。居然在一年內，非常高效的讓台壽外勤辦公室改頭換面，煥然一新，變成統一品牌的公司。

龐大的工作量，需要強大的團隊一起拚搏，所以引進更多的管理人才是當務之急。我在短短的一段時間內，陸續引進一批幹練的人才加入我的團隊，其中包括慶豐人壽舊屬的保單行政的呂國雄、業務行政的林茂泉、教育訓練的何晉良、銀行保險的莊中慶、做產品的張華龍等人；我還引進中國人壽的團險幹才李勳欽、安泰人壽的收展專才陳建成、瑞泰人壽的營銷管理高手林朝興等人，還有一批超過十人在慶豐人壽培養的碩研學歷的年輕主管，成為變革改造的生力軍。

成果展現，業績飆升

勤奮的工作有了回報。二〇〇〇年上半年的勵精圖治、整軍經武，成果逐漸展現。特別是七月中旬在馬來西亞蘭卡威舉辦的第一屆台壽高峰會議，一百七十七位績優夥伴參加，活動規劃精彩，熱力四射，情緒沸騰，把夥伴士氣激發到最高點。從下半年開始，每個月業績同比都有可觀的成長，最大的轉折點落在九月份，首年新單保費衝到台幣三．五億元，比上一年同期成長百分之百。到九月底，全年的負成長全部敉平，這是台壽三年來首見的年度正增長。緊接著十月份、十一月份又持續爆發，到了十二月份，衝刺到新單保費台幣四．八億元，創歷史新高。這一波業績熱度持續到次年一月份，新單業績超過台幣七億元，再創新猷！春節前，我到七家分公司及各大團隊吃尾牙，公司內外勤夥伴們呈現出人心振奮、喜氣洋洋、士氣高昂、軍容壯盛的景象。這一年的春節，台壽業務夥伴因為業績的大豐收，過了一個「好年冬」！

行到水窮處，飛花隔岸來

朱董事長是一個強勢的領導者，事必躬親，巨細靡遺，但決策過程有點緩慢。他對改革的決心非常強大，又信任我的領導力、執行力、專業及操守，台壽應是很有機會在短時間脫胎換骨。可惜的是，礙於少數股權的考慮，他多方籠絡並遷就官股董事的無理干預，常左右為難，想支持我放手前進，但身邊進讒橫阻的人層出不窮，導致舉棋不定，常錯失變革良機。儘管業績快速成長，但並沒有稍稍阻擋周姓董事持續的惡意攻訐。業績好，沒辦法成為攻擊的議題了，周姓董事就轉向拿產品利潤和營銷費用來責難。開始時，朱董事長會用我出色的績效相挺，但讒言多了，也難免心生猜忌。

就在營銷系統績效達到歷史頂峰時，在月末的部門主管會議上，朱董事長追蹤工作進度時，竟擦槍走火，公開質問，說在座參會的其中一位主管曾向他說：「營銷體系的主管只聽林執行副總一個人的話，連董事長都號令不動！」剎那間，眾人面面相覷，全場氣氛為之肅殺。我沒多做辯解，只站起來淡淡地說：「有心人破壞高層團結，實在不應該！」

突然感覺，身心俱疲！長時間的加班加點，經常一天吃三個便當，犧牲週末假期出差，殫精竭慮，戮力改革的投入，變成毫無意義了。那一天整個下午被不愉快的感覺淹沒。

不久後，二〇〇一年三月，宏利金融亞洲區高級副總裁 Marc Sterling 的邀約飄然而至。我沒有猶豫，也沒做任何的好友徵詢，欣然接受到大陸發展的聘約。但我告訴 Marc，我需要幾個月的時間才能離開台壽，因為我承諾朱董事長在今年內建立起「銀行保險」部門和「收展」團隊，我有責任去完成這任務。Marc 表示理解與尊重，只希望我盡早赴任。

那時的心情，如同我改寫的一首詩：

心收靜裡尋寄處，眼放長空得大觀，
行到水窮看雲起，春暖飛花隔岸來。

二〇〇一年七月二十四日，在確定銀行保險部和收展部順利成立、開展業務後，我向朱董事長請辭。他連說：「不能夠」、「不可以」、「不要這樣做」！他內心震驚，但畢竟是見過大風大浪的企業家，表情還算鎮定。無巧不成書，那天上午，精算部副總也請辭，而官派總經理林政道先生也應邀去籌辦「金聯資產管理公司」擔任總經理。一時高層相繼辭職，朱董事長內心煎熬不言而喻。

直到八月六日，我從雲南昆大麗「畢業假期」休假旅行回來，朱董事長找我長談，仍希望我留下來，後續幾天又接著與我商討接任人選。我在台壽的責任已了，而且我留下一批人才團隊在台壽，包括呂國雄、李勳欽、林朝興，日後都擔任過集團旗下子公司的總經理，而莊中慶迄今仍是台壽的總經理。我唯一的牽掛是那一群草根性十足、單純質樸、真情流露的外勤夥伴，短短一年九個月，我扮演領導與教練的角色，與夥伴們建立了深厚的感情。在台壽的最後半個月，走訪七個分公司，與夥伴們道別，珍重再見的旅程，令我心情動盪，依依不捨。

珍重再見，心情迴盪

八月十四日到台壽高雄分公司參加第一場歡送會。湯進益總監代表致詞，言辭懇切，表達敬愛與謝意，令我動容。特別是九龍通訊處陳秋玲經理淚流滿面，充滿不捨之情。我在一年的時間，連續培養王豪餘、陳秋玲兩代的處經理，也是高屏地區未曾有過的記錄。

八月十六日參加台南、嘉義的聯合歡送會。陳建安副總擔任我副手一年多，建立深厚的戰友袍澤情誼，陳心茹經理等幾位女性主管熱淚盈眶，令我內心受到莫大的衝擊。

八月二十一日新竹的歡送會也讓我感慨萬分。一年多來，新竹分公司內勤隊伍全換過一輪，從最差的分公司，完全脫胎換骨，變成最有活力的團隊。和興通訊處李慧枝經理等人表現的依依不捨和感謝之情，讓我真氣動盪起來。即使在回台北的車上，還接到她們追打上來的電話，殷殷交代要再聚會。這種團隊，實在值得為他們付出。

八月二十二日台北分公司歡送餐會，台壽的元老級處經理，包括黃礎梁、稽宇聲、沈慶文、高泗龍、王藏德等人，他們從年輕時就在台壽服務，看盡公營事業朝代更迭、官宦換移，對民營化原本是抱著看戲的心情。但一年多來，營銷內勤團隊真誠的服務，贏得了他們的信任與尊敬。我對他們與我一起打拚，認真付出，績效卓越，做出民營化成功轉型的表率，致以謝意、敬意，並表達與他們共事，是我最大的驕傲。

八月二十三日台中分公司的歡送餐會，更讓我覺得自豪和成就感。台中團隊自醞釀民營化後，分崩離析，士氣不振，怨聲載道。我任用外勤處經理出身的林光元擔任分公司經理，細膩經營，奮發圖強，一年下來，恢復往日光彩，向心力強，欣欣向榮，績效出色，再度成為第一大分公司。當晚心情高興，興致高昂，不自覺中，酒喝到半醉。

八月二十六日到花蓮，參加最後一場東部分公司舉辦的歡送會。東台通訊處葉月嬌經理帶領一個家族式的外勤團隊，非常團結，年輕可愛、活力旺盛、熱情質樸，爆發力驚人。當夥伴們到機場送別，高呼「執副，我愛你！」時，忍不住內心衝撞，熱淚盈眶。懷念，是一種自然、真摯的感情；令人懷念，也是一種自然、真誠的努力得到的回饋。我在台壽擔任主管、教練、導師的角色及經驗，都形塑出往後在大陸發展、帶兵用人的風格。

當天晚上，包括莊中慶、林茂泉、何晉良、許瑞珍、陳建成、李勳欽、葉銘智、許星鴻等十二位部門主管在添財日本料理店為我設宴餞行，暢飲麥卡倫威士忌。夥伴精神溫馨洋溢，歡笑不斷，這是我在台壽共同拚搏的好部屬。最後他們合唱〈掌聲響起〉給我時，許瑞珍已淚流滿面。這是教人一生難以忘懷的團隊。

雖然短短一年九個月，在台壽夜以繼日中做了不少事。但我想我最大的貢獻，在於改變了外勤主管的經營思維，重建了夥伴們的自信和士氣，創建了一個追求榮譽的營銷文化，讓夥伴們對壽險事業的發展願景更具信心。也因如此，我得到了夥伴們真正的友誼與祝福。至於對內勤的主管們，我展現出了一種領導風格：堅持理念、有擔當的肩膀、堅韌的抗壓力及明快的決策風格。我相信這些在日後他們的領導生涯中必定是有幫助的。

八月二十九日上午參加最後一場董事會。會議結束，朱董事長在希爾頓酒店（現台北凱撒大飯店）王朝餐廳為林政道總經理和我舉辦歡送餐會。每個月董事會，是我在台壽工作中最不愉快的時刻。官派董事及監察人的凌辱、修理、批鬥，令人憎惡的嘴臉，這些都隨著我的離去而成過往雲煙。江湖恩怨，本一笑泯之，但日後回顧了，**才恍然大悟：「行拂亂其所爲，所以動心忍性，增益其所不能」，原來這些人都是來修煉我的怒目金剛菩薩，他們帶給我日後領導的旅程裡極其珍貴的養分。**

第八章
亞洲宏利：快意國際化旅程

進入跨國平台，展開奇妙旅程

二〇〇一年九月五日上午，我走進宏利人壽台灣分公司敦化北路的辦公室，從此開始與過去二十五年非常不一樣的職業生涯。

我第一個工作，在南山人壽做了十六年。南山人壽雖然是美國友邦保險集團（ＡＩＧ）的下屬公司，但我在外勤系統，工作的環境及接觸的人都是在地化的。後來到第一及慶豐人壽，再轉戰台灣人壽，這兩家都是非常本土的公司。我這一生，從沒在英語國家讀書、生活或工作過，而從那一天開始，我要每天講英語，用英語處理電郵，做簡報、講課，跟不同國家的人打交道。我一腳踩進了跨國集團的平台，展開了奇妙的國際化旅程。

大部分人在年輕時進入外商公司工作，生存競爭激烈，工作壓力巨大，到中年後退下來到本土企業喘口氣，也藉在外商公司累積的豐富經驗做後半生的發揮。我卻倒過來走，而當年我已經滿四十九歲，虛歲已半百。但我的心情卻充滿興奮與期待，逐漸在接近人生的夢想：立足台灣、胸懷神州、展望全球。

諸葛亮在隆中高臥，等著劉備來三顧茅廬，他吟嘆道：「中國饒，士大夫遨遊，何必故鄉耶？」而我從這年開始離鄉遨遊，不知不覺，已超過二十年。

Marc是我生命中的貴人

我與 Marc Sterling 結緣，是在一九九八年慶豐人壽服務期間。

Marc 是波士頓出生的美國猶太人，賓夕法尼亞大學法學博士。畢業後到台灣來，最初在「常在法律事務所」工作，與新竹市一位安靜嫻淑的女士結婚，生了一對漂亮的子女。後來到宏利金融位於香港的亞洲區總部任職業務發展（Business Development）副總裁。他是一位熱情、慷慨、絕頂聰明的人，但個性強悍、霸氣、缺乏耐性，經常粗魯無禮。他從來沒有實際經營一家公司，但長於策略，交際手腕高明，特別是擅長政府公關，他的主要任務就是為宏利亞洲開疆闢土。他花了幾年時間，鍥而不捨的努力，終於在一九九六年，取得了中國大陸第一張中外合資人壽保險公司執照。之後，又積極爭取越南開放外資壽險公司，他很聰明的結合了素有「台灣越南王」之稱的慶豐集團黃世惠董事長，利用黃董事長對越南政府的影響力，果然在二〇〇〇年取得「宏利慶豐人壽」的執照，成為第一家越南純外資保險公司，宏利人壽持股六〇％，慶豐集團持股四〇％。

一九九八年十二月十五日，我與慶豐人壽鄭鐘源董事長受慶豐集團委託，專程到香港宏利金融亞洲總部拜會，洽商宏利收購慶豐人壽股權事宜。當天初次認識亞洲區總經理 Vic Apps 和 Marc Sterling 等五人。會談氣氛很好，雙方都欣賞彼此的專業，留下深刻的印象。

Marc 對購買慶豐人壽股權有高度的興趣。我和鄭董事長也覺得宏利人壽是很棒的合作對象，我們都喜歡加拿大公司的文化，比較溫文有禮，尊重、信賴合作夥伴。之後，我與 Marc 又見了幾次面，深入討論經營、業務及投資方面的議題，也更增進了彼此的了解。遺憾的是，一九九九年五月六日，宏利通知慶豐集團終止購買股權計劃，理由是加拿大母公司正從「相互保險」改制為股份制，為避免節外生枝之故。Marc 表示他的失望，鄭董與我更是難過、失落。

但，顯然我與 Marc 的因緣並未結束。

當時宏利人壽在台灣經營得並不好，規模很小。Marc 受命督導台灣分公司，並帶了一位精算師背景的澳洲人 Michael Huddart 擔任台灣總經理。Marc 每兩個月左右就飛來台北一趟，經常找我吃飯，雙方交往頻繁。

一九九九年年底我結束了慶豐人壽總經理的職務，受聘到台灣人壽擔任執行副總經理，去整頓一家超過五十年的公營機構的業務體系。在慶豐末期的苦撐煎熬，在台壽工作的艱苦備嘗，Marc 完全看在眼裡。

二〇〇一年三月六日，Marc 和 Michael 又約我晚餐。在經過兩年多的交往後，他終於開口邀請我到宏利集團工作，擔任亞洲區副總裁，前期負責亞洲區營銷業務推動，並兼台灣分公司高級顧問，等到大陸新業務執照下來後即轉任大陸工作。

我毫不猶豫的接受了這個邀約。幾天後，Marc 通知我，亞洲區總經理 Vic Apps 要來台北出差，問我有沒有空，跟 Vic 一起吃頓飯。於是我安排了在天母蓮波葉日本料理店，與 Vic、Michael 一起晚餐。Vic 很親切、隨和，像老朋友般閒談，聊起我到大陸工作的想法，並表示歡迎、期待未來的一起共事。他下午從香港飛來，飯後直接從餐廳趕搭晚上十點四十五分的航班回香港。後來 Michael 告訴我，我應聘的職級是總部副總裁（Corporate VP），按宏利內規，必須經過亞洲區總經理面試。所以應 Marc 之請，Vic 專程來台吃個晚飯，其實就是走個形式的流程。這就是當時的宏利風格（Manulife Style），這是我過去十年高管職業生涯未曾受過的尊重。

二〇〇一年九月五日，我到宏利正式上班，是 Marc 引我進入宏利的寬廣世界。二〇〇三年三月，中宏人壽第一任總裁陳炳根（Raymond Chan）辭職回香港，Marc 又把我帶入二十一世紀全球最大的壽險市場——中國大陸，成為中宏人壽第二任總裁。Marc 是我生命中最重要的貴人。

最要好的洋人朋友 Michael Huddart

台灣宏利的總經理 Michael Huddart 在英國出生，讀書時期移居澳洲，精算財務出身。他和他的夫人 Liz 都是和善、謙沖，非常有愛心的人，甚至 Michael 面對不熟悉的人都有點害羞靦腆。

Michael 對台灣市場不熟悉，又不是業務出身，經營台灣分公司不容易接地氣。我奉命協助他發展業務，他如獲至寶，奉為上賓。我們合作無間，在不到兩年的時間，讓台灣宏利從不到三百人的營銷隊伍，發展到九百人，業績從首年新單佣金（FYC）台幣七千萬元，發展到台幣兩億元的規模，成長三倍。因為台灣經營的成功，Michael 在二〇〇四年高升到香港宏利擔任總經理，而我在二〇〇三年三月也因為戰功，轉戰到大陸的中宏人壽擔任總裁。我在這段時間陸續引進到台灣宏利的舊屬高鶯娟、林繼平、林茂泉、林慧芝、趙哲明等人，後來都帶進大陸，成為中宏管理團隊的高層幹部。

在經歷第一人壽及慶豐人壽、台灣人壽長達十年複雜險惡的工作環境，極端不愉快的人際關係，背負績效成敗的高壓責任後，在亞洲宏利總部任職而常駐在台灣的這一年半期間，簡直像工作在天堂樂園。我出謀畫策，全力改造業務制度和結構，引進內外勤人才和團隊，融合本土及外商的運營文化。Michael 言聽計從、照單全收而業務成長快速，績效斐然。

這一段期間，我到宏利亞洲各個國家機構去支持、培訓，提供諮詢顧問，受到極大的歡迎與重視。短短十八個月期間，我去了越南、菲律賓各兩趟，日本和新加坡各一趟，香港四趟，上海六趟，每趟約一個星期。我這個顧問角色，完全不用背負業績壓力，卻連續兩年績效被評為最優等（Outstanding）。快意職涯旅程，莫過於此！

這段愉快的日子，有一大部分原因是因為 Michael Huddart。Michael 的辦公室就在我的對面，我們朝夕相處，默契十足。我在台壽期間，他穿針引線促我加盟宏利，甚至我的英文履歷表也由他幫我捉刀代寫。進入宏利後，他協助我熟悉宏利集團的文化、制度、人際和環境。但他濃重的澳洲英語口音，也讓我初期適應得很辛苦。他廓然大度、客氣尊重，但最重要的，他是一個非常貼心、善良、溫潤的人，永遠面帶笑容，語氣溫和。他跟 Liz 沒有生育，卻認養了一對膚色不同的印度尼西亞兄妹，視如己出的撫養長大。我們成為至交，在洋人圈同事中，他是我最要好的朋友。

Marc 離開宏利集團後，Michael 接下 Marc 遺留的中宏人壽董事長職務。Michael 也因為 Liz 的健康問題，長時間住在澳洲。但我們彼此都想念對方，終於在二〇一九年九月下旬，他藉來上海開會之便，來到鑫山總部參訪，與我相見歡。那天晚上，我和妍妍、林茂泉帶他去享用我們都喜歡的日本料理。數年不見，老戰友的情誼依舊濃郁。

一段愉悅的人生風景

駐在台灣工作的一年半，忙碌而愉悅，也做出了有價值的貢獻，充滿成就感。這個階段，可謂稱心如意，得心應手。那期間有一次，我與幾位好友相約到南投廬山泡湯度假。下山時，在埔里公路邊的「鐵帽咖啡館」小憩休息。九二一大地震後，咖啡館的老闆，用雙手，利用災後房子的廢棄物，蓋了這座很浪漫、很樸拙的小咖啡館，很唯美，很有詩意。

我在啜飲咖啡時，偶然瞥見吧台上方抄錄了一首唐代詩人張志和的詞——〈漁歌子〉：

西塞山前白鷺飛，
桃花流水鱖魚肥。
青箬笠，綠蓑衣，
斜風細雨不須歸。

我內心一動，接著會心而笑，充滿愉悅的感覺。美學家蔣勳說：「外在的風景，其實是你自己的心情。」這詩與風景，豈不正是我這段輕快歲月心情的寫照嗎？

第九章

中宏人壽：馳聘中原拓疆土

終於，前進上海了！

二〇〇三年一月二十八日，春節除夕前三天。Marc 來了電郵，約我二月一日大年初一，到新竹國賓飯店吃午餐，並要我春節後上班第一天跟他出差到上海兩週。

似乎有不尋常的事發生了。

果然，見面時他告訴我，中宏保險總裁陳炳根先生（Raymond Chan）辭職回香港，要我準備接任。他說，手上有三位可能的候選人，而我是他最希望去接的人，同時也是最容易被中方股東及保監會接受的人。

二月十一日，Marc 與我到了上海。中午他召集高管會餐，並宣布 Raymond 辭職，幾位中宏高管都大吃一驚。後面幾天，我忙著做工作的諮詢及討論，並向 Raymond 請教，對經營現狀及管理幹部優缺點做深入的了解，並與中方股東中化公司的高管用餐，強化合夥關係。

二月十八日，Marc 再從香港飛上海，下午召開高層會議，正式宣布由我接任中宏保險公司總裁。剛從加拿大度假回來的營運長王蒯文炎女士（Elaine Wong）就坐在我旁邊，猛踢我的腳，她怪我到昨天晚上一起餐敘時都沒告訴她！

在歡送 Raymond 的晚宴前，Marc 很開心地問我：「你準備好了嗎？」（Are you ready?）他說，他已給了我中國！我回答說，我也會給他亞洲。「That's a good deal for both of us.」但他提醒我，我已有了中國，而他還沒有亞洲。我承諾，會努力投入，把中宏做成功，促成他的夢想實現，成為亞洲區總經理。這是個有趣卻真誠的對話，遺憾的是，我幹了近九年中宏的總裁，卻沒能把他推上亞洲區總經理的寶座。很大的原因，是他的個性阻礙了他的發展。

初到中宏的內憂外患

二〇〇三年三月初，在初期一輪的部門簡報後，我發現，這一家成立才七年的年輕公司，竟面臨了危急狀態。上海營銷隊伍有兩千多名營銷人員，因為年初修訂公布實施的基本法（即業務制度）不受外勤夥伴的認同，反彈聲浪極大。當時在上海剛成立的中外合資公司海康人壽（AEGON）趁虛而入，大舉挖角，動搖了約兩百名外勤主管，一時風聲鶴唳，人心動盪不安，士氣低落，且「非典」

（SARS）也掩襲上海，商業活動偃息，業績停頓，益增形勢的險惡。

我迅速、果斷地採取四個行動：其一，取得香港總部同意，重修基本法，並立即公布，展現誠意；其二，來挖角的海康人壽總裁是我南山的老同事，我親自約出談判，套交情，說利害關係，使其退卻；其三，我在最短的時間，探訪市區三個營業部及郊縣六個網點，安撫人心，激勵士氣，勾畫遠景；其四，我推出中宏「第一屆北京．承德高峰會議」，選擇在絕大部分人一輩子可能都沒機會進去的國家殿堂——北京人民大會堂，舉辦頒獎典禮。

這個高峰競賽策略非常成功，有效的轉移同業挖角的風波，使營銷夥伴聚焦在業務上。我親自不斷的在上海九個營銷網點巡迴宣講高峰會議的意義，我描述將用最尊榮、高規格、國賓級的方式款待高峰的達標英雄。結果，士氣大振，將士用命，不但高峰競賽的四個月期間業績屢創新高，甚至延伸到下半年，仍然持續長紅。我在中宏的第一年結束時，徹底把年初傾頹低迷的隊伍成功翻轉成一支充滿朝氣、活力、有戰鬥力的軍團。

核心策略：全國布局、培育人才、創建文化

我初到中宏時，只有上海總公司和廣州分公司兩個機構，公司規模不大，但 Marc 幫我配置了堅強的高管團隊，包括營運長（COO）Elaine Wong，財務長（CFO）Emil Lee，市場營銷長（CMO）Alex Cheung。這些精英都是香港人，唯獨業務長（CAO）是加拿大的洋人，與營銷人員語言無法直

接溝通，不懂中華文化，不接地氣。一個月後我就換掉他，我自己兼CAO，掌管兵符。

中宏第一任總裁Raymond是行政出身，他在七年任內與營運長Elaine共同搭建了強大的行政後援系統，並培育了一群本土、優秀且年輕的部門主管，為公司日後的全國擴張發展奠定了厚實的基礎。譬如自行開發的信息系統，由於對壽險運營的深邃理解，不但擴容性強，邏輯完整，且精確度高，我所需要的數據信息幾乎沒有做不到的，不但對於我做的管理決策提供強大的數據支持，而且對於我強力推動的中央廚房式的後台運營，而地方機構僅做營銷的經營策略，做了有效執行的保證；又如產品設計，由於Elaine高明的溝通能力，總能在半夜打電話到加拿大多倫多，去說服全球總部的產品精算人員，支持中宏上架有創意、能引領市場的好產品。

強大的管理團隊，讓我沒有後顧之憂，可以專注在機構的拓展和人才的培育，乃至於公司文化的建立。

二〇〇二年中國進入WTO時，承諾較大幅度對外開放市場。因此中宏乘著東風，陸續取得北京、寧波的營業許可，二〇〇五年開始更快馬加鞭，每年取得六至七個城市的執照。到二〇一一年我退休時，共開設了四十九個城市機構。在我任內，真正的實現了中宏成為全國性的壽險公司。

快速開疆闢土，就亟需引進大量外部營銷管理幹部，並有效培育，以融入公司的系統和文化。為了確保引進的外部人才是對的人選，我立下規定，凡是營銷總監（AOM）或以上職級，已通過省級主管面試的候選人，都得飛到上海金茂大廈總部，由我做最後的面試，而我通常還會淘汰約三分之一的候選人，我堅持用對的人，以確保機構的健康發展。

不但如此，入司的經理人員，必須到總公司參加長達兩週的上崗培訓（Orientation Program），而我再忙，也會花半天時間親自講授「領導才能」的課程，以統一思想，梳理正確的領導作為。我在課堂中不斷強調**領導者的真誠與器量，要聚焦於人，善於團結合作，懂得感召人心、激勵士氣，更要維護企業的價值觀**。我又利用到各城市出差時，召開營銷管理會議；或利用每月的機構總經理電話會議；或每半年全國營銷主管會議（AMTC）的場合，施以訓練、輔導。透過這些過程的精耕細作，人才逐漸培養發展起來。我明白，在大陸這塊壽險新興市場，誰擁有最多人才，誰就擁有最大的核心競爭力，而高層管理者的重視與投入是成敗的關鍵。

我初到中宏時，發現中宏沒有公司自己的在地企業文化，而是使用宏利集團的「PRIDE」價值體系。但「PRIDE」是很西式的文化，不夠落地，譬如談宏利是最佳雇主，這與營銷系統強調「主人翁精神」、「我是經營者」的精神顯得格格不入。相對的，我特別提倡以人為本的企業價值觀，強調尊重、誠信、利他、務實、求真的經營文化，因為這是壽險經營的核心理念，環境再變化，工具再進步，地域或有差異性，但以人為本是不會改變的。

我在中宏的內部刊物《中宏之窗》開了一個總裁專欄，欄目叫「James' Message 詹姆士傳真」，作為溝通平台，每月勤寫一篇文章，傳遞我對文化與價值觀的看法，並激勵內外勤同仁發揚正能量、培養奮發上進的內驅力。每期文章出刊後都引起很多回響與討論。我在二〇一一年退休那一年把這些文章結集成冊付梓出版，書名取為《舉重若輕》，構成我在中宏總裁任內八年多比較完整的經營理念的闡釋，也記載了我形塑中宏文化過程中的點點滴滴。

推動MT，創建精英團隊

早期的中宏，趁著國有企業改制釋放出大量職工的時機，招聘了為數不少的中年下崗人員，成為營銷隊伍的主力。這些四十歲以上的營銷人員生產力不低，忠誠度、穩定性高，但文化水平、學習能力及自主經營意識都偏弱，要促使這批夥伴在領導與管理技能上提升，而成為傑出的團隊長是非常困難的，這個現象長期下來，會成為公司發展的隱憂。因此總部形成一個策略：增員一群年輕、高學歷、高素質的營銷隊伍，長期培育成為未來的團隊長。上海精英部（MT）遂應運而生。

精英部的基礎在年輕化及高學歷。高學歷意味較高的學習能力、較高的自主發展意識，透過網路陌生招聘大學本科及以上學歷的年輕人，強調專職，施以嚴格的訓練。我引進我撰寫的書《菁英團隊》，訓練精英部的夥伴發揮書中描述的從業理念及自主經營的精義。特別是「經委會」（外勤主管經營委員會的簡稱）的組織，建立專業、分享、參與、學習和自動自發的精英團隊文化，成功運作出精英團隊的經營模式。

在我任內，上海分公司從第一期的二十五位學員，發展到七百五十人的隊伍。而隨著中宏機構的拓展，這一個精英模式不斷地在全國各地的新設機構複製，形成具有中宏特色的優質人才培育機制，且在大多數機構裡都成為業績的主力。由於全國機構快速拓展，亟需更多的營銷管理人才，所以早期的精英部成員，很多被中宏徵召進入內勤營銷管理團隊。甚至有一部分精英部成員開枝散葉，被同業公司禮聘擔任要職，都對保險業做出巨大的貢獻。

精英部的成功在業界引起了廣大的注意。有一次，時任保監會副主席的吳小平先生到上海調研，他聽聞過中宏精英部的成功模式，在調研座談會上，親自點名向我垂詢，中宏是如何去做這樣的人才培養機制的，我報告時，他頻頻點頭給予極大的肯定。

「中宏現象」備受矚目

二〇一〇年初，我因公事去拜會上海保監局的馬學平局長。會見時，馬局長對中宏的經營給了高度的評價。他盛讚中宏是中外合資保險公司的優等生，多年來一直擁有自己獨特的風格，走自己的路，不隨波逐流，不抄快捷方式，穩健踏實地經營，他稱之為「中宏現象」。他說保監局組織了一個小組去研究「中宏現象」，去了解中宏為什麼會這麼專注高質量的業務，為什麼能堅持培養高素質的營銷隊伍，為什麼能貫徹優質的客戶服務，為什麼能在穩步經營的情況下，又能保有快速的成長……這些話出自保監機關的領導，是非常難得的殊榮。

經營中宏成為行業的標竿，從來不是我的目標。做出高質量的經營模式，培育高素質的壽險人才，提供客戶高滿意度的服務才是我每天的工作。我掌舵中宏，只是在全力踐行過去三十多年孕育的壽險經營理念，沒有料到竟得到監管領導這麼高的評價。

獨步壽險業的創新——中宏通

由於中宏自建的信息系統非常強大，竟然實現了我的一個創意：中宏通。開頭緣起，是我發現市場部每年編列數百萬元人民幣的營銷支持預算，製作客服的贈品，如雨傘、馬克杯、保單封套等，無償提供給營銷人員使用，但經常被浪費濫用或閒置於倉庫。我想，何不運用信用卡紅利積分的概念，在公司內部成立一個虛擬商店，用積分換取贈品，且需要多少，才換取多少，不至於造成浪費。「中宏通」就在市場部、信息部的努力下誕生了。

在當年，「中宏通」系統就已經可以在個人電腦上操作。營銷員只要出勤、做業績、增員或參加培訓，都可以賺到不同的點數；主管督導組員做出業績，也可取得類似管理津貼的點數。營銷人員賺到的點數，可以在市場部的虛擬商店消費，購買公司製作的各種輔銷工具和禮品，用以服務顧客。透過「中宏通」賺取積分點數的觀念，達到鼓勵出勤、獎勵績效，進而改變營銷人員銷售行為的目的。這方法既有趣，效益又高，但公司並未增加額外的成本。幾年發展下來，「中宏通」變成外勤管理很強大的工具，用正面獎勵來引導健康的銷售習慣，這個創意在當時不但獨步全國，恐怕也是全球壽險業絕無僅有的。

二〇〇八北京奧運

二〇〇八年八月八日北京奧運盛大隆重舉辦。這對中國，是民族振興、國家形象升級的大事，而對中宏，也是士氣振奮、企業品牌升級的大事。

宏利集團是北京奧運的壽險全球戰略夥伴，中宏人壽受集團庇蔭，搭了便車，也成為在地贊助商，得以參與廣告品宣活動，有機會擔任火炬手傳遞奧運聖火，及獲得很大數量的奧運比賽場館的門票等等。從二〇〇七年下半年開始，整整一年，公司的營銷活動、客服活動都環繞在北京奧運這一個全球矚目的熱點。

改革開放以來，中國大陸經過三十年的勵精圖治，經濟發展快速，國力逐漸強盛。北京奧運恰是「中國崛起」現象，適時展示在世界的櫥窗，對民心士氣，是極大的激勵和興奮。而對於中宏的營銷夥伴，利用這一個大事件，透過贈送奧運門票，或抽獎邀請客戶參觀奧運賽事，以及地鐵、大巴的車廂廣告，和各種奧運元素的紀念品等，大大提升了公司的能見度，也創造營銷上與客戶互動的重要話題。乘著奧運東風，我把中宏保險在市場的氣勢和知名度推到歷史上的頂峰。

作為奧運的壽險戰略合作夥伴，中宏人壽獲得五個名額，擔任傳遞奧運聖火的火炬手。成為奧運火炬手，是何等的殊榮！是多少人的夢想！在公司內部如何選拔火炬手？在我的思維裡，火炬手不應是高管人員，也不會是董監事，而應該是基層的夥伴們。因此我舉辦了「奧運火炬手」業績競賽。這個競賽非常刺激、興奮，高潮迭起，因為這是一生中唯一的一次機會。最後五位業績最優的外勤夥伴脫穎而出，榮獲「火炬手」稱號。五位夥伴被分配在全國各地接力聖火，其中一位更在八月八日奧運開幕當天代表公司在北京傳遞「最後一哩路」的火炬，得到至高的榮耀。

攝氏三十七度溫暖——社會關懷承諾日

二〇〇三年春節過後，我到了上海上崗工作時，適逢「非典」肆虐，非業務性的活動都暫時停止。到了那年秋天，「非典」遠颺，我就開始倡議、設立「中宏社會關懷承諾日」，推出一年一度的主題公益活動。在我看來，企業做的慈善公益可以不只是捐一筆錢給弱勢群體而已。特別是保險公司有許多資源，可以帶動更多的人參與慈善公益，共同散播善的種籽，提升保險從業人員的價值感，更進一步擴大對社會的影響力，引起社會大眾的共鳴與關注，放大愛心的能量。

「中宏社會關懷承諾日」的構想，正是想搭建一個平台，讓更多的員工、營銷人員及熱心客戶積極參與，透過義賣募款方式，身體力行實踐愛心公益，並影響周遭的人群，有錢出錢，有力出力，涓涓滴滴，共同為未來美好和諧的社會盡一分心力。

二〇〇三年晚秋，第一次的「中宏社會關懷承諾日」就直接從街頭、地鐵站、小區義賣T恤起步。當年，公益風氣未開，社會環境也諸多限制，有些同仁擔心街頭義賣的社會接受度不夠。我告訴大家，**風氣是靠人引導出來的，只要做正確的事，堅持下去，路是走得出來的**。的確，幾年的堅持，越來越多的人主動積極參與這個活動，成為每年公司愛心公益的聚焦點。那些年義賣所得，捐助項目包括為殘障人士購買輪椅，設立助學金幫助殘疾失學兒童，在偏遠地區小學設立百所微笑圖書館，幫助四川地震災區兒童實現四千個夢想，為貧困聾啞學生捐贈助聽器，資助貧困長者實施白內障手術等等。因夥伴們的愛心義舉，每一年的「中宏社會關懷承諾日」都發生了許多感人的故事。這些故事豐富了保險從業人員及客戶們的心靈，而公益也成為公司珍貴的傳統和價值觀。

「攝氏三十七度溫暖」是二〇一〇年「中宏社會關懷承諾日」活動的主題。它在傳達一個概念：只需一個擁抱的溫度，就能為他人帶來溫暖。在歷時兩個多月的活動期間，中宏保險在全國四十幾座城市共義賣了近三萬盞小夜燈，所得的善款為四川偏遠山區的四百五十名白內障長者實施了手術，讓他們得以重見光明。

二〇一一年一月我參加在成都舉辦的「攝氏三十七度溫暖」落地活動。首批在這個活動中得到白內障手術資助的二十位長者代表，在重見光明的第一個新年受邀，與中宏保險的志願者和客戶們共享年夜飯。這是一頓非常溫馨的餐會，開心的老人家們，話匣子一打開，便不停地述說他們的心情。有的人為重見藍天白雲，重見黃澄澄的麥穗而激動；有的人欣喜再見孫女美麗的面龐；有的人說不用靠人攙扶，自己腳踏實地走路，有多開心！

那一天，「攝氏三十七度溫暖」落地活動，充滿了感動。在這世間，還有什麼比助人重新打開「生命之窗」更有價值的事呢？

親如兄弟，卻又不容如水火

跟 Marc 共事十年，可以分成兩個階段，從二〇〇一年到二〇〇五年及二〇〇五年到二〇一一年。第一階段大抵上非常愉快，我們互相欣賞，互相尊重。他小我八歲，卻絕頂聰明，擅長策略，外交手腕一流，風趣而愛說故事。我跟著他走訪越南、泰國、新加坡、菲律賓、日本，甚至夏威夷、多倫多，還有數不清的港澳行。工作之餘，餐後他都會準備上好的雪茄與我分享，談一些宏利同事及業界的八卦趣聞。Marc 經常講，他跟我的關係比他自己的親兄弟還親。我從來沒懷疑過，他是真誠講這句話的。

但自從二〇〇五年八月，他接任中宏人壽董事長，並搬到上海，辦公室設在我的旁邊後，關係就走味了。近距離的接觸相處，他的老闆姿態（Bossy style）出來了。他的跋扈、主觀、專斷、過度自信的風格越來越嚴重，特別是對中基層員工的不寬厚、歧視、粗魯無禮，讓我產生厭離的感覺，以至於有一段時間，我很想回台灣宏利工作。Marc 安排我與台灣宏利總經理 David Wong 對調，但因為 David 不願到大陸與 Marc 工作而作罷。幾年下來，我在比較緊張的工作關係及巨大壓力下，身心受到傷害，後來靠著運動，以及工作上的成就感，心情才調整過來。

從二〇〇九年開始，我跟 Marc 在公司發展的策略上逐漸產生歧異。那個階段，全世界前十大保險集團紛紛進入大陸，大陸本土企業也投入搶食保險大餅，尤其銀行業挾帶龐大網點及客群紛紛跟進購併中小或外資險企。群雄並起，競爭激烈，特別是人才的短缺，讓中宏過去快速的成長趨於平緩。我主張公司要穩健發展，培育自有人才，深耕既有都會網點，不要快速開設新機構。但 Marc 擅長於業務拓展，爭取更多的機構執照是他一貫的思路與價值所在，至於網點因人才的不適任而經營不善，則是總裁的事。

為了美化保費業績報表，Marc 要求大量銷售短年期高保費低保障的產品，這非常牴觸我經營保險的觀念。短年期保單客戶的保障不足，營銷夥伴也賺不到錢，公司的內含價值也不高。**我希望公司追求的是長期健康的發展，而不是職業經理人常追求的短期績效。**

Marc 經常以此自豪：「中宏是宏利集團在全世界單一國家擁有營銷員人數最多的機構。」為了這個美譽，必須維持營銷人員的留存，他甚至在年底時，不惜發獎金鼓勵營銷人員自買意外險，以維持公司人力的數量假象，以至於中宏當時在冊無效人力高達三五％（3MO），嚴重扭曲經營信息的真實性。

操弄業績，弄虛作假，已嚴重違背了我「務實、求真、誠信、利他」的價值觀與經營法則。我工作得不開心，與 Marc 漸行漸遠。想離開 Marc，離開中宏，內心出來創業的呼喚開始湧現！

創業的呼喚促我提前退休

二〇一一年四月二十五日，我約了Marc午餐，告知他我想做到八月底，在宏利集團服務滿十年時退休。雖然Marc強自鎮定，但仍沒有掩住他內心的驚訝。我清楚地告訴他我要提前退休，因為我們想法不一樣，路子走不到一起了。他首先要求我做到二〇一二年三月，也就是在中宏做滿九年，到第三個合同期結束，我沒有同意；接著再建議做到年底，我也沒有答應；最後他提議十一月初，我辦完中宏十五週年慶典活動才退休。這個說法，我就很難拒絕。

五月十一日晚上，我把申請退休的信函電郵給Marc，副本寄送給亞洲區總經理Bob Cook和人資長Cliff Daves，正式啓動官式流程。Marc的立即反應是：「我以為我們講好，你會做到年底？」「Your note puts me in a difficult position!」這就是Marc，他活在自以為是的世界裡，聽不見別人的聲音。

十月中下旬，我展開了全國的退休告別之旅。半個月內，走訪了瀋陽、北京、上海、青島、成都、廣州、南京、杭州等省級分公司所在地，與員工夥伴們話別、餐聚，並做退休激勵與祝福演講。二〇〇三年三月我開始擔任CEO時，只有上海、廣州兩個城市，到退休時，經歷八年八個月，我新開闢了四十七個城市機構，公司九〇%以上的員工夥伴都是在我任內引進和雇用的。一草一木、一人一事都有深厚的感情。

十一月五日，在上海浦東星河灣大酒店，Marc慷慨地為我舉辦退休歡送晚宴。這是我這輩子最盛大的、最溫馨的，專屬我的派對。上海總部、上海分公司的主管都來了。歌聲、誦詩聲、掌聲、鮮花、擁抱、熱淚，在在觸發心靈深處的感動。夥伴們用最大的熱情，用辦家裡喜事的心情把我的歡送會做出高格調、高水平。我感覺到，八年多的用心付出、理念堅持、人才培育、與人為善，在這一刻，得到了最大的回報。

最動容的一幕是晚宴結束送別時，與 Kathy 的擁抱。Kathy 情不自禁的感傷啜泣，神情流露萬般的不捨。Kathy 是 Lawrence Nutting 的夫人，在國際學校教書。他們夫妻來自加拿大，二〇〇五年 Lawrence 搬來上海，擔任中宏上海區域總經理，跟我並肩奮鬥了多年。我們就住在同一個小區，兩家人經常往來。Lawrence 握著我的手感性地說：「這世界會因為你的離去，而變得不同。」

在這一刻，也看到了 Marc 強勢蠻橫無理背後的真情。這一刻不再是領導與部屬，而是摯友兄弟的情誼。

正式退休的幾天前，我在辦公室，跟 Benny 交代一些事情。Benny 是中化集團派駐中宏的常務副總經理，為人謙沖厚道，務實認真。我問了 Benny：「中化對我八年多任內的評價如何？」他說，中化認為我做得很好，但沒有完全發揮！

三國時代，諸葛亮隱居南陽，觀天下大勢，待機而起。而諸葛亮的哥哥諸葛瑾當時是東吳的謀臣。孫權慕亮之名，派遣諸葛瑾勸亮出山助打天下。諸葛亮婉拒，並對其兄說：「權能賢亮，但不能盡亮！」

Marc 聘用我、重用我，但卻沒讓我完全發揮。他對我有知遇之恩，也有衝撞之怨；互相欣賞時親如兄弟，互相討厭時又不容如水火。我六十歲出來創業，創辦鑫山，其實，Marc 是非常重要的推力！

第十章
鑫山保代：創業十年磨一劍

創建一家不一樣的公司

創業的念頭，從來沒有止歇過，只是不同的階段，強度或有不同。我在「台灣區經紀人協會」理事長任內，深刻認識到經代事業的本質，但不認同當時小門店的經營方式；其間到美國考察先進的經代事業經營，非常嚮往那種高規格、高質量的型態，卻發現台灣的環境、制度、條件不夠成熟，只好留在壽險主體公司擔任高管，繼續鍛鍊。但對打造一個保險精英的夢幻團隊，創設一個壽險營銷人員得以實現夢想、創造價值的平台，始終放在內心深處。一九九六年，我寫了第一本書《菁英團隊》，總結在台灣壽險營銷管理二十年的經驗，其實也在表述對打造精英團隊的嚮往與追求。

二〇〇三年初，我到上海接任中宏人壽總裁，從原先的上海、廣州兩個機構開始，持續開發了十二省市的四十九個分支機構，走遍大陸精華發達地區，看到了壽險發展的趨勢。大陸幅員廣闊，城鄉落差極大，經濟不均衡發展，因都會化導致人才的遷徙聚落。我明白了：為什麼台、港、馬、新的經代公司難成大器，而美國、加拿大的地理幅員造成經代事業的蓬勃發展，而大陸正是明日的美加！加上中國保監會不斷推出有關產銷分離的細則規定，政策明顯大力支持保險仲介的發展。

中宏總裁做了兩任六年的合同期過後，我與我的老闆 Marc 經營想法歧異，漸行漸遠。因兩人關係變質的催化，我開始認真思考自行創業的問題。

我在大陸創業，是比一般台商或保險同業更具有條件的。首先，我有大陸工作經驗，對市場生態熟悉；其次，中宏九〇％以上的內外勤員工及代理人是在我任內八年多聘用的，手上有龐大的人才庫；另外，我與多地監理官員認識，比較容易取得支持；而且中宏經營得很好，我在業內評價不錯。但我有一項最不利的條件，那就是：我快六十歲了！我是不是仍然擁有創業的拚勁？我是不是能吸引一群年輕的夥伴跟隨我幹？我已沒有失敗跌倒、重新站起的機會，我是不是確信創業一定成功？當這些都想清楚後，我決心開始採取行動。

既然是新創，就是要創建一家不一樣的公司，不是市場上人云亦云、粗放短視、隨波逐流的公司。何況六十歲創業，金錢獲利已不是最重要的目標，而是公司經營，能留下什麼遺澤、典範？怎樣才能建立精英團隊，建設有價值的平台？年輕時代的夢想如何實現？我決定從文化下手，從質量出發，而這些必須從組建擁有相同價值觀的夥伴團隊開始。

於是我從中宏的部屬裡挑選出高豪鍾、林繼平、林茂泉、廖大發、林慧芝和雷宇，組成鑫山的七人管理團隊。這個黃金組合的特色是成員全部是壽險營銷出身，跟我一起工作，長則二十年，短者也有九年，彼此了解信任，管理經驗豐富且專業負責，最重要的是，大家都崇尚質量、品味，具有誠信、利他的價值觀。在這樣的基礎上，成員溝通順暢，團隊目標一致，很快地，一支堅強且合作無間的管理隊伍就建立起來。

找對的管理團隊，也要找對的投資人。我找的投資人的條件是相識相知三十年以上，對我的經驗、能力、人品完全信任的老朋友，像楊承達、陳照賢是大學同學，林清輝是大學學長，羅尚德是南山人壽超過三十五年的老戰友，李健發相交近四十年。他們把部分閒置資金交付給我，完全的支持，讓我沒有後顧之憂，可以放手一搏，他們真正是情深義重的股東好友。

鑫山文化的創建及深化

多年的領導管理經驗，我非常理解**人與文化是構建一家公司盛衰興替的關鍵，必須「慎始」。文化會演化遞嬗，但好的起頭最重要，而創辦人必然是企業文化的源頭與推手。**

鑫山在剛取得營業執照，正在籌劃規章制度、組建隊伍時，一張保單都還沒賣出，我就寫好「鑫山家族文化三十三條」，作為員工夥伴、代理人為人處世、管理營銷的準則規範。這「三十三條」實施迄今十年，一字沒改，大家仍奉為圭臬。

開業後隔年，有感於整個業界的粗放經營，鑫山要做出差異化策略，更能凸顯優勢，因此推出**「品質經營」**的概念，推動**「精緻、人文、高端、高效」**的管理目標，及**「高品質、高專業、高產能」**的三高營銷戰略。這些文化理念，對凝聚人心，提升質量，建立企業及營銷人員形象，造成員工及代理人自豪之情，是非常顯著的。譬如代表業務質量的壽險十三個月續保率，鑫山始終維持在九六%至九八%之間，業界數一數二；代表環境質量的辦公職場，整潔、活潑，質感強烈，文化氣息濃厚，代理人及訪客都津津樂道。

二〇一六年在成立四週年的慶典上，我推出**「尊重、誠信、利他、感恩」**的核心價值觀，強調**「人的價值重於商業的本質」**，期待鑫山人發揮市場價值、生命價值及社會價值，賦予鑫山價值的完整闡釋，確立了鑫山的企業文化體系。

鑫山迄今或許不是全國最大的經代公司，鑫山人或許不是全國業界績效最亮眼的明星。但我深信，**鑫山人是最有質感、最懂得助人及服務價值的一群夥伴**。在文化的薰陶下，鑫山人不容易走岔路，不會為謀求利潤，而犧牲核心價值。因為這樣，我相信鑫山至少可以存活一百年。

罹癌危機

二〇一二年七月初以前，籌備工作因保監會政策變化，擬停發分公司許可證而略有波折，但總算一一克服。第一波隊伍陸續集結、培訓，踩著緊張興奮的節奏準備開跑時，我的身體卻發生了狀況。

起初是，我發現偶爾有血尿，開始還不以為意，但出血的頻率越來越高。我到上海禾新醫院看診，醫師建議我立即回台灣做膀胱鏡檢查。

好友李聖偉將軍安排並陪同我到三軍總醫院看陳宏一醫師。陳醫師是前三總院長、前國防部軍醫局局長，英國牛津大學醫學博士，是泌尿科的權威。

陳局長問了我幾個問題後，立即交代他的學生曹智惟主治醫師第二天為我做膀胱鏡。曹醫師一做完檢查，立即要我次日就住院，後天動手術。兩位醫師如此快節奏交辦安排，我知道情況不樂觀，心裡蒙上一層陰影。

微創手術切除病瘤很順利，只是插尿管很不舒服。切片病理檢驗，證實了是惡性腫瘤，當天立即做化療，從尿道導入化療藥水，膀胱膨脹，切除的傷口非常刺痛，難以忍受，一個小時的療程度分如年。

面對化療、復發的考驗

手術後隔天就出院。陳局長交代下週起，連續八週，每週做一次化療，之後，改為每月一次，要做滿兩年。我突然警覺到：今後的人生會變得不一樣了。

出院回家後，尿排不出來，肚脹如球，非常難受，當晚八點半去掛急診，但沒處理好，回家後一夜沒睡，清晨六點又去掛急診。陳局長接到訊息趕到醫院，下令再裝導尿管，避免膀胱積水。我回家後小血塊作怪，堵塞了導尿管，再去掛急診，又重做一次導尿管。離開醫院後，隔幾個小時後又堵塞，再去掛第四次急診。陳局長立即安排住院，多住了四天，導尿管多插了一星期，整個過程非常受罪。

我快速做了決定：罹癌這件事要保密。由於創業伊始，亟需人才加盟，同業競爭激烈，市場阻力極大。若傳出鑫山創辦人健康有問題，會面臨同業打擊，且內部員工也會產生信心危機，後果不堪設想。因此除了家人、股東及少數幾位公司高管外，封鎖罹病信息，包括左鄰右舍、親朋好友，甚至連我自己的兄姊都不告知。我也決定不申請保險理賠，以免消息外洩。由於公司即將開展營銷，準備工作非常忙碌，我每週四晚上飛回台北，週五下午到三總做化療，週一飛返上海工作。術後身體本就虛弱，加上化療折騰及密集飛行往返勞頓，一個月內體重直落了五公斤。

二〇一二年下半年，膀胱手術後的半年，也是鑫山開始營業的最初半年，在忙碌中度過。我每週往返上海台北做化療；九月應邀到《商業周刊》舉辦的「王者論壇」做主題演講，接著到第十屆亞洲華人保險與理財研討會做專題分享，又接受《今周刊》的採訪；十一月九日並在上海陸家嘴環球金融中心舉辦盛大的鑫山開業典禮，會後又接待台灣來的賓客旅遊。這半年馬不停蹄的期間，又做了兩次膀胱鏡追蹤，竟發現有新的瘤長出來，且逐漸變大，陳局長及曹醫師建議盡速摘除掉。

二〇一三年一月下旬我再度入住三總，隔日手術把新瘤切除。病理切片結果不但仍是惡性瘤，且這次癌細胞惡形惡狀，比上次更兇毒。我出院三天就返回上海，主持年度策劃會報，但感覺體力很差，非常疲倦。

二月上旬，春節除夕前兩天，我到三總回診。曹醫師說，這腫瘤的根部已伸進肌肉層，情況不好，他堅持春節後要開始做走血液的全身化療。這個診斷，有如青天霹靂，令我心情沉重。我很清楚，一旦做全身化療，會開始掉毛髮，食欲不振，形容憔悴，精氣神枯槁。這個在領導鑫山夥伴做創業第一年的衝刺，將是難以承受的挫折與打擊。

這時，我女兒詩瑋提起她的老師曾介紹過的「原始點」療法，這是一種以熱為基礎，結合飲食、運動、睡眠、心情的自然生活療法，我又去「原始點基金會」參觀，覺得這個療法是可行的一條活路。在家人的支持下，我決定放棄西醫治療，改變飲食內容，整整兩年，我不碰寒、涼的食物，如海鮮、甜品、水果、酒和咖啡，只吃煮過的熱食，喝大量的濃薑茶，加上每天運動，藉跑步、爬樓梯、打球大量出汗，用熱能驅走體寒，高度自律。兩年後我再到醫院做膀胱鏡及核磁共振，膀胱光滑乾淨，完全恢復正常。迄今十年，從未復發。身體反而因飲食、生活的改變而益加強壯，精氣神維持極佳的狀態。

半年內兩次膀胱手術及化療，表面上看不出任何異樣，工作有序進行，完全沒有影響鑫山創業第一年的奮力前進。但另一項經營隱憂卻慢慢浮現。

尋求充裕的資金

二〇一一年底申請全國性保險仲介公司的法定資本金門檻是人民幣兩千萬元，但我直接募集人民幣五千萬元資本金，以準備快速擴展的需求。保險業的特性是，若擴充快，業績好，營運資金反要準備充裕，否則現金流斷鏈，是很可怕的事。而身為董事長，保持運營資金充裕，是我最重要的工作之一。

鑫山一起步，就是朝全國布局、百年經營的思路走。所以，總部的體制規格、組織架構更像保險公司，除了未設精算部門外，其他組織麻雀雖小，五臟俱全，營銷系統也朝全國四大區域規劃。我物色的人才一定是A咖，就初期規模而言，是大材小用，但起碼夠用十年，因此人事成本特別重。此外，因為缺乏仲介經營經驗，初期營運計劃過於樂觀，租用的辦公室太大，營運成本也高，所以燒錢很快。加上營運的第二年發展電話營銷渠道，建立電銷團隊，半年後發現推展時機不對，且與鑫山的「鑫三高」基本價值矛盾，我斷然結束這個渠道，折損了人民幣六百萬元。我意識到，資金在未來一年，就會形成重大壓力，必須要未雨綢繆。

於是我開始透過人脈關係與投資人、投資機構接觸。我最初的想法，是希望找戰略投資人，而非財務投資人，因為後者投資週期短，通常急著獲利了結，進場後立即規劃出場時間，運營上容易被干擾影響。但接觸幾家後，發現融資計劃很不容易，而戰略投資人可遇不可求，只好轉向財務投資機構。但顯然投資人各有想法，有的公司要求先把互聯網的題材或科技元素放進來，才有賣點；有的公司直接要求我先上「新三板[7]」。其中談得最有誠意的就是台灣的環宇投資公司，甚至派了專人到上海來做盡職調查，對鑫山評價很高，但最後因旗下基金的董事對投資大陸金融業有意見而功虧一簣，主要原因仍然是對出場機制和出場時間有疑慮。

從二〇一三年下半年到二〇一四年上半年是非常折騰焦慮的時期，前方積極打仗、開拓業務，除電銷業務外，並前進華北區域，後方則輸運糧草、籌募資金，陷入蠟燭兩頭燒的情境。最後李健發、楊承達兩位董事提議用股東增資的方式先解決燃眉之急，股東們也並不因為我罹癌而稍減相挺之意，最後在六月底前順利完成增資人民幣一千萬元。資金的隱憂一解除，二〇一四年下半年立即轉守勢為攻勢，當年度布局籌備了蘇州、威海、濟南、台州等城市分公司，壽險新單標準保費增長了五〇%。

無心插柳柳成蔭

二〇一五年初，我大學同班同學朱惠良女士（台北故宮退休處長、美國普林斯頓大學藝術史博士、前立法委員、前新北市文化局長）應斯米克集團旗下的恆南書院之邀來上海演講，我也搭便車，請朱女士來鑫山的「人文講堂」講「故宮的前世今生」專題。

上市公司斯米克是知名的瓷磚品牌，享譽國內。由於時代環境的變遷，計劃從建材製造業轉型，投入未來具有遠景的大健康產業。他們認為做大健康，應該有金融服務業參與，形成上下游服務鏈，而投資入股金融保險業是建立戰略合作夥伴比較堅強穩固的方式。

於是在朱女士的撮合下，我在二〇一五年一月二十日到恆南書院作客，初識斯米克集團董事長李慈

7 全國中小企業股份轉讓系統（National Equities Exchange and Quotations，縮寫NEEQ），簡稱股轉系統，俗稱新三板，是經中華人民共和國國務院批准設立的第三家全國性證券交易場所。（資料來源：維基百科）

雄先生。座上還有總裁王其鑫先生及投資長朱彥忠先生。晚餐中我發現他們三人都是我臺灣大學的學弟。李董事長在臺大電機系畢業後取得美國史丹佛大學電機博士，到大陸發展已三十年。他是南懷瑾老師的學生，恆南書院就是他紀念南老師，為發揚中華文化創設的公益講堂。座上這些主人都是風趣高雅、學有專精的台商紳士，令我讚嘆。

李董事長是一位行動力極強的企業家，初見面一週後，他就打電話給我，單刀直入，說他要參股鑫山。

隨後兩家公司就展開長達半年的參股投資協議磋商及盡職調查。王總裁提出入股分三期進行，並建議採對賭條款。我欣然接受，也提出四項指標，作為對賭標準，其中包含二〇一五年業績成長八二．六%，二〇一六年業績成長七〇%，續保率維持一六%的高門檻。斯米克非常驚訝，可能認為是碰到一位外行的談判者。殊不知，我對鑫山三年所蓄積的能量的底氣與信心，早已胸有成竹。果然，最後二〇一五年業績成長九二%，二〇一六年更成長了一一八%，都超標完成，取得比原先協議更高的參股價格。

李董事長獲悉，鑫山的原始股東都捐出提撥了一定比例的股權作為員工激勵配股後，立即主動表示，斯米克購入的股權，也無條件提撥一〇%出來，作為員工配股。李董的企業家風範展露無遺。這幾年下來，鑫山與斯米克管理層溝通順暢，合作無間。我認為斯米克是最佳的股東，而斯米克也認為參股鑫山，無論是戰略觀點或財務角度，都是最成功的投資。

二〇一五年八月六日，鑫山三週年慶典上，正式對外宣布斯米克（隨後不久改名為「悅心健康」）集團投資參股鑫山，立即生效。兩年前我開始尋求資金，四處碰壁，而「有心栽花花不開，無心插柳柳成蔭」，最後竟得到斯米克這個長期戰略夥伴，共同鋪建從金融理財到大健康領域的服務鏈，鑫山何其幸運！而從那一刻開始，也標誌了鑫山高速成長、快速獲利的里程碑。

花當盛開，蝴蝶自來

「花當盛開，蝴蝶自來」，當鑫山連續幾年的高速成長享譽於市場時，投資機構也注意到了。二〇一七年一月，總部設於歐洲的一家全球性創投集團E公司在大陸的負責人透過朋友介紹來鑫山參訪，他們帶來一本對保險仲介的調研報告。我駭然發現，他們對鑫山了解之深入，彷彿公司的會議室裝了一支他們的攝像頭。當然，報告的內容對鑫山是高度評價的。次月，E公司再度來訪並提議，以高於斯米克六倍的價格參股鑫山。他們誠意十足，鍥而不捨，在一年的時間，八度造訪鑫山約我會談。可惜他們來晚了，鑫山自二〇一五年第四季度開始獲利後，一路上揚，獲利成長率飛快，沒有回頭過。鑫山壯大了，已不缺運營資金了。

買辦公樓，用鑫學堂代言

大凡仲介銷售機構或知識服務型公司都是輕資產企業，公司的價值主要來自專業服務能力，這在市場上的分量是比較單薄的。

二〇一五年第四季度開始，鑫山月月獲利，用不到斯米克參股挹注的資金，我開始思考如何善用這些多出來的錢。我出身台灣保險業，深知房地產對保險公司品牌的價值。要厚植公司品牌影響力，在地生根深耕，讓鑫山變成有重量的公司，購置辦公職場，是不二的投資選擇。

於是，在董事會的同意及授權下，二〇一六年五月購買上海浦東區張江世和大廈職場；同年十一月購置廣州大道富力新天地大廈職場；二〇一七年八月購置杭州保億中心職場；二〇一八年六月購置蘇州工業園區晉合廣場職場；二〇一九年八月購置寧波國際金服中心職場；二〇二〇年一月購置瀋陽華府新天地金融中心二十七層整層。直到新冠疫情爆發，經濟前景不明朗，才暫停購置辦公房產的行動。

這些為分公司購置的職場，在當地城市建立了強勢的增員及銷售的品牌價值。這也說明了，為什麼決策思考中，不考慮為上海總部購置辦公樓的原因。因為全力支持分公司的營銷活動，一直是總部的核心思考。

我在南山人壽的時代，曾經訪問馬、新、港的營銷辦公室及美國的專屬代理公司，對這些卓越團隊擁有的高質量職場的風貌非常嚮往。我一直覺得精英團隊就應該在這樣的環境發展，當硬件質量有水平，人的質量受到薰陶也會提升起來。但往後長期專業經理人的生涯，擔任管理層，囿於績效與成本的壓力，建設高質量環境的想法變成非常遙遠的夢想。

鑫學堂為品質經營代言

二〇一七年四月下旬，富邦華一銀行上海外灘支行開幕，我以上海台商協會金融工委會主委的身分應邀觀禮。外灘支行坐落外灘萬國建築群中，在典雅的花崗石建築內，以「書店銀行」的風貌呈現，強烈的書香人文氣息，令我非常驚艷，我深受啓發。我心裡在想：中國地大物博、歷史悠久，人文思想積澱厚重，每個城市各有獨特的歷史及風貌，我是不是能創造出一個工作空間，有學習培訓、工作交誼的功能，又能夠結合書香韻味及在地城市獨具的歷史人文特色，提供給鑫山的精英夥伴使用？而當時鑫山已穩定獲利，又開始購置自有職場，顯然是創造質量環境合適的時機。

從富邦外灘支行回到公司不久，我就租下總公司大樓一樓的一個單元約三百平方米的空間。半年後，上海鑫學堂誕生了。

上海鑫學堂的設計採用三〇年代老上海的風情，古典、浪漫而帶點低調的奢華。在交誼區裡兩大面鏤空的大書牆，從落地窗透進室外路邊的老梧桐，訴說十里洋場曾經的繁華。端景掛了一幅外灘的老照片，對應時代的滄桑。書架上的擺飾品，有雪茄盒、高爾夫球員人偶、非洲土人銅雕、美洲麋鹿、三〇年代的電話機，呈現當年華洋融合，萬國通商的多元熱鬧景象。在演講區內，掛著幾盞老式典雅的銅管玻璃燈，牆上幾幅二〇年代出生的旅法畫家丁雄泉和朱德群的真跡版畫，豐富的色彩烘托出學堂的質感和品味。而六面木作、高及天花板的隔間板，更彰顯學堂的厚重、大氣。

上海鑫學堂落成使用後，成為上海夥伴們最喜愛的第三工作空間。他們自豪的帶著客戶、增員對象進來喝咖啡、簽單，說鑫山的故事。

繼上海後，隨著鑫山購置的職場，在三年內陸續完成以戰國時代及西湖故事為背景的杭州鑫學堂，以江南園林及唐宋文人為元素的蘇州鑫學堂，以三江通商、千年港埠為主軸的寧波鑫學堂，及「一朝發祥地，兩代帝王都」的前清宮廷風格的瀋陽鑫學堂。每座鑫學堂都陳述了所在城市歷史人文的典故。

對於還沒有足夠條件設置鑫學堂的分公司，若職場空間許可，我會請設計師規劃一座圓桌會館，來表彰績優的百萬圓桌會議的會員夥伴們。圓桌會館除書牆外，一定有一張大圓桌，象徵百萬圓桌會員的價值與貢獻。會館雖然不大，但追求精緻、人文的呈現與鑫學堂並無二致。

鑫學堂與圓桌會館已經成爲鑫山品質經營的代言人。

張滿風帆，乘風破浪

在經過最初兩年保險仲介運營模式的摸索，並經歷電銷渠道的失敗後，鑫山經營漸入佳境。特別是二〇一五年開始，在不虞資金並專注高質量經營後，鑫山如注滿風力的帆船，乘風破浪，快速前進。從二〇一三年到二〇一九年，七個完整年度，業績成長了二十四倍，相當於每年複合成長率為五七%，不但經營穩健，成長動能更十分可觀。

全國布局設立分公司次第進行。鑫山最初的戰略規劃，是從濱海的省分拓展，上海、浙江、廣東最先開始，漸及到山東、江蘇、遼寧、天津。二〇二一年初，北京分公司、四川分公司在一週內相繼設立，意義重大，補齊了全國版圖重要的兩塊拼圖。

鑫山強調「高品質、高專業、高產能」的鑫三高戰略，高端市場的經營，當然不能缺席。高客經營需要很高的技術含量，及強大的內心力量，這不是傳統的培訓做得出來的。二〇一八年年初，我決心成立高客支持部，並與聲譽卓著的劉長坤、毛越兩位老師簽了三年戰略合作協議，委請他們對鑫山夥伴實施長期的高客經營訓練。三年培訓成果卓著，讓鑫山夥伴經營高客市場泰然自得，自信十足。迄今，鑫山單一客戶年繳總保費高達人民幣一千八百萬元。鑫山的管理層致力於讓高客市場經營成為鑫山外勤日常營銷活動的一部分。

「人文講堂」也是鑫山經營上的一大特色。從開業以來，我一直堅持舉辦公益講堂，以服務客戶及反饋社會。人文講堂的宗旨在：提高生活品味，豐富生命價值，實現員工與客戶財富與心靈的共同富裕。多年來鑫山的人文講堂舉辦無數場精彩講座，邀請台灣、大陸學有專精的人士前來分享，從花藝人生、素食哲學、史地人文、書畫藝術及命理風水等不勝枚舉。最轟動的一場是二〇一九年十一月十六日，台北故宮博物院前院長馮明珠女士專程從台灣來講「正史與戲劇之間」。馮院長是我臺大同班同學，專攻清史。當時清宮廷劇非常夯，清代皇帝的家庭生活因戲劇的細膩描繪備受追捧。當天下午上海浦東圖書館演講廳五百個座位座無虛席，這是一場非常豐富精彩的知識饗宴。

二〇二〇，The Worst Year Ever

在多年的奮力前進，鑫山經營出現了疲態，快速成長後不足的現象逐漸顯露。雖然二〇一九年的績效仍然不俗，但從那年開始，新人增員的速度緩慢下來，管理團隊的表現水平也參差不齊。早期成功的策略，譬如大量內升，由組訓經理（AOT）晉升機構總經理，開頭因士氣高而帶來績效，但經營一段時間，就發現領導管理能力不足，而造成成長停頓；過去拓展縣級機構，得以挹注業績、控制成本，但幾年後，縣級人才供應不足，後繼無力而停滯不前。

再者，互聯網保險仲介逐漸興起，互聯網平台挾著費用及產品靈活的優勢開始侵蝕傳統線下市場，且年輕消費族群更偏好互聯網渠道。科技賦能工具也無聲無息的進入市場，開始影響業界的生態。顯然的，鑫山的管理團隊在這些領域應變不夠快。

二〇二〇年一月下旬，新冠疫情爆發，武漢封城，疫情迅速席捲全國，乃至擴散全球，形成一場「沒有槍聲的世界大戰」。世界各國疫情失控，病毒迭代變種，越演越烈，似乎看不到終點。疫情重創全球經濟，大部分產業都受到影響，保險業也無法幸免。二〇二〇年十二月美國《時代》雜誌封面人物選出「二〇二〇，The Worst Year Ever」（二〇二〇年，史上最糟的一年），作為全年的注腳。

鑫山不能免於劫難，九年來首次出現業績負成長。

但在這困境中，鑫山的腳步沒有慢下來。首先，與眾安科技公司合作，快速的發展科技賦能工具——建立鑫秘書系統；其次，搶攻都會區的陣地，成功布局了大連、北京和成都三個分公司；同時大修基本法，開放全國性的增員及團隊建設；而在培訓方面，開發了許多升級課程，包括「培養領袖講堂」系列，全面提升內外勤主管的領導力；特別有價值的是，第四季度末時，在與七家券商洽談過後，最終選定「中金公司」作為鑫山上市的輔導券商，為未來十年鑫山的成長預做規劃。

領導變革，變新變強

雖然疫情重創保險業，市場買氣收縮，從業代理人大量流失，但政府政策對市場的導正並沒有放慢，如客戶簽單過程的錄音錄像（雙錄）的執行、重疾新規、互聯網管理辦法、代理人銷售行為管理辦法次第頒布，每一個規章都令市場生態解構洗牌，保險經營環境發生空前的變化。

除疫情、政策的衝擊外，市場購買族群也在微妙的變化。九〇後的年輕族群消費比重快速增加，這批互聯網世代的族群，成長在沒有物資匱乏記憶的年代，購買的思路及渠道與八〇前的中壯年是很不一樣的。他們更強調個性化、精緻化、移動化，更習慣互聯網平台，形成對傳統線下險企在銷售及運營的巨大挑戰。

二〇二二年，鑫山迎來了成立十週年的日子。「十年樹木，百年樹人」，十年，標誌一個里程碑。過去十年，鑫山創建精緻經營、品質經營的風格，在國內市場獨樹一幟，並以培育人才為核心策略，取得備受矚目的市場地位及厚實的實力。但經營環境、市場趨勢、產品需求的改變，及年輕族群的崛起，倒逼鑫山做策略的調整和經營方式的變革。過去十年成功的方程式已不能保證未來的成長。我過去四十八年的保險生涯，也從來沒有比這階段面臨的變化更大，鑫山必須快速地反應做出變革：

- 在引進內外勤人才上，更年輕化，更具有內驅力的特質，更具備主人翁的精神。
- 運用新媒體成為品牌宣傳的主流。無論是個人IP打造或企業品牌形塑，都更活潑、更精緻、更掌握互聯網時代的脈動。
- 積極投入開發科技工具，賦能營銷與客服。
- 快速轉型到技術含量高的養老理財產品的銷售。
- 大量投入在線運營，特別是增員及人才培育，形成新的核心競爭力。

推動變革，除了策略的調整外，更關鍵的是思維的改變和領導能力的提升。鑫山十週年慶典主題定為：Next Ten Next You（未來十年，有你更好），副題為「價值．成長．多元．創新」。它的意涵是：**在未來十年，有你有我，大夥一起提升人的價值與成長，勇敢面向多元與創新的未來**。站在過去厚實的基礎上，面對未來十年，鑫山夥伴是很有雄心與期待的。但這一切，都有賴於新一代的領導者知人善任，善於溝通與激勵士氣，勇於承擔責任，以真誠贏得信任，能促進團隊合作，堅守企業價值觀，還有，胸懷開闊視野，能夠看見未來。

身為鑫山的創辦人，在這時代巨變的風頭浪尖上，我現在最想做的是，去傳承我過去近半世紀的領導經驗，鼓勵、培養各級內外勤主管成為新一代的領導者，以無比的膽識、智慧及想像力去領導變革，創造未來十年的繁華榮景。

生命旅程的精彩，在於你永遠可以期待未來。毫無懸念的，鑫山的故事還在進行，新的篇章仍待續中。

2007年1月19日在上海的內勤員工年會上，裝扮成廚師，率領中宏人壽管理層爲員工上第一道菜。

眞誠的領導者淸晰他領導的動機，是以服務、助人、利他爲出發點。所以，領導的本質就是服務，能夠爲部屬和夥伴增加集體成功機會的領導，就是所謂的「服務式領導」。象徵性的上菜給員工，正是這個觀念的踐行與引導。

第二部

領導旅程

第一講

領導概論：我心中的領導者畫像

為什麼要講領導力？

經營事業就像駕駛一輛四輪驅動的越野車，四個輪子像飛輪一樣，互相牽引，互相影響，缺一不可。第一個輪子是團隊，第二個輪子是人才的培育，第三個輪子是產品，第四個輪子就是領導力。我從事保險事業迄今已超過四十八年，從最初的基層保險營銷員，一路做到跨國公司的中國區總裁，最後自行創業。除了最初的十八個月外，我的事業生涯沒有離開過領導與被領導的角色。這個歷程中有成功，也有失敗，犯了很多錯，也不斷的進化。這麼漫長的職業生涯中，我始終認為，成敗盛衰的關鍵就是領導力，因為沒有領導力，另外三個輪子一定會失靈。

關於領導力，常常有一種誤解，認爲領導力是專屬於高階管理階層的，其實不然，三人成伍，九人成班，領導力無所不在。每個人在不同的崗位、特別的任務或突發的場合，譬如災難現場、臨時工作編組，都可能必須施展領導力。一個組織，無論是管理階層或基層夥伴都具備領導能力時，這個組織一定非常強大。這也是我工作近半世紀以來最嚮往的企業狀態。

大陸習慣用「領導」來稱呼領導人（Leader），台灣常用的是「長官」或「主管」，而我傾向用「領導者」。「領導人」常給人一種高高在上的管理階層的印象，而「領導者」比較泛指在各個階層擔任領導工作的人員。領導者應具備的素養、特質、風格、價值觀，和他內心的力量、信念等，是不分階級的。

領導與管理的區別

一九九〇年，我第一次遊歷上海，非常興奮好奇。當時改革開放不久，城街風貌仍然老舊，浦東還是鄉野景觀。遊覽大巴的導遊很風趣，向我們介紹開車的司機時說，這位師傅姓帥，人不但長得跟姓一樣帥，他的工作跟我們的總書記也一樣重要：其一，都是掌管方向的；其二，都是帶領大家到達目的地；不過有一點他比總書記厲害，總書記只管一個「黨」，而帥師傅管五個「檔」！說完全車遊客哄堂大笑，非常有意思。

這個故事讓我聯想到管理和領導的區別。**管理是指為組織帶來經營的秩序與紀律，讓組織運作順暢，產生效率；而領導是指因應變革，尋找組織的定位，建立文化，提供願景，創造新價值，獲得效果。**對企業而言，領導比較像總裁 CEO，管理比較像營運長 COO；就政府職能而言，領導更像總統、主席，而管理比較像各部委的角色。就好像新冠疫情爆發，國家領導人第一個抵達武漢疫區進行視察的是總理，從管理的層面站在一線指揮；而總書記管的是方向，比如南海戰略、新常態和中國夢等。

二〇一六年九月，我到杭州視察業務，正值G20峰會召開。為了迎接世界各國元首國賓，杭州的街道樓房修整得煥然一新；西湖沿岸拓寬了，湖景幽深、綠蔭蓊鬱，整個城市改頭換面。這些改變的發生，拍板的是領導，但確保執行的是管理。一個管理者具備領導力，則能產生高效；而一個傑出的領導者卻不一定具備管理能力，如社運領袖、高僧名師，有極大的感召力，眾人信賴追隨，但他的組織管理卻可能一塌糊塗。

真誠的領導是真正的領導

企管專家和學者對領導力的詮釋或有不同的觀點與角度，而我最欣賞的是領導培訓大師凱文．卡什曼（Kevin Cashman）在他的書《修煉領導力：成就一生的領導者》（*Leadership From The Inside Out*）中所下的定義：

領導力是能夠創造價值的真誠影響力。

這個定義包含三個要素：真誠、影響力和創造價值。他在書上提出了提升領導效能的三個基本問題，包括如何提升領導者的真誠，如何擴大領導者的影響力及如何創造更多價值。

真誠，就是不做作、不虛偽、不矯情，表裡如一，坦誠實在。真誠的領導就是你的思維從服務出發，你的所作所為能使別人受益，考慮的是他人、組織、團隊的利益，而不是自己的好處。

影響力，就是一種改變別人想法、行為的能力。有影響力的領導者，能夠激發他人的潛能，促使他人行動，甚至把一個個陌生人連結起來，打造成一個有凝聚力的團隊組織，釋放組織的能量，創造出可以共享的未來場景。

創造價值的概念，包含了創造、促進、提升多面向的市場價值、生命價值及社會價值。如收入、地位、財富、績效、企業規模、品牌、企業資產與市值；也涵蓋了就業機會、稅收貢獻、達成任務目標、公益利他活動等等。

真誠的領導者清晰他領導的動機，是以服務、利他為出發點，而使命感讓他忘掉個人的成敗得失、利害榮辱。他領導的目的和作為通常顯現在以下的層面上：

- 改善他人的生活，促進世人的生活變得更好。
- 創造一個環境或平台，助人成長及發展。
- 激勵人們積極上進，發揮潛能。
- 教導他人，能為自己的人生負起責任。

我職涯中最尊敬的導師

一九七六年五月我從空軍人事官的軍職服完預官役，退伍第二天就進入南山人壽的營銷隊伍銷售保險。帶我進入南山的經理在一年半後就離開南山自立門戶，從此以後十五年，我再也沒有直接的主管。一九八一年十月，我帶著三十三位夥伴成立金山營業處，後面的十年，我建立並領導一支擁有十個營業處、約兩千位高效的營銷團隊，而我的領導課的老師卻僅是書本與聽演講。直到一九九五年，我碰見了鄭鐘源董事長。

一九九五年五月，慶豐集團買下第一人壽，敦請前元富證券總經理鄭鐘源先生擔任董事長。初次見面，我們就聊得很投緣，雖然他大我二十一歲，與他相處卻非常自在，完全沒有距離感。當時，我沒料到，他的格局識見及精確細膩的行事風格，會影響我那麼深遠。甚至，他用萬寶龍原子筆，也影響我二十多年來插在襯衫口袋裡的筆，始終都是萬寶龍。

垂範表率的董事長

鄭先生是台南人，台南一中、臺灣大學經濟系畢業。一九六五年美商花旗銀行來台，鄭董從彰化銀行轉任花旗銀行工作，幹到副總裁，辦理授信案權限高達美金一千萬元，是當時花旗華籍行員權限最高者。來慶豐人壽前擔任元富證券總經理，英、日文俱佳，是舊時代花旗訓練出來的典型金融精英。

到任沒多久，他就在主管會議上開講了一堂課：《領導十要》。第一要，領導者要公正嚴明（Tough & Fair），不能用私人，不能有私心。其實他自己正是身體力行的典型，我與他共事四年半，從未見過他引進任何一位私人關係的員工。他閱歷豐富、思想開闊、待人客氣細心，但對事要求嚴厲，執著細節，是非分明；對執行不力的人顯露極端不耐的態度，對管理上的缺失會不留情的批評，對公司的積弊更是痛心疾首。但在我記憶中，他似乎從未對我疾言厲色，也許是投緣，也許是我的工作還比較讓他滿意吧！

當時慶豐集團投下巨資入主第一人壽，來自資源豐富的外資精英的他，卻厲行節約，以求早日獲利。即使是便條紙、信封，絕不私用。我們出差到中南部分公司及營業單位激勵士氣，他以身作則入住廉價的酒店賓館，我們苦不堪言，他卻甘之如飴，總說：「乾淨就好！安全就好！」

一九三一年出生，鄭先生接受黃世惠董事長委託，擔任慶豐人壽董事長時已經六十四歲。以他豐富的金融閱歷人脈，真誠、正直的領導風格，本應有機會在人生最後的職務創下完美的收官而光榮退休，但事與願違。他低估了慶豐集團高層組織的複雜性，幾乎葬送一世英名，留下遺憾的職涯句點。

主要問題出在慶豐集團派來的副董事長。副董是黃家兩代信任的家臣，也是促成慶豐集團投資入主第一人壽的功臣。他個性草莽，強悍霸氣，企圖心強，有開拓性，但缺乏經營實務的經驗，對保險經營更是門外漢。入駐慶豐人壽後，他卻完全介入經營指揮系統，主導日常運作，甚至直接指揮一線作業，無視業務倫理，專斷跋扈，最要命的是猜疑心重，反覆無常，支配欲極強，整個公司被他轉暈了，摧毀了員工的士氣和動能，員工心理幾近瓦解。

當時的總經理，自牽頭引進慶豐集團後，曲意迎合副董好大喜功大膽冒進的策略，做出不合理、不合規的操作運營。首先，用撒幣策略，放出大量的握手費及財補方案挖角同業，金額高達數億元。大量撒錢引進了良莠不齊的人員，不但對現有團隊造成衝擊，且造成公司財務的巨額虧損。他雖是精算背景出身，卻為了創造業績，違背專業良知，發行現金價值倒掛的烏龍保單，短期業績出來了，但造成公司清償能力不足，以致帶來大股東增資的壓力。

當年，衍生性金融商品盛行，初期獲利頗豐，副董事長為修補帳面損失，避開增資壓力，更鋌而走險，冒進投資衍生性金融產品。一九九七年下半年，東南亞金融風暴爆發，導致衍生性金融商品崩盤，終於財務窟窿炸開，一發不可收拾，陷慶豐人壽萬劫不復之境，也差一點讓慶豐集團這艘母艦翻船。

經營亂局導致企業內耗虧損

在這幾年中，鄭董事長的處境與心情其實是很尷尬的。基於長期金融專業的素養，及領導團隊的豐富閱歷，他是應該有作為，也想有所作為的，但他明白慶豐黃家真正信任、授權的是身為家臣的副董事長。他雖是董事長，但謹守分際，高度尊重副董的決策與經營方針，僅在管理上做建議，或做士氣激勵，或垂範表率，樹立員工專業敬業的標竿。他不認同很多經營決策、作為，但尊重而不過問，以避免高層的衝突矛盾，其實他內心是極度不舒服的。

經過兩年多的經營亂局，慶豐沉痾日深。一九九七年虧損了台幣三・四億元，一九九八年第一季度又再虧損台幣三．四億元。由於財務的惡化，引起慶豐集團的關切，而鄭董的專業與嚴謹，也日益受到集團的信賴，最後鄭董在得到黃董事長的授權後，挺身出來開始過問。當他梳理各項作業簽呈及財務數據時，駭然發現高層的違規違紀、放款弊端及股權轉移行為，隻手遮天，倒行逆施，簡直不可思議。他是一位自律甚嚴、嫉惡如仇的人，自然與副董起了滔天巨浪的衝突。

一九九八年上半年財務虧損台幣八．三億，成了決定當時總經理離職的最後一根稻草。我接任總經理職務，雖然業績可以維持一個正常的局面，但財務危機已讓慶豐人壽難以脫困。

一九九九年一月十八日，慶壽財報出爐，一九九八年虧損達到台幣二十四．一億元的天文數字，是實收資本額的兩倍。在接獲黃世惠董事長授權徹底整理慶豐人壽後，鄭董與我攜手展開長達十個月救亡圖存的歷程，一方面維持公司的正常營運，另一方面也積極尋求市場買家，出售股權。

慶豐集團委託投資銀行ACP找尋買主、協助買賣談判，並同意ACP的仲介手續費為交易額的二％，約台幣五千萬到一億元之間。但慶豐集團身為大股東，不願意出這筆錢，如意算盤是由慶豐人壽承擔，卻從未告知慶豐人壽高管，也沒取得慶壽董事會的同意。直到一九九九年股權轉讓談判逐漸成熟，且屬意賣給英國保誠人壽時才告知鄭董。這程序嚴重違反公司治理，不僅不合法、不正義，牽涉利益輸送，可能會害到專業經理人吃上官司，鄭董知道後怒火攻心，為此事病了一週。

九月十三日，黃世惠董事長從天津來電給鄭董，拜託他協助完成股權交易。黃董的二弟也親來公司面請鄭董支持。雖然內心不舒服，但鄭董事長清楚，身為領導者必須履行他職務上的承諾與責任，難行而行，責無旁貸。

鄭董經驗老到，深知此案務必在法理上周延處理，才能保護慶壽的經營團隊成員，免於法律風險。最後在他主導下，先取得準買家保誠人壽同意未來入主慶壽後，由慶壽支付ＡＣＰ佣金，並在慶壽董事會中追認通過正式委任ＡＣＰ為交易仲介機構，同時通過與英國保誠人壽做策略聯盟的議案，此事在法理上才安全落地。

對於保誠人壽與慶豐集團的策略聯盟協議中，隻字未提及現有專業經理人的留任或離職補償條款，對慶壽管理團隊非常不利。鄭董知道後，氣得說了重話：「保誠無誠，慶豐無能！」

九月中，股權交易談判仍在拉鋸。鄭董對我說，他已向黃世惠董事長口頭請辭，但是黃董拜託他，一定要他幫忙到全部交易完成。他雖然累了，也只有勉力而行。

九月十四日，我召開最後一場主管月會。鄭董講了一席話，說過去嚴格鞭策大家，是為公司好，為大家好。若有不愉快之處，他表示道歉。他說，今後他將不再生氣，年紀大了，不應也沒有力氣再生氣。話說得很感性，博得大家的掌聲，像告別演說一樣。

九月三十日，鄭董、黃董與英國保誠的 Sir Peter Davis、Mark Tucker 和梁家駒先生在台北君悅飯店簽訂股權購買協議，交易終於拍板定案。此後一個月，鄭董和我進入看守階段，忙碌的處理內外勤安撫、安定的工作，及財政部的作業程序和媒體的處理，還有保誠人員進駐的細部規劃溝通。

十一月三日，是保誠人壽召開入主慶壽的第一次董事會，也是經營權的正式移交日。鄭董堅守崗位到最後一天！二日下午五點，我舉辦鄭董榮退歡送茶會。夥伴們製作一本相簿專輯，記錄他四年半來的點點滴滴做紀念。我代表大夥兒致感謝詞，我以「嚴師風範，益友良方」為主題，感謝他四年半的領航與鞭策指導，祝福他擁有老伴、老健、老本、老友，快樂充實的享受退休生活。卸下重擔，我看得出他的心情相當愉快。

茶會結束，我陪他回他的辦公室，遞給他最後一根菸。他說，退休了，從此戒菸了。菸點完，我請他自己關掉辦公室的燈，「打烊了！」送他到電梯間。六十九歲的他，畫下工作生涯的句點，在經歷大風大浪後，歸於平淡。一個有智慧、有勇氣的長者，以真誠贏得各方的信任，不遺餘力提攜人才，堅守企業價值觀，忠誠的履行他領導的企業經營與出讓的責任與承諾。

他留下了令人懷念的身影。

出色領導者如何觀察出來

很少人能夠生來就擁有領導者的特質，似乎時間是領導進化必要的成分。大多數領導者都必須通過工作的挑戰歷練及生活的磨難砥礪，不斷吸取養分才能具備領導才能。

固然，領導者的個人風格會極大程度形成領導的結果，但觀察全世界各行各業傑出領導者在工作上的表現，會很容易發現一些共同的現象：

一、被部屬信賴：信任是財務報表裡看不見的資產。一個被夥伴信賴的領導者，會促進團隊成員的互信與合作，讓大家不必浪費時間在猜忌、內耗上，夥伴們能夠集中精力、資源往共同的目標前進。

在大陸的壽險公司，分支機構的領導輪崗輪調是很正常的作法，甚至是公司的一項人事制度。但新領導到任一個新崗位，就設法把自己人帶過來，形成換個領導就換個班子的普遍現象。有私心，用私人，原來的成員被排擠，彼此缺乏信賴，團隊力量就無法凝聚起來。

二、團隊經常維持高昂的熱忱：**一份好薪水，可以讓人認真工作八小時；一個好老闆，可以讓人熱情工作十二小時；一個好理由，可以讓人拚命工作二十四小時**。優秀的領導者讓夥伴無保留的投入，把工作當作使命來完成。

三、團隊總是持續地表現優異：團隊績效表現好並不難，難在持續。傑出領導者總是能聚集一群高手，創造一個能激發偉大創意的環境，讓團隊持續表現優異。

傑出領導者的共同特質

出色的領導者幾乎或多或少都具備以下的特質：

一、眞誠

真誠是人際關係的核心，信任、溝通、合作、責任感、感召人心，甚至企業文化都圍繞著真誠而成長。而卓越的領導者通常如何表現真誠？

- **他真正傾聽**。他願意聽到你內心的聲音。
- **他真誠的表達他自己**。甚至他公開、坦承自己的能力與缺點，包括性格的弱點。因為自信，所以能夠坦承、接納自己的不足，結果是贏得追隨者更大的尊敬。
- **真誠的讚美**。美言一句三冬暖，他總是能找到別人的優點，而發自內心的給予讚美。
- **真誠的分享故事**。說故事，一向是溝通最有力量的方式。傑出的領導者會把自己真實生活與工作的故事做分享，透過這樣的連結建立關係、形成觀念，並激發出能量。
- **真誠的服務**。優秀的領導者的出發點是幫助別人，如同慶豐人壽鄭董事長。他的所作所為想的是使別人受益，考慮的是組織的利益而不是自己的好處。他會給予部屬鼓勵，有同理心，消除恐懼，建立自信，並喚起部屬內心的希望。

二、強烈的使命感

知名運動品牌NIKE的創始人菲爾．奈特（Phil Knight），在他的自傳《跑出全世界的人》中談到，當年他只是美國一個普通的會計師，很醉心跑步，並認為跑步可以讓世界更美好。在那個時代，跑步是運動員的事，不是一般老百姓的事。但奈特堅定的相信，一雙好的跑鞋，不但可以讓跑者更健康，讓社會更祥和，也讓運動員更有速度，而且頂尖的運動員可以鼓舞更多的年輕人立志向上。

於是他開始賣跑鞋，展開了他的創業生涯。幾十年下來，賺多賺少他並沒有太多概念，就是秉持著使命感，一心要把好鞋子推廣出去，沒有料到自己竟然成為美國十大富豪之一。史丹佛大學的校長來找他，想在大學成立一個講座，專供各國的年輕精英來進修，以培養世界級的領導者為目標。於是奈特慷慨捐出美金四億元，成立基金會來支持這個計劃，為領袖教育做出了巨大貢獻。奈特是一位內心擁有強大使命感的傑出企業家。

領導魅力不應來自權位或金錢，因權力和金錢而產生的追隨都是很短暫的。真正的領導魅力應該是由使命感延伸出來的熱情和堅定的信念，從而產生激勵的力量及人心的感召會影響深遠。

三、心胸寬大

我們面對的是一個多元且多變的時代，外在環境不斷改變，人才特質也越來越多樣，沒有海納百川的胸襟，很難聚集天下英才，而且對優秀人才的寬容度越大，團隊競爭力才會更強。

中國歷代有四百九十四個皇帝，其中可以稱為大帝的不超過五位，而文治武功俱盛，能勤政愛民，時時以蒼生為念的，要數唐太宗李世民為第一。他最了不起的地方，就是他的心胸，不但能起用賢臣，更能任用政敵。當年魏徵在建成太子帳下效力時，曾向太子獻計誘殺李世民，說若不誅此人，將來定會被他所殺。後來玄武門之變，李建成和李元吉果然都被射殺。但李世民不但赦免了魏徵，還重用他，對他的進諫更是言聽計從，以致國政清明，四方來朝，百姓富裕，安居樂業，成就了史上所稱道的「貞觀之治」。

四、自信而謙虛

因為自信，在別人看到限制時，你卻能看到可能性。

雷軍擔任金山軟件的總經理時，他想出來創業，但當時很多領域都已經有人在做了。電子商務有阿里巴巴，個人電腦有聯想，搜索引擎有百度，社群網站有騰訊，網路通信有華為等等。到底哪個國產的電子科技領域在中國還沒有被充分開發？他發現，市場上的大品牌手機都是三星、蘋果等外國牌子，國產的只有「山寨機」，沒有競爭力。於是雷軍決定做手機，小米機就橫空出世，綜合各大廠的優點，非常成功。後來又從手機延伸出「物聯網」產業，把手機端與生活電子用品領域連接，訂價策略及營銷策略都非常精準，開創了大品牌價值的局面。

領導者若過度自信，自我膨脹，往往是階段性成功後的一個隱形殺手。自信的底層是謙虛，真正的自信是懂得謙虛的自信。沒有謙虛，就停止學習，如同杯子太滿，裝不下新的東西，對持續成功是致命的傷害。謙虛是能夠坦承自己的弱點、不足和局限性，願意面對它、改進它，願意聆聽各方面的意見，甚至開口求助於部屬。謙虛不是與生俱來的，是修煉出來的。懂得謙虛的人知道成功是個人的福報，是來自眾人的努力，知道山外有山、人外有人，因而珍惜感恩。作為領導者，最糟糕的是自我意識過於強烈，官大學問大，自以為是，又恥於下問，常常強詞奪理，不懂裝懂，其實這正是缺乏自信的表現。

五、不畏艱難，勇往直前

創業、創新、改造、變革都需要領導者具備冒險的精神、不怕失敗的勇氣。

二〇一一年，在擔任中宏人壽總裁八年多，從事保險工作滿三十五年時，我決心出來創業，那時候已經接近六十歲了。六十歲，很多人已經退休、含飴弄孫了，我卻寫了一篇文章，借用鄺美雲的歌名〈我和春天有個約會〉以明志：「……今生的職涯已無遺憾，但生命中擁有的精彩，就是你永遠可以去期待下一個春天的約會或下一次的機遇、挑戰和驚喜！此刻心中仍有這份期待……」然後，勇敢地投入創業的行列，創辦了鑫山保險代理公司。

勇氣還意味著看到機會就去把握，看到環境變化就立即因應。二〇二〇年新冠疫情爆發，在線運營逐漸成為常態，加上互聯網保險新法規，重疾險產品的超額銷售，年輕世代消費者的崛起，市場的結構生態產生劇變。鑫山屆滿十週歲，面對巨大的挑戰，要領導變革，變新變強，都需要不怕困難、勇往直前的勇氣。

六、嚴於律己，嚴明紀律

就個人而言，紀律就是自我要求，嚴於律己，去做不喜歡做、但應該做的事，而不去做喜歡做、但不該做的事。就團隊而言，便是遵守組織規範，嚴明紀律。率性隨意的個人，很難有所成就，更遑論成為卓越的領導者；而紀律鬆弛的團隊，一定缺乏戰鬥力，也產生不出優秀的領導者。

被譽為大提琴演奏藝術之父，全球公認為是二十世紀最傑出的西班牙大提琴家卡爾薩斯（Pablo Casals），到九十二歲了，每天仍練琴五小時。他的學生問他年紀這麼大了，為何還這樣苦練？老師謙虛地回答：「我練習到現在，才開始感覺到有一點進步！」

波克夏公司的董事長兼CEO巴菲特九十一歲了，每天自己開車上班。他的合夥人查理．蒙格在他的書上描述巴菲特：每天在醒著的時候，有一半的時間在讀書，另一半的時間不斷地跟有才華的人交談。巴菲特掌控波克夏近六十年，績效持續卓著，深受投資人信賴。毫無疑問的，他的自律及強大的內驅力，造就了股神傳奇的一生。

鑫山要求各分支機構每年要做五十場事業說明會（COP），這是增員的紀律，只有嚴格遵守，才能確保人才源源不斷的引進；鑫山的每一筆報銷清楚乾淨，採購也十分透明，這是財務的紀律；鑫山規定員工不得接受供貨商的饋贈，以確保能秉持公正的態度，這是管理的紀律；鑫山要求在開視頻會議的時候，所有參會人員的攝像頭都要打開，目的是希望大家能專注參與、端正儀容，這是專業的紀律。有紀律，才能打造一支有戰力的團隊，領導者才能贏得尊敬。

七、高情商

「上焉者用人之智，中焉者用人之才，下焉者用己之力。」偉大的領導者，絕大部分都不是高智商的人，太高的智商有時反而成為領導力的障礙。傑出領導者通常心胸寬大、包容力強，有平衡的判斷力，擅長溝通，人際關係良好，這些都是高情商的表現。反之，低情商的領導者，往往在盛怒之下做出非理性、情緒化的決定，而傷害到團隊、企業和組織，也傷害到自己的前途。

中國歷代奪得天下的皇帝，智商都是中等偏上，像劉邦、劉備、朱元璋等等，但是智商高、才能高的人卻往往為他們所用。漢高祖劉邦登基後召開酒宴慶功，劉邦在討論他之所以得天下，說：「夫運籌帷幄之中，決勝千里之外，吾不如子房；鎮國撫民，給餉饋，不絕糧道，吾不如蕭何；連百萬之眾，戰必勝，攻必取，吾不如韓信。三者皆傑，吾能用之，此吾所以取天下者也。」劉邦最成功的特質就是氣度恢宏，不妒才，能用才，優異的領導才能讓他取得天下。

世界級領袖的畫像

我的職業生涯裡，有機會遇見的世界級領袖並不多，宏利金融集團（Manulife Financial，中宏人壽外方母公司）的全球 CEO，Dominic D'Alessandro 是其中頂尖的一位。

我第一次見到 Dominic 是在北京。後來，中宏總裁任內陸續在上海、多倫多、亞利桑那、香港、曼谷等不同的公司活動場合見面，在上海還在天馬及佘山一起打過兩場高爾夫球。每見一次，就益增對他的尊敬與景仰。

傳說中的 Dominic 對直接部屬非常嚴厲，管理風格強悍霸氣。二〇〇三年十月二十二日，我擔任中宏總裁八個月後在北京才初次見到 Dominic，他約我單獨在酒店共進早餐。第一次見面吃飯，我嚴陣以待，他卻談笑風生，客氣而優雅，風度極佳，顛覆了我對他的想像。

那天上午，我陪同他到保監會拜會李克穆副主席。下午記者會，李副主席親自遞送中宏人壽北京分公司籌建的正式核准函。緊接著重頭戲，時任加拿大總理克雷蒂安為中宏北分籌建與李副主席共同剪綵，其實就是克雷蒂安為 Dominic 站台的秀場。酒會中，Dominic 周旋在中、加兩國政要名流間，自信、自在，自然流露出世界級企業領袖的風采。

第二次見 Dominic 是在二〇〇四年五月初，在加拿大多倫多的宏利集團全球總部。官式活動是參加全球宏利之星（Star of Excellence）的頒獎活動，其實，最重要的行程是「面聖述職」。我單獨到他的辦公室會見，聊了近一個小時。他對中宏的績效表現高度讚賞，對北京分公司如期順利開業表示愉快，也關心宏利與中方合夥人中化集團的夥伴關係，殷切地問我工作中須與中化集團的哪些人打交道，經營上有什麼困難等，也聊及我家庭和兩個女兒讀書的一些瑣事。我問他對中國發展的策略想法，他僅提宏利集團重視穩健發展與質量的成長，做有序的擴張，卻又特別關心並詢問市場與客戶的反應口碑，要我重視員工自豪的感覺（the people work with us feel proud of the company）。一席話，氣氛輕鬆，卻讓我十分折服。

二〇〇六年三月八日，Dominic 飛到上海訪問。

我們開了幾個會議，舉辦了中宏十週年慶祝活動的啟動儀式，並與中方董事球敘，在天馬球場打了一場高爾夫球。在開會時，我才真正見識到他無意間流露的強悍與霸氣，這些掩飾在他高雅溫和的魅力下。

有一個會議，主要向他彙報「朝代項目」（Dynasty Project），這是有關購買中化股權的項目計劃。當時有一段時間，中化有意減持對中宏的增資投入，甚至不排除全部售出。

Dominic 最後做了一些裁示，清楚而果斷。他要求管理層進行這項目，務必符合正直誠信和合規（Integrity & Compliance）。也就是對中化方面要誠實，不做任何信息隱瞞，對政府法規要完全遵循。其實他對中國市場非常看好，認為未來一定可以成為成熟、開放的市場，他很希望宏利集團能百分百持有中宏股權，但絕不願意用不合理、不誠實的方式取得。這一席話，展現頂尖企業家的胸襟格局，讓我動容。

訪問行程結束，送行晚宴在黃浦江邊外灘三號餐廳舉辦，我邀集了公司高管及區域總經理參加。宴席上，Dominic 談笑風生，展現他的魅力風采，與會議桌上的風格判若兩人。

在敬酒時，Dominic 跟我說，中方的陳國鋼董事在天馬球敘時對他表示，中化股東對中宏的績效表現相當滿意。他親切地摟著我肩膀，感謝我的努力及對他的款待。

Dominic D'Alessandro 管理加拿大宏利金融集團二十年，把宏利推進成加拿大第一大保險集團，二〇〇四年更購併美國恆康人壽（John Hancock），躍進為全球前五大的保險集團，其胸襟、格局、視野、領導才能，堪稱世界級領袖，他也在我一生學習領導的旅程中，添加一篇重要的章節。

第二講
聚焦於人：紙袋裡的星巴克

有溫度的咖啡麵包

「這裡面有一些點心及飲料，到機場的路上，先暫時填個肚子！」接待訪客的專員，在送客上專車時，同時會遞上一個提袋。

每一個到鑫山面試或參訪的客人，臨走前會收到一個「星巴克紙袋」，裡面有一杯熱騰騰的咖啡、牛角麵包或三明治，讓面試者或參訪者在回程路上充飢。我們也一定會訂好專車，把客人送到機場或高鐵站。

十年下來，這樣的運作已經成為鑫山的標準化模式。不管是機構總經理候選人，還是外勤團隊長候選人，只要他對鑫山感興趣，我們對他也想多了解，都會邀請來參訪總部及上海分公司，無論遠自深圳、大連、成都、天津，甚至台灣，所有到上海總部的來回交通及住宿費用，全部由鑫山負擔。

參訪或面試的客人到了鑫山，他們可以到任何他想看的地方，接觸任何他想談的人。踏進總部所在大樓的第一分鐘開始，我們都有標準流程的安排，從職場的參觀導覽，到公司介紹、培訓系統、基本法、高客市場經營等，大都由管理層來介紹。我們用最熱情、最親切的方式，讓來賓認識鑫山，即使他的職位、年資比管理層低，永遠用最有溫度的方式接待。

我一直相信，**把面試者當作公司最重要的貴賓，用最細緻周到的安排，才能吸引最頂尖的精英加盟鑫山**。幾年下來，幾乎每週都會有不同的客人，走進上海總部的大門，甚至一天來客兩、三批。

這個人才招募過程，看似很花錢、花時間，但最後證明，是一個聰明有效的作法。十個拿過星巴克紙袋的候選人，大概有九個最終選擇走進鑫山，成功率非常高。為什麼呢？大部分的反饋都是：在親自參訪之後，對於鑫山的經營品質、夥伴素質非常震撼。而細膩的行程安排、貼心的餐點準備、熱情的接待過程，更感受到鑫山尊重人的文化，進而產生對理想職場的嚮往，想像自己在鑫山的未來。

我相信，有滿意的員工，才會有滿意的客戶。產品再好，員工不開心，就不會有好的服務。當我把人才培養好，他們所提供的服務，一定是優質的。半世紀以來，優先關注人才，是我一向的堅持，因此我在海峽兩岸擔任保險公司的總經理時，人力資源長都是跟我直接彙報的。鑫山經營法則的前三項：**「我們相信：人的價值重於商業的本質」**、**「我們以營銷夥伴爲經營核心」**、**「選才用人，重視熱情、正氣、態度、質感四個基本要件」**，其重點，都放在人身上。

創業七賢，奠定宏基

二〇一一年，我決心從中宏人壽退休，創辦鑫山保險代理公司時，中宏人壽已是一家擁有兩千位內勤、一萬五千位外勤隊伍的公司，而九〇%的員工夥伴都是我在中宏八年多總裁任內聘用及培育的。

我如何從中選擇我的創業夥伴，共同打造一座讓營銷人員實現夢想、創造價值的平台？由於保險代理業務的特殊性，加上創業初期成本的考慮，我不可能吸納太多內勤人才，於是，在深思熟慮、精挑細選後，確定了六位高管好手，包括高豪鍾、林繼平、廖大發、雷宇負責營銷，林茂泉負責總部運營，林慧芝負責非壽險業務。這是一個非常成功的組合，關鍵在我物色的創業夥伴，除了有長期共事、知根知柢的基礎外，這群高管都具備高尚的人品，擁有追求人文、質量、紀律、合作、利他的共同價值觀。因此，雖然創業艱辛，但是大家精誠團結，合作無間，甚至有兩年時間，為圖公司生存，大家共體時艱全體降薪，以共渡難關。

經過十年胼手胝足的奮鬥，現在鑫山已是一家擁有二十六個分公司、三十八個營業網點的大型經代公司，在全國兩千五百家經代公司中位列線下TOP 5的頭部公司。最難得的是創業高管中，除一位因健康因素提前退休外，其他仍堅守崗位，共同致力建設鑫山百年老店而努力不懈。

找對人，才成事

創業永遠是一個篳路藍縷、從零到成事的歷程，創業成功的先決條件是找對人，其中有兩個含義：第一，領導者要有一種能力，為自己的組織或團隊找到對的人。所謂對的人，是能匹配企業或領導者的價值觀，認同團隊的目標或使命感，能夠團結合作的成員；第二，所謂對的人才，不是藉技術一流、經驗豐富來定義，也不是靠獎勵、激勵來維持動能，而是其原本就有強大的內驅力，而經過信念的引導，確立目標，就能自動自發，一步一步向偉大的目標邁進的人。

領導者無論執行一項任務或開發一個產品，或者創業，一定要先找對人，建立團結合作的團隊，才能成事，才有成功的機會。

兩任培訓長，打造鑫山核心能力

鑫山非常幸運，兩任培訓長，一前一後，接力打造出強大的培訓體系，成為公司培育人才的核心能力。

事實上，中宏人壽的培訓體系，是我自二〇〇三年擔任CEO後，逐步建立起來，從新人課程、飛鷹訓練到外勤主管及內勤營銷崗的完整系列。這個系統不但培育無數優秀外勤營銷員，也培養出為數龐大的培訓老師。創辦鑫山之後，我很自然的直接從中宏借將取才。

第一任培訓長何群英女士（Sophia），是一位舉止優雅、品味高、感知細膩、領導能力強，又特別具有用戶思維的人。她不辭辛苦到各城市出差，指導機構培訓經理，又親自授課帶教，特別受到內外勤夥伴的愛戴。她除了建立鑫山完善強大的培訓體系，組建龐大的內外勤講師團隊外，又創設高客支持部，建立高客培訓實戰課程及銷售支持團隊。業界公認培訓是鑫山的強大優勢，Sophia居功厥偉。

Sophia退休後，我又從中宏找來林曉瑾女士（Lillian）擔任第二任培訓長。Lillian是一位條理清晰、冷靜自持、效率極高的培訓總管，開發課程能力極強，尤其引進教練與訓練實務操作模式，獲得極大的回響。自新冠疫情爆發後，在線運營變成重要的操作模式，Lillian因應變革，快速地調整在線培訓，建立有效的在線課程內容、流程及監測、管理的機制，貢獻卓著。

兩任培訓長，找對人了，就打造出鑫山的核心能力，並且成為鑫山的品牌故事。

長春未曾「長春」

二〇一八年，我新設東北區域，聘用吳艷霞女士擔任區域總經理，開始前進東北。東北第一站從瀋陽開局，起步很好，在半年內做出令人驚艷的成績。我們想乘勝追擊，把這種成功模式擴展出去，在東北地區快速發展五個大城市，此時有人介紹了長春的總經理候選人。

在當年，東北只有吉林省還沒有外資險企機構。我們也聽說吉林省的保險市場比較粗放、混亂，銷售誤導的亂象比較嚴重，外勤營銷人員發展觀念普遍偏差，專業技能不足，誠信度低。

面對這樣的市場，往積極的方面想，是應該有機會的，就如同非洲賣鞋子的故事一樣。我們想把鑫山優質的經營模式、高質量的文化帶進長春市。但顯然我們高估了自己改造市場環境的能力。

在二〇一八年第四季度長春籌備期間，我們新聘任的總經理帶領二十多位同業主管去瀋陽參訪、培訓，展現強烈的企圖心及影響力，似乎是一位能夠號召群眾的領導者。但觀察她的行事作風，比較老派，做事恭謹，看人臉色說話，我們有點不安心，但感覺還有機會去改變。

我去長春訪問，她讓已經退休的先生做司機開私家車接送，搶著提我的公文包，還邀請我到她家吃飯，刻意建立私人關係，典型的公私不分。我告誡她，這不是鑫山的文化，但感覺她聽不懂。

長春分公司開業慶典時，收到一支供貨商送來的很大的「舵輪」禮物，有揚帆啓航、乘風破浪的寓意。長春職場裝修採用東北老工業的工廠風格，彰顯長春城市歷史風貌，是很精緻、典雅、有品味的職場環境，但巨大的舵輪與職場格調格格不入。我要求他們把這支舵輪搬出職場，總經理當時滿口答應。我每次去訪問，職場內不見舵輪，我離開後又搬出來。有一次長春辦活動，發到總部的照片裡，舵輪赫然又出現了，顯然陽奉陰違。

直覺告訴我，此人不可用，但苦於無將可調遣，一直沒有當機立斷處置。

該總經理在籌備期間增員的三位團隊長，也缺乏團隊合作的觀念，夥伴間沒有信任，喜歡議論他人，互相攻訐，斤斤計較利益，而該總經理經常利用公司資源利益，來操控部屬聽話，上下之間都偏離了鑫山的價值觀。在半年內，幾位團隊長陸續離職，我也斷然解除該總經理的聘任合同。最後，在一連串努力未果後，我也決定關閉長春分公司，完全撤出吉林省，留下一個開拓新地區卻鎩羽而歸的失敗案例。

這件事，給我們一個很好的教訓：慎始！起頭人要對！若不對，要花很多倍時間扭轉局面，甚至永遠沒有機會翻轉！

營銷長不懂鑫學堂的文化意涵

在大陸，營銷長（CMO）的人才比較稀缺，供不應求。鑫山自第一任市場營銷總監辭職自行去創業後，這個職位長時間沒有物色到合適的人選。

二〇二〇年初，新冠疫情在春節前爆發，我滯留在台灣。原來在中宏人壽向我彙報的營銷長推薦一位候選人給我。這位候選人的經歷不錯，在幾家大型外商公司工作過，也曾在知名的中外合資壽險公司服務過。公司的幾位高管都面試了這位候選人，選才評議會也沒有負面意見，建議任用。我一向排斥用視訊面試，因為看不到候選人的眼神與肢體語言，看不到對方的自信與熱情，但人在台灣，只好遷就。視訊面談後，覺得沒有什麼大問題，就聘用為市場營銷長，向我直接彙報。

等到我回上海工作，才發現不對勁。她在跟我談話時，眼皮一直跳，只要我不同意她的意見時，她的手指就不自覺地敲桌子，這些小動作讓我很不舒服。

市場營銷長是公司的化妝師，最重要的任務是負責傳遞、強化公司品牌形象。但我駭然發現，她雖熟悉廣告、品牌活動的領域，但極缺乏質量意識及美學素養，要表現鑫山最核心的特質，是完全無法符合要求的。鑫山獨特的鑫學堂是公司品質經營的代言人，它在傳遞鑫山對人文素養、工作質量、生活品味的追求，可是有一次，她質問同事，說她看不出蘇州鑫學堂裡，大陶瓶插的枯枝及花瓣椅與江南園林有什麼關聯，杭州鑫學堂的金荷抽象掛畫與西湖有什麼連結時，我明白我必須換掉她了。最後，在任職半年之後，她辭職了。

因為這樣的折騰，使得鑫山在新冠疫情後積極轉向新媒體的品宣運營的變革，整整慢了一年。用了不對的人，往往公司的損失是難以計量的。

因此要成為卓越的經營者和領導者，一定要聚焦於人。

領導者要聚焦於人

聚焦於人，就是物色人才、培育人才、晉用人才、投資人才、留住人才的認知和一連串的努力。

我大學畢業，進了社會，近半世紀來只做一個工作，就是保險。**保險工作必須以人爲本**，所以我對人有特別敏銳的感覺。擔任管理工作後，越來越需要一群人來幫忙完成目標任務。選才、育才、用才、留才的一連串投入，變成工作上的核心內容。我親自參與人才庫建立、培訓、績效評核、內部溝通及企業價值觀維護，並投入大量時間做總監級以上主管候選人的面試。組織上，我要求公司的人力資源長直接向我彙報，而心態上，我更把自己當作人資長，精耕細作用人的業務。

領導者把自己當人資長，應該具備一些認知、觀念，甚至胸襟及遠見：

一、用最優秀的人

擁有高素質人才的數量多寡，是衡量領導者是否傑出的重要指標。但優秀其實沒有具體的標準，因為不同崗位、不同層級、不同任務，定位和要求都會有不同的標準。比如說，業務總經理、市場總監、合規經理，要求都是不同的。

業務總經理帶兵百千，他的格局、胸襟、素養、見識一定要高，他不應是一個精明的生意人，而是雍容大度、公正無私，讓部屬能夠信任的主管；市場總監比較注重技術層面，看重他的創意、品牌理念及對媒體工具的熟悉度；合規經理需要嚴謹理性，專精細膩，對法律法規理解到位。

各個職務都要聘用那個崗位層級最優秀的人，這是驅使我們團隊，提供高水平的產品、服務、流程跟系統所必須具備的。

二、用比你優秀的人

雇用比你優秀的人，特別是直接向你彙報的人，因為他能提供最大的產出與價值。比你優秀並不意味著每個方面都比你強，而是他有些特質、才能、技術比你出色，比如對市場敏感、分析能力強、擅長溝通等。要雇用比你優秀的人，是因為他們的優秀讓你水漲船高，更上一層樓。

工作多年，我有一層感悟：想晉升或被拔擢擔任更重要的職位，最好的方法就是找一位優秀的部屬把自己頂上去。

三、要捨得投資在優秀的人身上

投資在優秀人才上的回收，其報酬率往往千倍萬倍難以計量。

一九九四年，在第一人壽工作的時代，我得到政治大學企業家進修班甄選合格入學。那時候一週上課三個時段：週一晚上、週二下午和週六半天。我向公司申請週二下午請公假上課，公司也支持全額學費。兩年半的研究所課程進修，開啓了我企業管理的窗口，技能、觀念和視野不斷進化、突破，奠定了我後半生職業生涯深厚的高層管理基礎。假如這樣的投資，造就了一位保險業的領導者，這是非常高的投報率。

晶圓代工龍頭台積電的創辦人張忠謀董事長，九十一歲時到清華大學演講，自述他學習的過程。他二十七歲時到德州儀器工作，是第一個華裔人員，因為表現出色，公司就送他到史丹佛大學讀博士，兩年半後拿到博士學位，再回到德州儀器工作，之後又待了二十五年。他三十三歲就升任事業部總經理，管理的員工從三千人擴展到四萬人。公司投資他兩年半去讀書，他為公司貢獻二十五年，最終成為舉世最頂尖的半導體企業家。這是不是一個最成功的人才投資？

四、建立人才庫制度

在公司內部，我常說一句話：「增員不等同於雇用！」任何一位管理者，隨時隨地都應留意人才、物色人才、儲備人才，而不是自己部門需要人才時，才去做招聘，這樣子緩不濟急，會影響績效，且急切用人，往往是用錯人的問題源頭。

建立人才庫是人才發展的系統工程的前端，我稱之爲「養魚」系統。人才庫就是儲備人才的魚池，打一個比方，在自家後院挖一口井，把大量魚苗放進去慢慢養，養成大魚，時機成熟了就能爲你所用。這跟古人講的，「養兵千日，用在一朝」的意思是一樣的。所以建立人才庫，是一個用人的基本措施，名單要定期更新，持續關注對方動向，維持良好的關係，等待因緣、時機成熟。

用人時一定要做背景調查，特別是選用內勤的中高階主管或外勤團隊長。背調記錄是找到好人才的關鍵。過去缺乏成功經驗的人，未來在公司裡成功的機會不會太大，絕對不能勉強錄用。背調最好兩條線以上的來源，交叉比對，才能得到客觀結果。

人才是最核心的競爭力

二〇一〇年十月中旬，宏利金融集團加拿大總部的董事會第一次移師到北京召開，接著轉到上海參觀世博會，並訪問中宏保險。許多加拿大董事一輩子沒到過大陸，這次親身體驗中國的崛起，看得出來他們的興奮和震撼。我陪同董事會貴賓參與各項活動，在一次參訪行程中，集團董事長Gail Cook-Bennett女士問我：「James，你目前工作上最大的挑戰是什麼？」我不假思索地回答：「人才不夠用！」

同一天董事會的活動，安排了新聞媒體的訪問，有一位記者問我：「林總，你認為目前中宏的競爭優勢是什麼？」我也不假思索地回答：「我們的競爭優勢，在於我們擁有龐大的人才團隊！」最缺的是人才，最強的也是人才，這實在是有趣的對比。比起競爭對手，中宏當時的確擁有實力強大、人才濟濟的管理團隊；但面向中國的快速發展，招募人才、發展人才，又總是覺得不夠多、不夠用！

人壽保險，在大陸市場發展得較晚，一九九二年萌芽，直到二〇〇四年，才開放外國險企以合資公司的型態，在全中國擴展。專業人才來不及培育，跟不上保險業風起雲湧的快速成長。有經驗的人才嚴重不足，導致經營粗放，衝規模、搶保費，服務質量不佳，引起監管單位強烈關注介入，人才問題成為保險業發展的關鍵因素。誰擁有最多的人才，誰就擁有最強大的競爭優勢。

評估人才的層次

經過數十年的實踐，我發展出選擇、評估人才的三個層次，作為錄用人選的考慮：

第一個層次是工作技能。這是最基礎的層次，主要在評估專業技能，比如使用數位工具的能力、語文程度、對工作的基礎認知或職業素養是否足夠？這基本門檻雖然重要，但只要願意學，基本的能力，在三到六個月內，應該就培養得出來。

第二個層次是管理素養。包括思考力、理解力、判斷力、執行力及領導力。因為保險是一個競爭激烈的行業，對新工具、市場變化必須有一定的理解、判斷，推動方案需要執行力，而決定方向策略、建立目標，帶領群眾也需要強大的領導力。這種能力比較高階，但對一個有基本資質的人才，大約花個五至十年，也能訓練出這樣的能力。

第三個層次，也是最高層次，就是價值觀。價值觀是什麼？就是「你用什麼樣的態度與周遭的人相處？」「你想要什麼樣的方式經營人生？」這部分，企業很難教得出來。大部分的價值觀，都早在家庭、學校教育中逐步形塑出來，一個人大概過了二十歲以後，價值觀就定型了。除非栽了一個大跟頭，或者受到極其傷痛的經歷，價值觀才有機會改變。

在我看來，工作技能差一點我們可以訓練他；管理素養有所不足，我們可以培養他；但如果一個人的價值觀，與鑫山不匹配，鑫山是一定不會錄用的。這就是鑫山的用人觀念。

用人的四個要件

自開業以來，**鑫山選才用人，特別是內勤，必須具備四個要件：「熱情、正氣、態度、質感」**。在候選人面談評價表中，這些要件是評估錄用與否的重要依據。

熱情，就是對人，對目標，對生活，對願景，他都有足夠的興趣、渴望和活力。鑫山用會計人員、合規人員，甚至司機，都需要具有熱情。會計人員一般是比較安靜的，合規人員比較嚴謹，但是，安靜、嚴謹並不影響他內在的熱情。如果一個人缺乏熱情，跟他的相處就會感覺沉悶，沒有辦法形成團隊共同打拚的氛圍。

正氣，就是做人端正，清廉知恥，行事合規，言行一致，善惡是非分明。

態度，就是正面思考，積極樂觀，勇於任事，擔當負責，充滿正能量。

質感，就是具有質量意識，具備生活美感，追求品味，能精益求精。

最近三年，我不斷在物色市場營銷長。特別是新媒體、自媒體快速興起，對企業品牌推廣，是一個劃時代的變革，我希望引進一位人才能帶動鑫山進入新媒體品宣的時代。

有一個政治大學企管碩士的潘姓學妹非常優秀，在上海的外商公司擔任高管，她具備了近乎無懈可擊的條件，包括人品端正、積極任事，非常有質感，自我要求很高。我先邀請她擔任政大上海校友會秘書長，這個公益社團角色也證明出她的能力和奉獻精神，舉辦的校友會活動相當利落，條理分明。

我跟她陸續談了兩年，不定期的吃飯、喝咖啡，但始終沒有正式提出邀約（Offer），我決定事情一向明快，唯獨對聘用她卻遲疑不定。我起初也沒想明白，哪一個地方不對勁，導致我這麼猶豫，最後我發現問題的癥結：我沒感受到她對鑫山的熱情！她後來也坦承工作碰到瓶頸，她只是在找一份適合的工作，而她還沒想好，鑫山是不是未來職涯發展駐足的地方。最後她的公司提供她到菲律賓擔任總經理，獨當一面，她開心地去接受這個挑戰，舉家搬去馬尼拉。我也真誠的祝福她，她得到了能激發工作熱情的任務。因為沒有熱情，就沒有百分百的投入，就很難做出巨大的貢獻！

選才評議會：嚴選、慎用

鑫山用人有一個獨特的制度——選才評議會。我有感於我及公司高管們雖然身經百戰，閱人無數，但仍然會用錯人，甚至用錯的比率還高達三分之一。儘管經驗豐富，但選才面試難免陷入個人的主觀判斷，且用人部門在急於用人時，往往對候選人的優秀標準打了折扣。在我創立這個制度後，很明顯地降低了錯誤率。

選才評議會至少由五個人組成，從各種維度、不同視角，來面試、評價候選人，以避免主觀意識及個人的好惡感覺。

這套機制最特別的是，在評議會中設置一位「評議長」，他對候選人有一票否決權，換句話說，如果他不同意，就算評議會中其他四個人都投贊成票，這人還是沒辦法錄用。即使我身為總裁，也不能翻案。

而且這位評議長，絕不能是用人部門的主管，也就是說，評議長與用人部門絕對不能在同一條業務線上，這樣評議長的立場可以超然、獨立，沒有用人的時間壓力。例如我們要面試一個城市機構總經理，評議長可能是總部的營運長、企劃副總，但絕不會由該區域副總擔任。因為過去失敗的經驗教育了我，同一條線的用人邏輯是，一遇上工作空缺，就急著補人，往往面試時都傾向錄用，選用一個大概可以的，而不是精挑細選出 A 咖人才。

鑫山選才也發展出獨特的面試評價表，用五個面向來評估候選人，包括個人特質、工作技能與專長、管理經驗與領導力、發展潛力及價值觀。最後面試官要自問：你喜歡他嗎？你信任他嗎？他像鑫山人嗎？我們認為，只有喜歡才能形成信任的基礎，才能合作，才能形成真正的團隊，這已形成鑫山用人的系統邏輯。

過去太多失敗的經驗顯示，用錯一個人，發現之後往往已經三個月後了，辭退再找新人可能必須再花六到九個月，一年就這樣空轉過去，損失難以計量。

搭建人才團隊，沒有快捷方式，只有精耕細作，扎實經營，而高層領導者的重視與投入是成敗的關鍵。

Elaine的故事

得天下英才而用之，這是領導者最快意的境界。然而，現實企業環境中，高手人才永遠是稀缺的資源，特別是除專業技能外，又能完全符合鑫山「熱情、正氣、態度、質感」要求的人才，實在有限。幸運的是，我職涯中，在不同的階段，都能擁有幾位拔尖的人才。其中，Elaine 就是非常典型的例子。

Elaine，王蒯文炎，香港人。第一次碰到她時，是在上海波特曼酒店。二〇〇一年，加拿大宏利人壽擬聘任我擔任亞洲區副總裁之前，增員我的 Marc Sterling 希望我先見見幾個人。於是我專程飛到上海，見了三個中國區高管，中宏人壽的營運長 Elaine 就是其中一個。我們在波特曼酒店一起吃早餐，聊沒多久，她就熱情、急切地催著我：「James，趕快加入宏利啊！我們期待你來啊！」當時，她可能沒想到，不到兩年，我竟然成為她的頂頭上司。

她在一九七五年加入香港宏利人壽，一路爬升到副總裁職級。一九九六年，加拿大宏利金融與中國中化集團合資成立中宏人壽後，被派到上海擔任營運長（COO），從無到有，把中宏保險的運營後台建設成強大的平台，是中宏開業元動。我擔任中宏總裁將近九年，從兩個機構，開拓到四十九個分支機構，遍布十二個省市，最令我讚嘆的是，中宏的信息系統因業務量快速增加而不斷擴容，但從未有系統不敷需求而必須改造升級的問題，這是因為 Elaine 對壽險營運的深邃理解，在公司初成立時，她已預見未來二十年的需求，早規劃好完善的框架。中宏自行研製的系統是那麼強大，乃至於 Elaine 提出的「Best Practice」（最佳運營模式），成為宏利在亞洲各國分公司學習的典範。

充滿熱情與活力的身影

初見Elaine很難不被她的熱情吸引，直率、真誠、走路快、嗓門響亮，完全看不出她的實際年齡，每天總是最後一個離開辦公室，關燈時，基本上已過了晚上十點。她對保險太內行，滿腦子都是點子，她規劃的創意產品，在當時一直走在市場前端，是業界產品開發的領先者，大大強化了營銷人員的市場競爭力與銷售信心。

她建立了中宏的後台服務文化，把業務人員當作公司的內部顧客，使得業務人員在公司擁有獨特的地位。談到保險營銷工作的價值，Elaine的臉上總是充滿著感動與嚮往，她是極少數能真誠關懷業務人員，直接走到營銷隊伍中去傾聽、去照顧業務人員需求的高階主管，深受營銷夥伴的愛戴。

Elaine在中宏人壽服務了近十年，處處都留下令人懷念的身影。她培育了行政運營部門無數優秀年輕人，這些人才無論是在中宏還是後來在其他公司，都成為當家台柱。熟悉她的員工都知道，她嚴格調教的方式：把幾位找來，全體就站在她桌前聽訓，就像老媽媽一樣的叨念一、兩個小時。大家都折服於她充沛的精力，對人的熱情，對生活的活力，對新事物的學習，對工作的全身心投入，這些特質都深深地影響了年輕的員工一輩子。

Elaine說，她每天只睡四個小時，通常晚上十點後下班，回到家裡還要看一、兩部電影。她率真的說：「我實在捨不得睡，時間那麼寶貴，電影那麼好看，睡覺太浪費時間了。」然而，每天見到她，她都是神采奕奕，精力旺盛。Elaine的先生是大學營養學的教授，不讓她吃太多麵食。我有時從台北來上海，會特地去永和四海豆漿店帶一盒燒餅給她。她總是心花怒放，背著先生，大口大口地吃，臉上露出幸福的滿足感。

永不退休的人生

宏利的制度是六十五歲屆齡退休，但她的價值太大，宏利就在她法定退休後，再把她回聘兩年，先後到台灣及越南分公司擔任營運長，一直工作到六十七歲，可以說，打破了加拿大宏利金融全球百年的慣例制度。

年齡不能阻擋 Elaine 活力充沛的人生。才退休兩個月，我有一天收到她的電子郵件，開心地告訴我，她剛取得香港保險業務員的三張執照。她說：「考試還滿難的，要讀很多書。還好，考上了，要不丟臉死了！」我大吃一驚，原來，她閒不住，竟跑回香港，當第一線業務人員。一位曾經是跨國集團的高級副總裁，六十七歲後彎身下來賣保險，用有限的生命去延伸保險生命的無限價值，這肯定是保險業界的一段佳話。

Elaine 跟台灣的淵源頗深，曾在臺大中文系讀了一年，就回香港。有一次，我特意帶她回到我們的母校——臺灣大學，去看傅園，逛椰林大道，去她曾經住過的女生宿舍等等，她無比興奮。四十年之後重回校園，無論從體態、儀表或穿著，看上去都只是一個四十幾歲、活力旺盛、行動敏捷的女士。看著那曾經熟悉的一草一木，輕撫那斑駁的磚牆，踏過那曾經留下足跡的杜鵑花叢，半點都沒有退休人士的老態，反而有一股大學新鮮人的興奮和快樂。

有人用「老當益壯」來形容她，但我認為，這些字眼都不能形容 Elaine。她從未老過，她的心態，永遠那麼年輕、永遠那麼陽光。假如生命是一本書，有人信手翻閱，漫不經心；但 Elaine 一定是深思熟慮，細心閱讀，看她過生活、工作，你就知道她每一頁讀的是何其珍惜，何其認真。

鑫山創辦後，她只要來上海，都會到我辦公室探訪、餐敘，直到疫情發生才中斷。無奈，天公弄人，二〇二一年六月，手機裡竟傳來 Elaine 在多倫多出車禍、不幸身亡的消息。聽見噩耗，讓我好幾天心情都沉在谷底。

哲人雖已遠，但 Elaine 留下的形象、言行的典範，都逐一內化在鑫山「聚焦於人」的企業文化中，只要鑫山能一代傳一代，持續培養出成千上百的 Elaine 這樣的人才，那麼百年老店的目標就不遠了！

第三講

溝通與傾聽：疫情連三年，家書抵萬金

二〇二〇年一月二十二日春節除夕前兩天，我返回台北過年。沒想到幾個小時後，武漢市發布通告，所有離漢通道全部關閉。在毫無心理準備下，新冠肺炎疫情已悄悄襲掩而至，導致武漢史無前例的封城。但顯然春節返鄉人潮早已漫溢出武漢市，新冠病毒擴散到全國各省市，也隨著出國旅遊的人潮，逐漸影響到全球各地。

春節歡慶團圓的氣氛，隨著各城市疫情此起彼落的傳出，逐漸被不安與恐慌取代。特別是原本一月底年假結束，應該復工復產的日子，卻宣布一延再延。許多城市，包括上海，由於確診數字不斷攀升，居民被要求足不出戶，已接近半封城的狀態。公司的營銷夥伴紛紛傳來員工同仁及客戶普遍呈現焦慮的狀態。

當時台北沒有疫情，但我每天與上海視頻會議，深切感受夥伴們的躁動不安，除了與高層主管一起運籌應變計劃之外，我心裡有個聲音：「應該做點什麼事！」最後，在確定疫情短時間不會結束，復工復班短期內不會實現時，我決定拿起筆，自二月四日起，每天寫一封「總裁家信」給鑫山所有員工及夥伴們。

「家書」抵萬金

既是「家信」，自然是以關懷為主要內容，我殷切叮囑大家注意防護，把自己和家人的健康放在第一位，同時也激勵夥伴，「不經歷風雨，如何見彩虹」，機遇就隱藏在挑戰之後，隧道盡頭必見光亮，鼓舞大家迎難而上，厚積實力，化危機為轉機。

當然，信上更要傳遞好消息。為因應疫情，華北區域組織的在線增員與培訓活動，獲得驚人的效果。我鼓勵全國各機構立即跟進學習，在線運營的熱情迅速蔓延，大大的鼓舞了夥伴們的工作士氣。同時，不忘提醒大家，未來線上結合線下的工作模式，將是趨勢，成為新常態，鼓勵大家突破傳統思維，善用疫情帶來在線經營的契機，掌握互聯網高效的特性，拓展新客戶，服務老客戶，並培育人才，奠定未來創新營銷模式的基礎。

拜互聯網的便利性與無遠弗屆，我的家書都在第一時間傳遞到夥伴的手機上。就這樣，「總裁家信」持續了二十六天，每天遞送，家信漸漸成為大家每天的期待，很多人都想知道：「今天總裁會說什麼呢？」甚至有人說，這些溫暖的文字成為了睡前必讀，每晚給自己充電加油的材料。不少同事跟我反饋：「春節以來，大家已有一個多月未見，但每日收到總裁的家信，就好像把我們聚到了一起！」

家信變成疫情隔離期間公司內部最重要的溝通方式。本來寫信只是關懷的出發點，不料，竟能鼓舞人心、激勵士氣，凝聚夥伴們積極行動，在困難、無奈、封閉的環境下，積極作為，甚至創造出增員招募的佳績。

詹姆士傳真

其實這不是我第一次透過文字跟大家溝通。早在我擔任中宏人壽總裁時，我就在公司內部刊物《中宏之窗》，開了一個專欄「詹姆士傳真」（James' Message），每個月寫篇文章，談天說地，把經營理念、工作心得、生活感悟發表出來，跟公司夥伴分享，後來在二〇一一年退休前夕集結成我的第二本書《舉重若輕》。

「詹姆士傳真」的緣起，是在中宏工作期間，我幾乎每週到各城市機構去視察訪問。在出差期間我最常做的，就是召開總經理及營銷主管會議，在督導業務的同時，也教導各級主管如何經營保險、管理團隊、培養人才，以及深耕落實質量、誠信、以人為本等核心價值。但我感覺個人精力、時間有限，隨著公司規模快速擴展，很難長期親力親為做細部的輔導。

於是，當公司刊物《中宏之窗》的主編邀稿，請我每月寫些東西，激勵、指導內外勤同仁時，我便決心一試，開始隨筆記下生活、工作及領導、管理的心情、感覺和看法，也記載了我跟一群能幹、敬業、忠誠的夥伴，一起打拚努力的過程，不料卻引起很多回響，竟成為公司夥伴工作討論或茶餘飯後的談資。我發現很多主管或培訓講師在工作上引用我文章裡的故事、案例內容來闡述公司的核心價值、經營理念、專業敬業精神。本屬於無心插柳的小品文章，竟然成為我與公司夥伴高效的溝通方式，影響了為數眾多的同仁做人做事的方法。

有效的領導，有效的溝通

有效的領導，前提是有效的溝通。無論是信念、價值觀的傳遞，策略、目標、計劃、行動方案的推動，及組織氣候、團隊士氣、成員的合作都有賴於良好的溝通，才能事半功倍。但又常因個性、面子、管理認知、心理落差、傳統的人際層級，而導致溝通不良。溝通不好的團隊，絕對產生不了卓越的領導者。而偉大的領導者，能感召人心，向共同的目標一起努力，一定具備了不起的溝通能力。

溝通的重點不在於你想要講什麼，而是了解聽者要聽什麼，或對方聽進了什麼。或許你講話的內容豐富、語言生動、言論精準，但依然可能沒有溝通，因為你講的不是聽者要聽的。

舉個例子說，一個營銷機構在一年來陷入了低谷，士氣低落，團隊之間不和諧，績效不好，有一部分營銷人員陸續離職，跳槽到別家公司。總部高管來探訪，在早會上使勁地激勵大家。這位高管說明公司在科技上的努力已經取得很好的進展，會助力賦能營銷夥伴更有效率工作，新的產品會帶給大家更大的競爭優勢，甚至宣布一個業績競賽，鼓舞大家衝刺。但氣氛依然詭異，士氣仍然低迷。原來問題癥結是這個機構的總經理。這位總經理強勢剽悍，刻意操弄團隊間的矛盾，偏愛聽話的團隊，傾斜利益資源，以遂行其威權領導。聽眾真正想聽的是，高管如何解決現狀管理的問題？你有可能換一位總經理嗎？

所以，一個領導者做有效的溝通之前，要先用心做好功課。要了解你溝通的群眾是怎樣的人，他們的需求及期待是什麼？重點不是我想說什麼，而是他們希望知道什麼、感受什麼、會去做什麼？然後自問：哪些內容能引起他們的興趣，能吸引他們的注意力？最重要的，是什麼內容能夠幫我與群眾建立連結，產生共鳴，建立認同，獲得共識。溝通的主要目的，就是要影響、改變對方的意見和行為，或者與對方建立良好的關係，或者化解誤會、歧見，否則就不是有效的溝通。

其次，溝通要有熱情及溫度。沒有熱情，就沒辦法感染人、影響人；而有溫度，比較能打動情感、感動人心，而不僅僅是理性、嚴謹的分析，及冷冰冰的數據、圖表。溝通得好，人們常常因為感覺對了，就會許下承諾、付出努力，採取積極的行動。

有效溝通的四個要素

領導者一般會習慣性的強烈展現自己的觀點，或者對某些議題強調自己的見解、立場，以便影響他人，但卻往往僅是單純、隨意的抒發己見，甚至流於高談闊論，沒有說服力，這不是有效的溝通。有效溝通至少應具備四個要素，才能達到建立共識，採取行動，達成組織設定的目標，創造共同利益的目的：

第一，先說清楚自己的想法與信念，說明爲什麼這樣想，想要達成的目的為何。不但讓大家明瞭，更讓這個信念、想法成為共識，建立大家信任、信心的基礎。

以在線運營在保險行業的運用為例：互聯網進入壽險領域已經二十年了，從保險互聯網進化到互聯網保險，其間發展的速度很緩慢，主要原因在於壽險「以人為本」的經營特性，使得經營及銷售行為在線下的互動仍是主流。但二〇二〇年新冠疫情爆發後，因封閉、隔離成為新常態，人跟人之間的互動不得不大量依賴互聯網，也促進了在線工具、軟件的開發突飛猛進，短短不到三年，在線運營已成為產業趨勢。起初，看到的是增員，繼而培訓，到品牌宣傳、獲客、營銷支持、營運管理，除了銷售外，幾乎涵蓋了所有的經營行為。我在二〇二〇年就開始推動在線運營，但沒有想得太透徹，未形成堅定的信念，也缺乏具體的作法，而顯然地，各級管理層並未買單而全力挺進，直到二〇二二年上半年上海封城兩個多月，驅使總部必須線上工作後，才真正形成共識。

第二，要如何根據信念來執行？我們是否有獨特與具體的作法，可以展現我們的特質，可以找到激勵人心、願意追隨改變的行動方案？

鑫山最強大的核心能力是培訓。之所以強大，是因為擁有數量龐大且優質的培訓老師，但卻都是線下專長的。有鑑於此，總公司特別成立專門做在線學習平台的部門，取名「鑫學院管理部」，透過專人專責及互聯網思維，快速地把培訓引導到在線去。

在公司品牌宣傳上，我所做的溝通力度更大。二〇二一年中，聘任了外部老師做ＩＰ人設的課程學習，舉辦自媒體視頻競賽，到總部「快樂富裕在鑫山」、「鑫里話」欄目的推出；到二〇二二年中，新媒體包括短視頻、直播間，已變成公司內全民的運動。這長達一年的溝通是非常成功的。

第三，這樣做可以創造出什麼價值？能如何利益我們的團隊、機構和夥伴？

在線運營在建立共識、積極推動後，增員成果非常驚人，新增入司人力幾乎是前一年同期的兩倍，增強了夥伴們的信心，願意投入更大的努力。另外，十週年慶典前有一項熱身活動，營銷人員徵訂送給客戶的十週年專款定製的紀念品，透過在線拍賣，徵訂量是過去傳統線下數量的三倍以上，凸顯出線上運營的高效與價值。

第四，大家應該怎樣做？這就牽涉到執行的計劃、流程並建立系統。

轉型做在線運營，培訓是切入的一塊重要領域，就以培訓為例：從選購在線學習平台的軟件系統，到建立目錄、課程錄製上線、學習監測、主管對練互動復盤、學習記錄等，都是系統化的流程，甚至包括數據庫、知識庫涵蓋在「鑫學院」中。這些從觀念、技術到系統都要不斷的與夥伴溝通，才能揚棄舊思維、舊習慣，建立起完善的在線運營體制。

因此當我們要溝通一件任務或行動的時候，必須將我們的策略觀點、價值成效、執行方案構建出來。掌握了這些，溝通就會變得有力量。

說理說例說故事

領導者難免都愛講道理，但講道理沒有人愛聽，如果必須講道理，不如舉個例子、說個故事來得更有效。我是個非常愛說故事的人，我的演講、課程或是開會，都會舉很多案例、故事，所以我常講：「說理說例說故事」。因為案例或故事，有人物、情節、時間、地點，畫面鮮明，容易打動人心。透過故事傳遞出來的信息，就好像強力膠一樣，能貼到聽眾的內心。

有時候，當我們看一份簡報，裡面的PPT有數據、圖表、文字信息、插畫等，也許內容很豐富、很精彩，但你會發現，就算再怎麼集中注意力，還是無法記住太多的內容。但一個好故事，可以深入內心、甚至過了很多年都忘不了。

一個好的故事，必須是真實的，是生活上或者工作上發生過的經驗或事實，不能用編的，也最好不用別人的故事。好故事要有畫面感，有耐人尋味的結尾，才能夠啓發人心，改變行為，產生深遠的影響，否則就會變成僅僅是個幽默的笑話，博君一笑，之後就煙消雲散了。

也有一些故事是寓言式的，雖然也不錯，但因為不是真實發生的事，比較難打動人心。比如，大家都熟悉的寓言故事太陽跟風打賭，看誰能夠把那個人的衣服脫掉。這個寓言在理性上可以讓人知道是怎麼回事，但在感情上卻很難留下太多東西，大家雖然理解，但是並沒有感動。所以，故事一定要是真實的。

四個類型的故事

一個傑出的領導者要會說以下四個類型的故事：

第一，談「你是誰」。通過故事來講清楚你是誰，可以打破上下級的界限，讓組織成員看清你：原來你作為領導者也是一個普通人，從而更加信任你、與你建立更強的連結；組織內部更有歸屬感、凝聚力，從而認同你的想法跟感受。

講「你是誰」的時候，最高明的作法是談自己從前的蠢事，或者錯誤的行動、或可笑的經驗。兩分解嘲、三分自我貶抑，加上一點幽默感。比如我常常會講鑫山創業初期我做的一件蠢事：做電話營銷管道，只做了半年就叫停了，結果賠了人民幣五百萬元。其實那是我當時一個夢想，但由於缺乏嚴謹的調研，沒有經過認真的討論和辯證，公司的管理層也並未向我提出強烈的忠告，所以人就容易做出錯誤的決策。

「少年成長勵志營」是鑫山多年來一直舉辦的公益活動。公司舉辦營隊，邀請五年級的小朋友們參加，培養他們正確的人生觀、價值觀，建立夢想與志向。每次營隊，我都會去主持一個「圍爐夜談」的活動，一群小朋友圍住我，我講故事給他們聽。我常常會談起我求學時代的一些糗事，比如小學五年級的時候，暑修期間返校，因為沒做家庭作業，被老師拿雞毛撢子從班上趕了出去；高二升高三，被校長記了「兩大過兩小過、留校察看」，原因是編校刊時不聽校長的話，沒把他指定的文章放進校刊，差點讓我畢不了業。這些瑣事我娓娓道來，那些小朋友都特別愛聽，而且心裡受到很大的撼動。

勵志營的最後一天，小朋友們參加一個「放飛夢想」的團康活動，當他們被問到：長大後立志要做什麼？很多小朋友都回答說：「我要做總裁！」一席話，對小朋友影響有多大！這案例也充分說明了，多談談「你是誰」，可以幫助你更好的溝通。

第二，談「未來」。領導者看到了未來，要通過未來場景的描繪，讓組織成員把注意力聚焦在願景和目標上，以凝聚力量、激勵人心。

從二〇二〇年開始，鑫山計劃做信息系統的升級，用科技帶動更高的生產力，經過認真的研討，做出一套「鑫秘書」系統的規劃。接下來我親自到全國各個分公司，對團隊夥伴進行倡導和說明，我非常詳細的描繪了「鑫秘書」完成後，科技將如何為夥伴賦能，讓大家擁有各式各樣的營銷工具，就像隨身帶了秘書一樣，可以更好的發揮，團隊夥伴聽了非常興奮，也非常期待。

第三，談「使命、信念、價值觀」。這是非常重要的溝通內容，目的是建立文化、價值觀的共識，也用來肯定、表彰團隊成員做了哪些正確的、符合公司信念和價值觀的事，久而久之，公司的理念文化就根深柢固的確立了。

我常常描述鑫山的營銷企劃人員，他們是如何籌辦環球會議和高峰會議的。在策劃的過程中，他們最在乎的是怎樣提供營銷夥伴一次畢生難忘的旅遊經歷，怎樣給予他們最榮耀、最尊貴的感覺，正因為如此，一些很昂貴的活動和環節，都被他們堅持安排進了行程裡面。比如有一年，環球會議在美國拉斯維加斯，就安排了搭直升機到大峽谷遊覽，飛一趟，逗留一兩個小時，每個人要花掉美金四百五十元！又有一年，去西班牙巴塞隆納，公司包下一個山腰裡的古堡做頒獎典禮的場地，為會長特別設計了一個四輪馬車的環節，一個馬車夫，穿著禮服，戴著高帽，把兩位會長從五十米下的斜坡拉到古堡大門口，接受全體夥伴的歡呼迎接，短短的距離，就花掉兩萬塊人民幣。我們的活動企劃人員還會不厭其煩地做很多自由行的攻略，就是希望夥伴們在享受團隊旅行方便的同時，也一樣能有自由行的樂趣。

當我講述這些故事的時候，我在傳遞兩個信息：其一，鑫山尊重每一個績優的夥伴，給予國賓級的榮耀款待；其二，鑫山的內勤人員具有強烈的服務意識，不遺餘力的支持營銷夥伴。這正是鑫山平台的價值觀與使命目標。

第四，談「顧客」。透過分享一些滿足客戶需求的故事，無論是正面出色的案例，還是差勁待改進的負面教材，都在告訴團隊夥伴應該聚焦什麼，應該在乎什麼，有助於鞏固企業的服務意識與共同價值觀。

很多年前，我在台北度假，正趕上我家小女兒過生日，於是我們全家就到敦化南路的一家法式松露餐廳吃飯。飯吃到一半，餐廳經理跑過來關心：口味怎麼樣？我看了他一眼說：都很好，就唯獨那道羊排烤得有點焦了。他立即說：「那我請廚房馬上幫您重做一份！」我說：「不用啦，已經吃不下了。」他又說：「吃不下沒關係，幫你打包帶回去！」我說：「真不用了！」他接著又問我們，當天聚餐的目的是什麼？我說是女兒的生日。他一聽，馬上就說：「哦！那好啊！我們來招待壽星，就送她一份松露冰淇淋巧克力吧！」

當時我覺得挺不錯，因為壽星可以得到特殊禮遇。結果，最後甜品送上來的時候是每人一份，而不是只有壽星才有，我們都非常驚喜——這是真正好的顧客服務。

故事的素材與信息傳遞

一個傑出的領導者，要經常替你的組織和團隊找到適當的故事。在工作與生活中，要多看、多聽，留心身邊發生的事；留意別人講述的一些有意思的經驗或者是有啓發性的事情作為故事的素材。

說故事要有技巧，這需要多練習，特別是談願景、談信念、談價值觀的時候。盡可能讓你的故事生動，畫面感強烈，最好有讓人驚喜的轉折點，讓聽眾感受深刻，持續深思。

我常講公司培植的一位年輕幹部——曹雲鵬（Yummy）的故事。Yummy是濰坊人，畢業於四川音樂學院，很會唱歌、演戲，為人熱情奔放，講話很有激情。他本來是鑫山煙台分公司的培訓經理，幹了將近兩年後，想要回濰坊，他問我，鑫山要不要在濰坊開機構？我說開濰坊機構可以，但是有一個條件：你去幹總經理！Yummy一聽嚇壞了，當時他還非常年輕，不到三十歲，之前只做過營銷支持及培訓的崗位，怎麼可能那麼快、那麼年輕就幹總經理？

其實，從DISC人格特質的角度觀察，Yummy的性格裡有很多的「孔雀」，有一點「無尾熊」，但絕對不是霸氣的「老虎」。Yummy對我說：「總裁，您假如提拔我，我就幹副總經理吧，我可以協助公司找一個總經理，我來當他的副手。」我跟 Yummy 講，如果要開濰坊機構，總經理就是你來當，這是我的條件。因為我看到 Yummy 身上有一個特質，他屬於那種「服務型領導者」，或者叫「僕人式領導者」，能夠協助團隊，提供最好的支持、服務，用服務來代替領導。

果然，Yummy 把濰坊機構做得非常好，成功的感召了很多人加盟鑫山。後來我們又把 Yummy 調去做青島總經理，並且分管濰坊機構。現在我又把他調到總部，擔任人力發展部門主管，並且主持新媒體中心的工作。他在每個不同的崗位都有傑出的表現。

從內部培養人才，不斷輪崗以鍛鍊領導及管理技能，永遠都是好的故事。透過 Yummy 的故事，我在傳遞一個信息：鑫山重視人才，投資人才，有計劃的培植年輕的人才。這種故事，口耳相傳，建立團隊的信心與信任，其影響力是非常深遠的。

艾倫曲線的運用

托馬斯．艾倫（Thomas Allen）是麻省理工學院的一名教授，他經過研究發現，打造成功團隊的要件，與聰明、才智、經驗沒有關係，卻跟辦公桌的位置大有關係！人們之間的距離越遠，交流的頻率就越低。艾倫因此用「溝通頻次」與「距離」這兩個變數為基準，繪製了「艾倫曲線」。艾倫曲線揭示了一個現象，就是「人與人之間交流、協作的可能性或頻率，與兩人之間的物理距離呈現出等比級數下降的趨勢」——也就是，距離越遠，互動交流下降的程度越明顯。

根據艾倫曲線，距離增加到五十公尺，溝通就會停止；距離拉近到六公尺，溝通的頻率就會飆升。就算在同一家公司、同一個機構，只要在不同的樓層辦公，就好像是身處不同的國度。太多例子證明，團隊成功與否，不在領導者及成員的聰明才智，而在於彼此互動是否緊密。

鑫山創業初期，上海分公司跟總部在同一層樓裡辦公，把一個面積單位隔成兩半，兩邊分別有大門進出，但中間只隔一道木板牆，牆上還挖個門，彼此間可以互通。我跟上海分公司的夥伴很熟悉，每天都要見面，甚至他們的笑聲、掌聲、歡呼聲我都聽得到。後來公司規模大了，在陸家嘴世紀金融廣場大廈的九樓職場就只剩下總部人員辦公，上海分公司搬到十一樓。雖然只相差了兩層樓，彼此的互動和心理上的連結感就明顯少了很多。

不時被員工「看見」

要展現領導力，領導者就要讓人「看見」——這可以傳遞一個強而有力的信息：「我在這裡！我們在一起！」非常有助於建立關係，這稱作「走動式的管理」。大型連鎖超市沃爾瑪（Walmart）的創始人山姆．沃爾頓，是走動式管理的代表人物。

山姆是一個非常樸實的人，作為全美最大賣場的擁有者、美國當時的首富，他常常帶著一隻狗，開著自己的貨車，到沃爾瑪旗下的一家家分店和賣場去巡視，跟那裡的員工們寒暄、打招呼；有時候，還會找大家一起開早會，他就站在桌子上，對大家講話。顯然地，山姆是深得「艾倫曲線」精髓的。所以，我平時在總部工作，也經常會到位於十一樓的上海分公司和九樓的陸家嘴營業部去晃一晃，去看看大家、打個招呼；我也會不定期到鑫山各個機構去訪問，跟外勤主管開個座談會、講個專題，也一定參加早會。透過各種形式的互動，目的就是溝通，表達關懷，聽取建言。

鑫山公司成立十年來，除了這三年因疫情造成的隔離或交通不便外，我從沒有缺席過任何一場由總部舉辦的頒獎活動或會議會報，因為領導者的缺席有可能造成不安、猜疑的心情；而且，我的出席也不僅僅是溝通，更是一種承諾和責任，它傳遞一個強有力的信號，那就是「我們連結在一起」。

作為一個領導者，應當要能創造一些開放性、聚集性的場合，讓大家有一些情感上的交流連結。鑫山上海提供「幸福便當」，以方便夥伴們解決午餐問題。我鼓勵大家在培訓室或者會議室裡一起用餐，而不是在各自的座位上吃飯。當大家聚在一起，就自然會交流分享、互動溝通。當夥伴們在會議室裡一起吃飯，常常吃著吃著就爆發出如雷的笑聲，我每次聽到都會覺得很高興，因為我知道，同事彼此間已成功連結起來了。

總裁榮譽宴

對於營銷夥伴，我有另外一種溝通的方法。

中國幅員廣大，我擔任中宏總裁時，大大小小四十九個城市，分布在十二個省市，這麼大的範圍，要跑一圈都不容易，不過親臨現場、訪視團隊，仍然是我的堅持，方法很簡單，就是一個點一個點，循序走完。

一年五十二週，四十九個城市，若每週能走訪一至三個城市，一年至少可以去兩次，這樣密集的安排，時間管理就很重要。通常，我會把總部的會議集中在週一及週二舉行，週三之後就安排到各地出差訪視。週三早上出門，週五晚上回上海，三天兩夜的行程，每次就可安排兩、三個城市。如果去北京，當然順道去天津；若更往北去瀋陽，就會到大連。這樣前半週總部會議行程、後半週外地出差的鐵人行程，在過去二十年從中宏到鑫山，幾乎成為我行事曆的常態。

三天兩夜行程，既充實又緊湊，來回飛機就會用掉兩個半天，落地之後緊接著會議、面談，還有公務行程間的大小餐敘。出差期間通常早上八點出門，晚上九點之後才能休息。在這麼多安排中，有一個行程我最重視，一定要出席的，就是「總裁榮譽宴」。

「總裁榮譽宴」其實就是我款待績優夥伴的宴席。我從第一、台壽、中宏到鑫山，長達三十年，營銷人員一直是我最重要的「顧客」，這是我領導保險機構、帶人用人最重要的核心價值。我會請當地的分公司，挑選在一個季度內，十二到二十位業績最好的營銷人員擔任嘉賓，讓我能親自感謝他們對公司的貢獻，聆聽他們成功的故事及對公司的建言。

「總裁榮譽宴」盡量設席大酒店，彰顯出重視與榮耀的氛圍。重點是，宴席只有一個大圓桌，我絕對不開第二桌，這樣我跟大家的眼神容易交流，彼此說話都可以聽見，大家的一舉一動都在互動狀態當中。一旦有了第二桌，總裁坐上特定一桌，另一桌就會被冷落；如果兩桌我輪著坐，話題就會重複，也容易失焦，哪怕只是隔壁桌，也超越了「艾倫曲線」的距離，無法營造「同吃一鍋飯，才會齊心」的溫暖氣氛。另外，宴席上，我一定會點酒，「無酒不成禮」，感恩與歡樂的場合，一定要有酒才助興，才有儀式感、尊榮感。總裁榮譽宴很少安排在中午，大部分都在晚上，讓嘉賓們完全放鬆，能夠盡興與我互動溝通。

領導者要練好聽力

溝通和傾聽一定要緊密連接在一起，溝通而不能傾聽，這樣的溝通就只是自說自話而已。善於傾聽，是領導者強有力的溝通能力。領導者溝通的目的在於號召群眾、積極行動，但如果領導者自己不懂得傾聽，就達不到這樣的溝通效果。善於傾聽的領導者，他不是只去聽他「聽到」的用詞和內容，更會去聽說話者的「弦外之音」，他會進一步去了解對方心裡的真實意圖。

對於說話的人而言，他更在意的是領導者有沒有真正的在「聽」，你臉上的表情會完全洩漏出自己是不是真正在傾聽。人們在乎自己做的事情，是否有價值、有貢獻，他們希望把自己的看法傳遞給領導者，所以領導者一定要有耐心、要尊重說話的人，要給他們一個充分表達的平台，否則，他們以後就不會再對你說出自己的想法和觀點，你也可能損失很多絕妙的點子，甚至失去忠誠。

領導者還會面臨一個挑戰：通常來說，領導者的資質都相對優秀，所以他們在「聽」的時候，往往很快就能抓到重點，沒耐心把對方的話聽完，總是要插話，甚至替對方把話說完；很多時候，對方的話才說到一半，就自以為是的下結論，但經常並不是對方要表達的意思。在溝通過程中，「插話」是非常嚴重的問題，是溝通之惡。一個好的領導者，要能抗拒自己想插話的衝動，把腦袋裡的「傳輸模式」切換為「接收模式」。

出色的傾聽者不會只用耳朵聽，他更會用心、用眼睛去聽——就是所謂的「耳到、心到、眼到」。「心到」就是理解，「眼到」就是通過專注的眼神，向對方展現你的同理心。司徒達賢教授所寫的《司徒達賢談個案教學：聽說讀想的修鍊》一書中就認為，「聽」對領導者是最首要的功課。他常常說，官大學問大，越高位的人聽力越差，而越是志得意滿、功成名就的人，就越不想聽、不愛聽。我在四十幾歲時，就讀政治大學「企業家班」的同學，每一個都是企業的高管，都是四、五十歲的職場老鳥，聽老師這麼一說，都被講到心坎裡，原來隨著職位越來越高，不知不覺中，大家的聽力都變差了。

高質量的傾聽，必須有響應，聽完後要採取行動，設法解決問題，並且確保向你報告問題的員工也知道後續的發展情況，否則對方會有挫敗感，會失望，甚至以後不再建言。

幾年前，有位機構總經理發微信，向我建議兩件事：一是現在公司的業務量增多了，建議設置一個專職的理賠顧問；二是因為疫情的原因，原定布拉格環球會議看來不太可能成行，拖到明年又擔心會影響士氣，公司是否考慮以折現的方式兌現？我回覆他說：我去了解了我們內部的理賠狀況和理賠流程，其實跟他的理解不太一樣，在公司現階段理賠的流程還很順暢高效，設專職的理賠顧問，反而降低效率；布拉格環球會議的獎勵如果只是簡單的改為折現，也不是一個負責任的方式，因為這不是大家參與競賽得到榮耀的方式。我就這樣親自回信給他，讓他知道：我聽到了，也採取了行動！

這是一個領導者必須要做到的，即便不認同對方的建議，也要做出解釋。每個人的高度和角度對事情的理解不同，但高質量傾聽的前提就是要做出回應。我在傾聽的時候，通常還會做筆記，這麼做有一個好處，就是可以傳遞一個信號：我有在聽，我有誠意，而且不容易忘掉，有助於後面跟進、追蹤和行動。

領導者善聽壞消息

一個好的領導者，也要能鼓勵人們跟你報告壞消息。

人都傾向於聽到好消息，不喜歡聽到壞消息。如果領導者聽到壞消息時，情緒上不開心、沮喪，或者暴怒、大發雷霆，讓氣氛變得很差；甚至對向你提供壞消息的人加以斥責，這些作法絕對是溝通傾聽的「殺手」，也經常導致領導者做出不理性的反應或決策，讓組織受到傷害。古代有些帝王就是如此，一聽到壞消息就拿身邊的大臣、侍從、太監出氣。每當碰到這種皇帝，就是朝代衰敗的開始。

當一個領導能夠情緒平穩的接收壞消息，並且冷靜、果敢地提出對策時，人們就不會害怕報告麻煩事，甚至隱匿壞消息，這樣就能夠創造出有安全感的氛圍和充滿信任的關係，組織氣候就會更開放、更容易溝通。不只是領導者會傾聽，組織成員也會變得更懂得傾聽，有傾聽，才會有學習，組織才會變得欣欣向榮。

一個好的領導者，也要營造出「不歸咎」的文化。如果一聽到壞消息，馬上憤怒的追究責任，就很難做出正確、理智的判斷，未來也很難得到優質的回饋意見，因為大家會害怕，不敢把真相說出口。

領導者善說壞消息

除了善「聽」壞消息外，領導者也必須學會「講」壞消息。這件事要由領導者親自來做，也就是說，領導者有責任「面對面」把不好的消息告訴對方，要做到這一點，並不容易。誰都不喜歡當面跟對方說負面的事情；但作為領導者，這一點無可迴避。我們要通過誠實、真誠的方式來處理雙方的關係，避免造成緊張和誤解，期待打造出共同的連結和互相的信任。在領導者而言，要告知部屬：「你要報銷的這筆帳，我不同意」，此話確實不好講，因為這會牽涉到對方的面子，也可能凸顯我做老闆的小氣、不慷慨的一面，但還是得學會面對。

每年在進行年終考績評核工作時，我總是要求主管，必須面對面向部屬做考績說明，評價他一年來的工作表現，並告知考評結果。如果表現是好的，讚揚比較簡單；但如果表現不好，主管就要能夠「直搗核心」的評價，講得對方服氣、心平氣和的接受，這是非常不容易的。

最難的是要告訴對方「你被開除了」、「我要把你調職」等類型的話，這對任何一個人來講，都是相當大的挑戰，因為說出這些話，會讓人不舒服、不自在，同時也會讓自己不舒服、不自在。因此，很多人更願意選擇電子郵件或微信來傳遞這些負面的信息，以為透過電腦或信息工具，一切都會變得簡單、舒服一點，其實，這樣做，一點都不能避免緊張的關係，也絕對沒有辦法解決可能產生的誤解，甚至會破壞彼此間的信任。

第四講

激勵士氣：為何而戰，為誰而戰

人民大會堂的盛會

二〇〇三年八月三十一日早上，中國大陸正從非典疫情（SARS）的肆虐後逐漸復蘇。北京天安門廣場東側人民大會堂前，此刻只有三三兩兩的行人，慢條斯理地閒晃。突然，十幾部遊覽大巴魚貫駛入，到東側的大會堂門口停了下來，六百多位來賓，男生穿著西裝禮服，女生一身華麗的晚宴服，循序下車，興高采烈地走到東廣場階梯上集合。人群前，一組攝影團隊正在吆喝著，指揮眾人站定事先安排的位子，很快地，陣容整齊的隊伍，排滿了東廣場的階梯。歡娛的氣氛、華麗的打扮，在廣場前形成一道風景線。連路人都感覺到了，在這莊嚴的國家聖地，似乎有一件喜事正在發生。

就在眾人站定時，一輛黑色凱迪拉克加長型轎車，緩緩駛入到大隊伍前。車停穩後，我先下車，然後回頭，伸出手來，迎接今天的女主角登場。二〇〇三年中宏高峰會議陳姓會長，穿著一身白色鑲著金絲邊的晚禮服，優雅地、愉悅地跨出了車門。我牽著會長踏上階梯上的紅毯，插進人群的第一排正中央，準備拍照，六百人的掌聲、歡呼聲，在偌大的人民廣場東側門上，像春雷一樣爆了開來，聲浪久久不息。

一場激勵大會，轉危為安

這是二〇〇三年中宏人壽「北京高峰會議」的實際場景。中國大陸有史以來應該從來不曾對傑出的壽險業務人員，有如此榮耀的表彰儀式，在國家最高殿堂「人民大會堂」像英雄一般尊崇！

這不僅是會長和高峰會員個人的光榮，也是一個民間企業的榮耀，因為這場高峰會議，中宏成為史上第一個把頒獎盛會搬到「人民大會堂」的壽險公司。

公司營銷部門的一位高管，多年前曾任職於外交部，激動地說：「人民大會堂我去過很多次，但從來沒有上台講過話，這次居然能以高管的身分在台上講話，這是至高無上的榮譽！」後來北京行程結束，我們一行六百人，開拔到熱河承德避暑山莊遊覽。十幾部大巴車，前有警車開道，後有交警押隊，一路鳴笛闖紅燈，浩浩蕩蕩開出北京，到北京及河北的交界橋，由河北公安接手，也是一樣的規格，一直開到兩百五十公里外的熱河行宮外，接受承德市級領導在特地搭建的室外舞台上做歡迎儀式。這一路上，幾乎每個夥伴都處在興奮、高昂的情緒上，大家從來不曾想過，這一生，能得到這樣國賓級的待遇及榮耀。

一切的因緣，來自一個工作上的對話。二〇〇三年三月初，我到了上海，接任中宏人壽總裁工作。那時，大陸正處在進入SARS大流行的暴風圈邊緣，社會開始凍結，商業活動逐漸停擺。中宏人壽的狀況非常不好，年初實施的新基本法受到營銷隊伍的排斥抵制，新設立的中外合資公司海康人壽（AEGON-CNOOC）趁虛而入，大肆挖角中宏的營銷隊伍，上海幾乎有十分之一的營銷主管動搖。中宏營銷隊伍因內憂外患，以致士氣低落。我剛接手管理，軍心未定，即面臨風雨飄搖的局面。我快速了解情況後，得到宏利香港亞洲總部的支持，立即修改基本法，推出利好的產品，並到各團隊安撫人心，鼓舞士氣，逐漸穩住軍心。

有一次，我跟宏利人壽駐北京的首席代表開會，隨口一問：「如果我要辦一個最撼動人心的頒獎活動，你認為應該在哪舉辦？」他二話不說立刻反應：「當然是北京人民大會堂！」位在天安門廣場邊上的人民大會堂，不只建築宏偉，對中國十四億人來說，更是國家的聖殿，每年的全國兩會都在這裡召開，也是接待各國元首國賓的地方。

但人民大會堂可以開放嗎？「難度很大！偶爾會讓民間單位進入，前一、兩年有前例，要去交涉，需要有些運氣！」我聽了十分心動，如果真能進去，那已經不是「撼動人心」可以形容。想不到申請後，居然得到正面的回覆：「可以使用裡面一個廳」，然而，除了安全上嚴格的要求外，還有一個但書：國家若有慶典或臨時急用，即使前一個晚上才通知，也必須無條件讓出。

換句話說，要進入人民大會堂，不可控的風險不低。衡量得失，我決定一試。除了高峰會議在人民大會堂舉辦外，又安排款待會長、副會長等頂尖高手，到皇家園林內的「釣魚台國賓館」舉辦總裁榮譽晚宴。公司內部立即進行業務推動，我也親自到各團隊宣講：我將如何辦高峰活動，我如何把尊崇、榮耀加諸在營銷夥伴身上。果然，士氣大振、將士用命，夥伴們把爭取進入人民大會堂視為一生中最重要的目標任務。從三月到六月，四個月的競賽期間，不斷創下中宏人壽的業績新高。即使到高峰競賽結束了，高峰的餘熱仍讓九月、十月連續再破中宏歷史記錄。因為一場成功的激勵活動，中宏脫胎換骨，那一年，中宏人壽業績成為整個亞洲地區達標率的榜首。一個重大危機，就這樣，變成更上一層樓的轉機。

為何而戰，為誰而戰

傑出的領導者能激發他人熱情，讓人產生使命感或榮譽感，進而採取積極行動，去完成目標任務。真正的領導力，讓人們受到激勵，願意跟隨，而不是用操縱或控制的方式。能感召別人的領導者，都擁有一批死忠粉絲，可能是用戶、選民、員工或追隨者，這些人服膺領導者的信念，信任領導者的人品或能力，認同領導者追求的目標願景，即使做一些個人的犧牲，忍受辛苦，甚至奉獻生命都在所不惜。

在短時間內，企業可用金錢與物質的獎勵，或透過表彰儀式、競賽競爭的方式去激勵士氣，並達成一定的績效目標；但若要為了一個夢想或願景長期拚搏，那一定是精神上的感召。能夠感召人心的領導力是一種能把團隊成員長時間凝聚在一起的能力，它讓大家相信，自己是為了一個偉大的願景或夢想服務，而不是為了成就一個自私的動機。

譬如有些公司會宣稱自己的目標是成為全球領先的廠商，變成家喻戶曉的品牌，或生產出最棒的產品；假如這個目標只是圖利的目的，或領導者個人的成就欲望，沒有提供任何價值給員工或公司以外的任何人，這個目標就無法激發員工的積極性。大家買單的不是你做的東西，不是你做的事情，而是你做這些的理由，也就是讓員工清楚，他們為何而戰，為誰而戰！因此無論什麼組織或企業，願景目標一定要是利他的、服務他人的，就好像比爾．蓋茲、賈伯斯、馬雲、貝佐斯，這些出色的企業家、創業家都善於用偉大的願景來感召人心、激勵士氣，他們的企業也從而得以快速發展和持續成長。

我在每一個新的領導崗位，不論在第一人壽、台灣人壽、中宏人壽或者是在鑫山，都善用高峰會議來扭轉形勢、拉抬士氣、創造績效。服務每個新崗位的第一年，如第一人壽的檳城高峰、台灣人壽的蘭卡威高峰、二〇〇三年中宏人壽北京高峰，都非常成功的創造出新局面。但我很清楚，這些激情及績效都是短暫的，唯有讓夥伴們為了夢想、願景去努力，才能創造出強大的成就動機及持久的內驅力。也就是說，領導者要先闡明信念、價值觀、目標以及團隊存在的理由，講清楚為何而戰，或者為誰而戰，才能激發源源不斷的動力。

喚醒我的，除了陽光，還有夢想

鑫山創業伊始，就說明白它的戰略定位，是要建立精品店的經營模式，要培育精英人才隊伍，目標在打造一個為志在壽險營銷的夥伴實現夢想、創造價值的平台。這個企業願景與使命感吸引了許多有理想、有情懷的年輕人加盟鑫山，並做出卓越的貢獻，陳鵬就是其中非常出色的一位。

陳鵬來自中宏人壽上海的精英部。鑫山剛創業時，他才三十歲出頭，帶著幾位精英部夥伴成立了一個業務部，取名「超越部」，意在追求頂尖，不斷超越自我。他是一位熱情洋溢、動力十足的主管，認同鑫山「發展團隊，培育人才」的信念，及利他助人的精神，堅持每天開早會，親自帶培訓，按部就班舉辦業務活動。基本功做得扎實，人才培育得好，績效自然出色。鑫山每年都有環球會議、高峰會議、年度巨星風雲會等競賽，團隊績效第一名及個人業績冠軍都授予「會長」榮銜。十年下來，團隊的會長榮銜十之八九都是陳鵬取得，公司內部無人能攖其鋒，他也一直是外勤夥伴中收入最高的標竿。他善於激發夥伴的潛能，透過工作的參與，讓他們在團隊中盡情的發揮，藉此激勵了夥伴的士氣。因此，超越部的「經委會」組織一直表現出色，舉辦活動都非常精彩。

幾年前，他們舉辦成立週年暨職場擴大喬遷慶典活動，在前一天下午，我經過他們的辦公室，發現沒什麼動靜，還去關心是否需要公司的協助。第二天上午我應邀出席他們的儀式，竟目睹了一場策劃精緻精彩、令人感動讚嘆的週年慶祝活動。而每一年超越部的辭歲年會，更是他團隊一年活動的高潮亮點，華麗、絢爛、榮耀，展現出冠軍團隊的風采。

由於陳鵬在公司的亮麗表現，除了經常受邀演講分享之外，公司也會徵召他承擔一些工作，如向參訪者分享鑫山經驗，參與公司新措施的試點諮詢等，他都無私的奉獻，樂於支持。假如這中間有些個人的私心、私利，就難成就他卓越的領導力。

有一年，鑫山在馬來西亞沙巴舉辦當年度的高峰會議，其間安排在風情浪漫的游泳池做團隊的水上排球比賽。陳鵬親自下場率領超越部的男女夥伴，經過幾輪淘汰賽，最後勇奪冠軍。我笑問他：「連打球也要拿第一名？」他充滿底氣的回答：「超越部是最具有冠軍氣質的團隊！心中只有冠軍！」

在公司內部，幾乎每個人都知道陳鵬的夢想：「培養一支百人MDRT（Million Dollar Round Table，百萬圓桌會員）的團隊」，他經常講，並帶動夥伴一起去做。毫無疑問的，陳鵬是懂得激勵人心的領導者！

叫我「第一名」！

我的領導生涯中，培養過許多傑出的業務人員，梁建芳是其中特別出色的一位。約三十年前，她曾在台灣財經貿易類刊物的龍頭《貿易風》雜誌工作，是一位超級業務員。當時台灣紙本刊物正處於最輝煌的時期，她又是公司廣告業務的頂尖高手，年年績效冠軍。她自述自己，每天上午到辦公室晃一晃，下午就去泡三溫暖、喝下午茶，每年幾百萬元收入輕鬆入袋。她的鄰居，也是公司的營業處經理羅志宏，是我帶過的少數精明幹練、思想敏銳、行動快速的團隊長，非常想把她網羅進他的團隊，但談了幾次，她卻不為所動，羅志宏便求助於我。

我當時在第一人壽擔任業務副總，邀她來家裡喝茶。在聊天時，我聽到了一個信息。她說，在現在服務的公司，她業績總是拿第一名。每次得獎，主管拿了一面獎牌走到她桌前，講一樣的罐頭賀詞：「恭喜！辛苦了！」她完全無感。這說法，讓我看到了切入點，當下，我沒講太多，只是邀請她出席第一人壽的年度頒獎表彰大會，當我的嘉賓客人。

這場年度盛會，全公司外勤夥伴上下精心打扮，燕尾禮服、旗袍、拖地長裙晚禮服等爭奇鬥艷，把台北國際會議中心做成了嘉年華會現場。得獎者不只自己興奮，團隊成員更相互開心擁抱，歡笑聲此起彼落。我側眼觀察，很明顯地，她已被現場氣氛感染，看見得獎人在台上的風光、榮耀，及台下夥伴的簇擁、歡呼，她在面談時的冷淡與傲氣，一點一點的融化，取代的是歆羨的眼神，不斷地發亮發光。

事後她跟我說：「這才是我要的！」頒獎晚會過後沒多久，她放下高薪及舒適圈，投入了我們這個完全沒有底薪的行業，從最基層的業務員做起。果然一鳴驚人，一年晉升一階，每一年都是冠軍。從業務代表、業務主任、業務襄理，到業務經理，她只要晉升一個新的職階，就是那一年那個職階的第一名。這是一種非常強烈的性格特質，只要透過適當的啓發，就能喚起自我實現的潛能。而頒獎的儀式感，就像是催化劑，觸發了她內在強大的目標感及驅動力，激發對夢想不懈的追求，讓她不斷攀登上人生各階段的高峰。

激勵的精義：自我挑戰

我喜歡打高爾夫球，更愛高爾夫運動背後隱含的挑戰本質，一種不斷自我突破的精神。

一場高爾夫，大約要走十公里的路，會經過十八種不同的風景及挑戰；必須一桿一桿地用心打，因為每一桿都沒有重來的機會。每一洞都有一個標準桿，作為衡量好壞的標準：一般是四桿，距離短一點的是三桿，長一點的是五桿。一般而言，一場十八洞的高爾夫球，會進行四小時，通常打一洞要十分鐘。換句話說，每十分鐘，就面對一次新的挑戰、決定一次輸贏。這些挑戰有長草、沙坑、水塘，每一洞總有一些障礙來考驗球員的技術，然而最大的挑戰是自己的心理素質。這洞沒打好，下一洞想辦法扳回來，最忌諱的是一桿沒打好，就懊惱、毛躁、動氣，結果越打越糟。

高爾夫是個沒有退路的運動，只能一直往前，但也只要一直往前走，不放棄，總會有進洞的時刻。高爾夫最多四人一組，雖有競爭對手，但最大的敵人，永遠是自己，只要能克服心理障礙，放下得失心，沉穩發揮技術，每一站的風景就很迷人。而且十分鐘就決定一次輸贏，立竿見影，輸贏立現，這很讓人樂此不疲。

打高爾夫球的特點跟保險銷售實在太像，業務人員最大的敵人，往往就是自己。目標非常挑戰，我有沒有信心達標？我能不能突破自己以前的記錄？追求目標的過程，有沙坑、有長草、有水塘，我能不能克服這些障礙？面對失敗，我能不能越挫越奮？

我喜歡打高爾夫球，因為我一向崇尚自我挑戰、自我超越的精神，我喜歡克服障礙的成就感，更勝於在競賽中獲勝的感覺。

為了彰顯自我挑戰的價值，我策劃的業績競賽一向採取「資格賽」，而非一般公司常用的「名次賽」。資格賽就是訂定一個目標，只要任何人達成目標，就獲得獎勵資格，沒有名額的限制；而名次賽，就是設定一定的獎勵名額，名額滿了一刀切，後面的人無論業績多好，都不提供獎勵。

採用資格賽，除了體現自我挑戰的精神外，它更是一種目標管理，倡導內驅力，啓發每個人的內在力量，訂了目標後跟自己比，不用去跟別人比，達標就是優勝，就是出色的表現。在保險生涯裡，我看到受資格賽制度激勵的例子屢見不鮮，很多尾盤爆大量，在最後一週，甚至最後一天，加足馬力，後來居上，通過終點線，真正把人的潛能激發出來，把競賽的士氣激勵效果發揮到極致。

相反地，如果採用名次賽，就好像大學聯考一樣，分數再好，你都不知道是不是能上醫學系或電機系，不知道其他人會不會趕上，就算很努力做，都不知道能否擠進名次裡面，不確定感太大，以致目標感不足。很多壽險公司舉辦競賽採取名次賽，因為對於內勤主辦者來說，名次賽容易控制成本，以國外旅遊競賽來說，機票、酒店房間就比較好安排。資格賽的運營難度高，但對於一個以外勤夥伴為導向、以外勤夥伴發展的利益為出發點的公司而言，這種工作的困難，相對於士氣激勵的效果，非常值得付出。

感召vs.操弄

領導力就是一種影響他人作為的能力，而影響人類行為的方法基本上有兩種：一種是「感召」（Inspire），另外一種是「操弄」（Manipulate）。比如說百貨公司或大賣場做的一些週年慶折扣、現金回饋活動，其實就是一種操弄。台灣的百貨公司週年慶活動，通常集中在每年的十月到十二月，這期間商品的優惠力度非常大，前來購物的客人非常多，三個月的時間裡，差不多能做掉全年三分之二的生意。但只要折扣活動一結束，百貨公司馬上就變得冷冷清清、門可羅雀。這樣平攤下來，其實一年的總業績比起不做週年慶也差不多。

很多保險公司，會在新產品上市的時候搞一些佣金加碼、產說會、開單送禮等促銷活動，或者通過設置業績競賽的高額獎勵來刺激業務；還有一種更糟的作法，就是利用大家的恐懼漲價或買不到的心理炒作產品的停售。這些都屬於操弄，只能在短期內有效，時間長了，業績還是會掉下來，結果是企業付出很大的成本和代價，卻創造不出客戶的忠誠度和穩定成長的業務。

長期的發展和成功必須依靠感召和激勵，並把這兩者作為持續成長的拉動點。蘋果手機每次推出新款時都大獲成功，原因就是它能精準滿足人們生活上的需求，有效提升人們的使用體驗，但它從來不在價格上做任何折讓。

我早年在南山人壽工作時，這家初進台灣市場的公司成長很緩慢，後來它改變晉升考核制度，加速晉升的時間和頻率，使之更符合人性。新制度啓發了營銷人員晉升的意願，帶動了快速發展的動能，結果最終造成團隊乃至整個公司的高速成長。

如何激勵士氣

傑出的領導者，必然是高效的激勵者，他善用激勵，鼓舞士氣，創造績效，並建立強大的影響力。領導者展現激勵的方式，大致可以歸納出下列七種：

第一、訂定清晰願景，提出宏大目標

領導力是一種能夠喚醒別人敢去做夢的能力，經常鼓舞他人放大思維（Think Big）。所以，訂定願景一定要清晰明確，設定目標一定要夠大，而所謂的大目標，應該是一個夢想，一個讓人振奮激動的未來場景。

阿里巴巴的馬雲強調要讓「天下沒有難做的生意」、「要讓客戶相會、工作和生活在阿里，並持續發展最少一百零二年」。這個目標，就夠清晰、夠遠大，其實就是在清晰表達企業的「為何而戰」。馬雲從來不說要阿里巴巴「變成全球最大、市值最高的公司」，不去追求短期利潤目標或個人權位名利，而去思考「為誰服務」時，反而不求自得，阿里最終成為最大的互聯網企業。

鑫山每年會制定年度主題，作為新年度夥伴聚焦的經營重點。我常在每年的八、九月開始總結和

構思：今年做到了什麼？明年要不要延續今年沒完成的工作？明年有什麼新挑戰？我們要做哪些變革和努力？我就這樣反覆不斷的思考和修改，直到十二月初才會定案，然後再依據定案的主題，制定年度戰略，勾畫目標，激勵人心。

二〇一八年，我們的主題是「擴大差異、創造獨一」。經過前面幾年的摸索，讓我們意識到，在中國的保險市場要出人頭地，一定要採取差異化的策略；雖然我們暫時在數量上還無法與頭部公司拉開差距，但在品質經營上，我們一定可以創造「獨一無二」的局面。

「獨一無二」不可能用一年就完成，需要持續的努力；所以二〇一九年，鑫山的年度主題就定為「深耕獨一、人力翻倍」。我們的質量上來了，經驗有了，隨著質的提升，希望實現量的突破，這就需要增員的突破，正是「人力翻倍」的目標。

二〇二〇年，鑫山提出了「自主經營、管理創新」的年度主題。「自主經營」就是希望我們的外勤團隊能夠內部創業、自動自發，每個人都要具備主人翁意識及企業家精神。「管理創新」就是科技賦能，透過科技工具開發的努力，讓夥伴具備更高的效率，更大的能量。

每一年的年度主題出爐，我都會親自在內部許多場合做闡述，讓每個鑫山夥伴都能充分了解，從而擁有共同的目標，產生一致的行動。

第二、用故事來激發熱情、正能量、潛能、自信心

卓越的領導者應當具備強大的正能量，並激勵夥伴、部屬擁有正能量。正能量可以給人帶來活力

及健康的心態，甚至健康的身體，與人互動也會產生良性的關係，更加的快樂。有正能量的人不會講洩氣和負面的話，即便工作或生活拿了一手爛牌，也會想辦法把它打好。人是很容易畫地自限的，但其實人的潛力就像一口井，井水會越舀越清、越舀越多，人的潛能也一樣，越挖掘越大。

一九六八年六月，美國短跑選手吉姆．海因斯在美國薩克拉門托舉行的錦標賽中，跑出百米九秒九的世界新記錄。過去人們都認為，百米跑十秒是人類體能的極限，這個記錄幾十年都破不了。但海因斯首先突破十秒的極限魔咒之後，此後每年都有好幾個人成功跨越十秒。

第三、從容面對失敗、災難

偉大的領導者都是談笑用兵的高手，縱然面對失敗或災難，他們總能夠從容淡定，因為他知道挫折是一時的，即使當下難過沮喪，也不會灰心喪志。

在失敗的面前，領導者越淡定，部屬就越安心，團隊的凝聚力越強。有些團隊長遇到業績不好，或者管理者遭受公司虧損，就愁眉苦臉、悶悶不樂，更有甚者還會責備部屬、遷怒他人，弄得團隊或組織氣氛不好，致成員逐漸失去信心。

真正高明的領導者，在面對艱巨或變局的時候，反倒是冷靜自持，甚至若無其事、談笑風生，正因為如此，他們得到部屬由衷的信賴，團隊得以維持高昂的士氣。二〇二二年三月下旬，上海突然爆發嚴重疫情，到四月初實施史無前例的封城措施，「魔都」剎那間全面靜默，長達兩個多月才解封。上海市民面臨生活物資的匱乏及心理層面極度的壓抑、恐慌，艱苦備嘗，局外人難以想像。

這個突發的狀況對鑫山的業務是一個重創。由於職場關閉，居民足不出戶，而保險銷售大都必須面對面完成，因此業務幾乎癱瘓。鑫山大上海的業務量佔全國接近四成，受上海停擺的拖累，鑫山全公司第二季度負增長超過四成，是開業十年來最慘的狀況。但鑫山管理層並未坐困愁城，反而用積極樂觀的態度，全力推動線上運營，維持上海總部的運作，另外又安排「防疫關愛食品禮包」，專車一份一份送達上海內外勤同仁家中，振奮了夥伴們的士氣，凝聚了更強大的向心力。果然，在六月解封後，上海快速的恢復元氣，到第四季度時，又成為全公司業績的火車頭，業務量直逼全國的五〇％。

第四、工作豐富化和學習成長的機會

一般員工在任事時，難免會做一些保留，因為拿人俸祿，多做一點工作或少做一些事，並不會攸關生死，所以他們會自行斟酌衡量，保留一定程度的努力。然而，一旦受到真心的鼓舞時，員工就會全身心的投入。「一份好薪水，可以讓人認真工作八小時；一個好老闆，可以讓人熱情工作十二小時；一個好理由，可以讓人拚命工作二十四小時！」團隊成員有沒有熱情的付出、拚命的工作，是一個團隊表現平庸或傑出的差異點，也是領導者成敗的關鍵點。

學習會帶來創造力、創新的點子；學習可以提升技能、提高生產力；學習能夠豐富生活的經驗，開闊視野；學習所帶來的進步與成長的感覺可以帶出活力。常常做培訓的團隊，士氣一定高，當團隊成員透過培訓看到自己的成長，眼睛裡真的就會放出光芒，充滿自信並渴望發展。

所謂工作豐富化，是指除了原有任務以外，通過輪調崗位、加重責任或增加任務的方式，讓一個人的工作更豐富、學習更多、視野更開闊。而授予權力和責任，也同樣是非常大的激勵。

在保險這行中，許多業務團隊都會組成「經委會」（外勤主管經營委員會的簡稱），它是一個自發性的團體，為了激勵彼此成長，通過參與和學習來為大家服務。經委會成員都是無給職的工作，由一群熱情、願意付出、且明白「付出才會傑出」的夥伴組成，在推動整體戰力的同時，同時自己也鍛鍊出一身的本領。經委會經營得好，就會是一個充滿高昂士氣、具有成就感的團隊。

第五、讚美、表揚和關愛

我們常說「美言一句三冬暖」、「揚善於公庭、規過於私室」，這說明表揚要公開，讚美要隨機。人都喜歡被肯定、被認同，所以讚美永遠最能激勵人心，帶來更多動力。但讚美的時候，領導者一定要用真誠的心和可視化的語言。到現在，我都清楚記得四十多年前，剛開始保險生涯，完成銷售第一單時的情景。在我遞交受理報帳之後，我的主管就帶著我到各個辦公室、各個樓層去轉，介紹我：「這是某某某，剛剛完成了一張保單，非常優秀！他是臺灣大學畢業的……」其他部門資深主管熱切的握著我的手賀喜。當時年輕的我，頭抬得高高的，挺著胸膛，覺得非常驕傲、非常有信心，那種感覺一輩子也忘不了。

極盡榮耀的高峰會模式，就是最好的激勵機制。通過最尊榮的方式，表彰出色的夥伴，目的就是鼓勵大家都來參與，人人爭當頂尖高手。特別是用最高規格來表彰「會長」，就是建立群眾的標竿，供大家效法追求。頒獎儀式裡的晚禮服、鮮花、豐盛的晚宴、煙火秀及樂團等等，都在傳遞一個信息：你們是最棒的！參加高峰會是值得爭取的榮耀！而爭取「會長」榮銜，更是一輩子必須追求的夢想。

在鑫山，我為每一位MDRT訂製一套紫色西裝，只有MDRT會員才有資格穿。當出席重要場合或培訓會議時，他們就披上這件紫色戰袍，代表了鑫山戰力最強大的一群人，被稱之為「紫色軍團」。每次進修營或研討會或拍團體照時，前面幾排一定是紫色軍團的專屬座位。

表揚不一定要言詞或儀式，光是身分的識別、象徵，就足以構成尊榮的感覺，所以成為紫色軍團的一員，變成夥伴們追求、嚮往的目標。

這幾年，由於MDRT人數越來越多，鑫山又設置了「一%Club」的榮譽制度。一%的概念，即是百中挑一的頂尖人物。公司提供了許多福利、獎勵項目給榮獲「一%Club」的會員，彰顯他們的業績成就。「一%Club」現在已經成為鑫山頂級榮譽的象徵。

第六、鼓勵競爭

「愛拚才會贏」，競爭是人類的天性，很多人連打個高爾夫球，都會想要小賭一下，增加一些刺激性。競爭裡當然要數PK賽最為有效，但是方法要正確，要勢均力敵、有獎有罰，否則比賽就無感。

我們常常講，「世界記錄不會在練習賽中跑出來」，只有在世界級的大賽中，在高手環伺的情境下激發出的潛力，才能創新記錄。因此，我們建立榮譽體系，激發熱情活力，設立高標準，讓夥伴不斷挑戰自我，這些都是鼓勵競爭的形式，效果也都非常好。

二〇一九年，鑫山有兩家優秀的分公司，開展過一場堪稱驚艷的「雙城ＰＫ賽」，在鑫山發展史上，留下了一段值得流傳的佳話。

寧波和瀋陽這兩個機構，都是在二〇一八年五月先後成立的，開業後的表現也都非常出色。當時鑫山的政策，規劃每年購置一套自有職場，並在職場內精心打造一個具有當地城市特色、人文風貌的「鑫學堂」。寧波和瀋陽都展現強烈的企圖心，要爭取這個機會。於是我專為這兩家機構制定了一個「雙城ＰＫ賽」方案：從二〇一九年一月起到七月止，累計業績較高的機構，可以贏得公司投資人民幣三千萬元，為其購置辦公室，並設置「鑫學堂」的資格。賽事一起，寧波和瀋陽的夥伴全體迅速投入銷售，你爭我奪，為這個大目標齊心拚搏。令人驚嘆的是，每日、每週業績統計，這兩個機構進度都非常漂亮，迭創記錄，且緊咬對手，不分軒輊。

這種膠著的情形一直持續著，直到競賽的最後一天，都分不出明顯的勝負（事實上，最終的競賽結果，彼此只相差人民幣一千多元首年佣金）。兩家機構總經理、相關區域管理層，都非常焦慮：因為獎品太大，而差距太小了！鑑於兩機構夥伴的努力，這個時候如果硬要分出個誰輸誰贏，必定會打擊到團隊的積極性，挫傷了一方的士氣！我心中有了兩全其美的方案。

我打電話給鑫山董事會成員，得到了董事們一致的支持，最後決定，同時在寧波和瀋陽兩地都購置職場及「鑫學堂」，雙城皆大歡喜，都成為贏家。這個案例，也非常典型的體現了鑫山的經營理念：共好、雙贏！

第七、善用物質獎勵

雖說「有錢能使鬼推磨」，但在各種獎勵形式中，我會把物質獎勵放在最後，因為它的效果是短暫的，比較無法帶來長期、持續的激勵效果，但善用之，也對短期有正面成果。我喜歡在過年的時候，除了正常的年終獎金以外，額外給個紅包，表達對某些人的某些特殊表現的肯定與感謝，金額無論多少，當事人的感受都特別好。

除了金錢之外，旅遊也是一種實質獎勵。一九八三年，我這輩子第一次出國，到美國西部旅遊，就是我服務的南山人壽給予我的績優獎勵，當年那種興奮、快樂、自豪之情，是終生忘不了的回憶。而在鑫山，每年都舉辦高峰會議、環球會議，鑫山夥伴們常掛在嘴上：「跟著總裁遊世界！」跟著總裁遊歷各國，吃美食、賞美景、快樂購物，成為營銷夥伴工作上追求的目標，透過旅遊競賽產生的激勵效果其實是非常巨大的！

第五講

團隊合作：六十六粒種籽的傳奇

大雁南飛

秋風起了，大雁啓程南飛，要花兩個月時間，飛越三千多公里的千山萬水，克服各色各樣的險阻困難，直到溫暖的棲息地。

事實上，單獨一隻大雁是不可能完成這每年例行的壯舉。它們是怎樣到達目的地呢？原來大雁們是通過集體行動來實現的。

大雁在飛翔時，領頭的大雁會承擔很大的氣流阻力，後面位置的大雁按照「人」字形排列，可以大大減少氣流的阻力，節省了約七〇%的體力。過一段時間後，領頭大雁會排到後面，由另一隻大雁接替它帶頭領飛。這樣，大雁們通過交替領飛來節省體力，在晚間休息時候，大雁們則自動輪流放哨，以得到一個共同安全的休息時間。

原來**大雁是通過團隊合作來克服長途跋涉的一切困難。一支竹筷可以輕易折斷，但一把筷子卻堅**

固如石。即使是弱小的個體，團結起來就變成一股強大的力量。

企業管理課程或教科書很少談到團隊合作，因為它不是靠「管理」形成的，而是卓越「領導」的結果。在一支戰力精銳的部隊、或默契十足的球隊、或精誠團結的組織中，處處可見團隊合作的特徵，而這通常是領導者用嚴格的帶教、嚴明的紀律訓練出來的，絕不會是天生的。

沒有完美的個人，只有完美的團隊。每個人都有優勢及短處，若團隊裡的個人能輸出各自的優勢，並結合其他成員的長處，合作而謀求雙贏，則團隊力量能高效發揮。但每個人有各自的性格、思想及好惡，就像一顆顆珠子散落盤中，而領導者的工作就是把這些珠子用線串起來，成為一體的珠串，率領成員，合作無間，朝共同目標去邁進。

卓越的領導者絕不會單打獨鬥，他會訓練、部署團隊成員進行合作，靠團隊完成任務。因為就競爭力的觀點來看，它的重要性遠超過技術上的優勢和市場營銷的策略。因為不能合作的團隊，即使擁有其他優勢也不會持久，而且很難避免內耗掣肘而狀況百出。

六十六粒種籽的傳奇

一九九二年，在台美諮商貿易談判後，美國各大保險集團開始叩關台灣市場，整個保險產業起了風雲變色、山雨欲來之勢。加上南山人壽昧於因應市場及從業人員求新求變的要求，我毅然決然放棄在南山人壽的舒適圈，帶著兩位夥伴，投身加盟當時位列八家台灣本地保險公司資產、業績規模倒數第一的第一人壽。

當時的第一人壽外勤隊伍只有約一百人，素質一般，士氣低落。身為新任業務副總經理，當務之急，就是組建一支精英團隊。我抱著創業的心態，全力一搏，沒日沒夜的進行籌備工作，壓力其實巨大，內心經常焦慮。我非常清楚，我的時間不多，大概只有三個月，若初期不能一鼓作氣的打響聲勢，產生磁吸效應，後續的力量就難以為繼。就像海軍陸戰隊搶灘登陸，若不能成功建立灘頭堡，拖沓一段時間後就會全面潰散。

此時，我在南山人壽長期的聲望及影響力就發揮出來了。在南山十六年，我創辦了非常成功的營業處，用優良的營銷系統，高效的訓練體系，建立了約兩千人的人才隊伍，深受夥伴們的信賴。我有成功的經驗，也深信我有能力和方法在新環境中帶給夥伴們成功的未來。但也正因為我的影響力大，南山做出鋪天蓋地的防堵，使得增員南山的夥伴非常艱難，拉鋸折騰，多少夜晚談增員到半夜，甚至邀約增員對象的家人喝咖啡以取得他們的支持。我談夢想、談願景，談建造一個專業、進取、溫暖的工作環境，談創設一個共好、富裕、快樂的事業平台。

由於資深的經理在南山的既得利益龐大，反而不是主要的增員對象。當時設定的目標是具有年輕、熱情、態度積極、有夢想等特質的中、基層夥伴，銷售經驗反而不是重要的考慮。結果在短短一個月就號召了六十六位夥伴，組建了一支熱情洋溢、鬥志高昂、彼此信任、平均年齡不到三十歲的夢幻團隊。

這支年輕的銷售團隊，從二月上旬春節結束後正式開跑業務。第一個月指標台幣三百萬元新單保費，竟然飆出台幣六百八十七萬元的佳績，此後每個月一路創新高，到半年後的八月份，業績突破到台幣四千三百萬元新單保費，單月就超過我在年初訂定的全年台幣四千萬的年度指標。且在半年內，因氣勢如虹、業績長紅，影響所及，中台灣、南台灣的業務高手紛紛加盟，到八月時，六十六人的種籽已發展成一支七百人的隊伍。

短短半年，最初的六十六粒種籽創造出石破天驚的成果，令整個保險業界側目關注，原來技能、經驗都不是最重要的，關鍵在找對了人、組建了對的團隊。這一群具有營銷特質、能精誠合作、共享美好的成員，造就了一段保險業的傳奇。

團隊合作的基本原則

六十六粒種籽為什麼能夠成功？因為它恰好符合了團隊合作的一些基本原則。

這些原則包括：

第一、團隊成員選對人；第二、要有一個良好的機制來促進團隊合作；第三、訓練團隊成員必須合作，而不是靠運氣；第四、團隊的目標要清晰，有共同的願景，知道「為何而戰」；第五、團隊成員之間要彼此信任和尊重，了解彼此的優缺點，有安全感、歸屬感、共同的價值觀；第六、對達成目標的方法有共識，或者有意願達成共識；樂意公開討論各自想法，但不私下批評別人的點子；第七、要有紀律，有共同的工作規範；第八、不怕提出尖銳棘手的問題，討論時不怕衝突，但態度開放，對事不對人；第九、個人即便不贊成會議結論，但在決策形成之後就全力執行，不私下抵制或怠於推動；第十、領導者強而有力的帶領方向，形成領導中心；第十一、決策核心成員不能太多，五到十個人為宜；第十二、團隊規模人數最多不超過一百五十人，超過就裂變，另外成立事業部門。

鄧巴數在管理上的運用

在谷歌的經營思維裡，小而資深的團隊比較有效率，核心人數一多，生產力就會下降，所以五到六人的決策團隊是比較理想的。亞馬遜的傑夫．貝佐斯用「兩個披薩原則」來管理，在開會吃午餐的時候，兩個披薩就可以讓與會成員吃飽，也就是說限制開會人數，以避免會議變得冗長、決策質量及效率變差。賈伯斯也曾說過：「大公司、大組織讓人失去夢想與浪漫」、「大團隊無法創造出改變世界的產品，因為它會失去創新的精神」。龐大的組織，往往成為官僚體系的溫床，效率低落，這個觀點是很多優秀的組織和公司所公認的。

年輕的時候我在南山人壽所受的訓練是：當一個團隊發展到一定規模就要裂變出去，成立新的營業處。當時的理解就是人性傾向山頭主義、有當家作主經營的企圖心，而限控管理幅度會比較有效運作。因此，我在擔任處經理的十年內，因為成長快速，竟從一個營業處分枝裂變到十個營業處。後來讀到了「鄧巴數」（Dunbar Number），才知道這種制度設計的背後有一個管理的理論基礎。

「鄧巴數」是由英國牛津大學人類學家羅賓．鄧巴（Robin Dunbar）提出的。他指出，人類智力能夠顧及的社交人數，上限大約是一百五十人，也就是說，管理範圍在一百五十人內，可以維持比較健康、穩定、親密的互動關係，超過這個人數，就做不到了。

基於此，在我服務的幾家保險公司裡，我設計的外勤營業處辦公室的人數，都不超過一百五十位，超過了就分開經營，以確保團隊內部的互動鏈接，不會因為規模太大而降低，有助於溝通順暢及團隊力量的凝聚。我認為，南山人壽當時在台灣之所以會快速發展，就是深諳鄧巴數的道理。

小而美的EMC運作模式

鑫山有一套「經營管理委員會」的工作模式，簡稱EMC（Executive Management Committee），也採用了這個理論。高管五個人加一個執行秘書組成EMC，目的是確保公司做重大決策時，能保持最高的效率及質量。EMC每週二的早上開例行會議，每個成員都有他的經驗和視角，因為只有六個人，完全可以在兩個小時內的會議中，充分的溝通、表達意見。

對我而言，EMC會議也是一種訓練，因為，要讓每個人能充分發表意見，首先就要克制我自己。很多時候，我自己已經有了腹案，但我一定要克制不講，先聽聽其他人的意見，再說出自己的想法，否則聽不到更高明的意見。久而久之，會變成一言堂，也削弱了高管層的創新思維能力。

我主持EMC會議時，會執行一個「加權」的原則。如果某個成員對某個議題特別熟悉，有豐富的經驗和深邃的見解，我會給到他兩倍、三倍的加權分數，也就是說，他一個人的意見等於兩、三個人的意見。比如說，當我們討論有關基本法的問題或者績效獎金辦法，這個領域營運長是最熟悉的，那麼他提出的意見，我就會加兩倍、三倍的分數；如果我們討論有關規章辦法的問題，我會更加倚重繼平總的意見，因為他對行政細節的理解與細膩度，無人能出其右。

在EMC會議上，不一定贊成別人的意見，但一旦事情拍板，即便有些決定，某位成員心裡並不贊成，也一定會全力支持並貫徹執行，這是一個很重要的團隊精神。

有一次，產品部門提出對某個新產品做推動方案。產品部最初的提議是「抽抽樂」，抽出幾位中獎者，每人獎勵人民幣五千元的「體檢卡」。但是EMC的幾個成員都提出反對意見，覺得這個設計太單調不好玩，不能引起夥伴的注意和興趣。經過一番討論，最後的決定是，銷售該產品三件以上的夥伴，可以優先抽獎一次；沒抽到獎的人，可以和銷售兩件的夥伴一起，再抽一次；如果還是沒抽到，就和銷售一件的夥伴一起，再抽一次，大大增加了推動的激勵性與趣味性，果然，這個方案推出後，獲得了營銷夥伴們的一致好評。

EMC曾討論一個議題：「機構總經理該不該有獨立的辦公室？」由於我是艾倫曲線的踐行者，我對一個機構辦公室的規劃設計很有自己的主張。我認為機構總經理與夥伴中間的阻隔越少，互動溝通會越好，更容易進行團隊合作與士氣激勵。我服膺一個信念，一個領導者應盡量給群眾看到，增加群眾的安全感與歸屬感，所以我主張機構總經理不該有獨立的房間。

在這個問題上，ＥＭＣ其他成員和我的意見不一致，他們認為機構總經理應有一個私密空間，可以談些較敏感的話題，或做個別的溝通、激勵打氣。顯然我的觀點，ＥＭＣ大部分成員都不贊成，我尊重他們日常在機構現場的運營，就停止了我的主張。因為我始終堅持維護一個開放、尊重、平等、充分溝通的環境氛圍，否則ＥＭＣ的功能會大打折扣。

經委會的團隊合作設計

鑫山的經營思維是強化合作和群策群力的信念，我們透過組織的設計與訓練來進行團隊合作。

「經委會」是一個很重要的實踐，它的設計理念就是促成團隊的合作——我把它比喻為自己從業四十幾年來最重大的創新。經委會的模式創立於一九八一年，到現在仍然行之有效。不單單是我在自己過去經營的公司裡，百分百進行經委會運作，後來我的一些學生、徒弟開枝散葉到各家公司，把經委會的觀念和制度也帶了過去。由於經委會符合無底薪的營銷制度的特性，又有效的創造團隊合作的文化，到如今，經委會幾乎已成為兩岸壽險營銷團隊普遍採用的一個內部組織。

經委會的精神是「主動、參與、分享、關懷、責任、學習」，在我寫的第一本書《菁英團隊》內，把經委會的組織、功能、精神介紹得很清楚，非常容易複製和傳承。經委會首先要挑選合適的成員，然後為團隊的運作設定一些基本規則，做組織的分工，確立組織的目標跟功能。

經委會最可貴的地方，在於採用的是「義務制」。所有成員都是志願者，大家為了共同的目標而聚在一起，共同成長，透過參與、分享和責任承擔來支持夥伴，這種團隊的精神力量最大。這是一個學習型的組織，或者說是一個成長團體，可以有效的鍛鍊、提升個人舉辦活動、溝通合作、基礎管理和領導的技能；學習自主經營、內部創業、自動自發的精神。通常來說，一個人擔任經委會的總幹事一年半載後，就可以基本具備大團隊長的技能、經驗跟格局。

早先的經委會組織架構，包含組織增員、教育訓練、作業輔導、秘書行政四個組，後來大家有了一些演進，有的分為五個組，有的分為六個組，但最基本的框架在那裡，精神在那裡。最重要的是，經委會有一名「總幹事」（或叫執行長），由他整體操作經委會的工作，包括任務的協調、會議會報的主辦、工作追蹤執行和年度重點活動的規劃執行。經委會能夠成功的根源是在於義務制，大家都沒拿工資，只是為了共同的目標而聚在一起。正是這種無私的、沒有利害關係的精神，反而能夠發揮到極致。依照鄧巴數的理論，經委會的核心成員不能太多，頂多六到十個人，比較容易充分發揮效能。

建設性衝突是團隊合作的養分

在華人社會裡，工作中的衝突常常被視為禁忌，多數人都傾向避免爆發激烈的爭論，總是認為和諧第一。我的經驗恰恰相反，我的看法是**辯證議題、爭論創意，正是優秀團隊所不可或缺的。甚至團隊中堅定持久的關係，要靠「建設性的衝突」才能發展下去**。一個有建設性衝突的團隊，清楚發生衝突的唯一目的，是在最短時間內達成最佳的解決方案，也就是解決問題更快、更徹底；當大家都懂得就事論事的基本態度時，即使在激辯之後，心中也不會留下任何不快或者傷害。

事實上，很多團隊迴避衝突是為了避免傷和氣，但是反而暗藏了更危險的緊張關係。比如說開會的時候，當發生意見衝突、有極大爭議的情況，主席無法做出裁決就宣布擇期再議，這樣做其實只是把問題留到下次，問題從來不會自動消失，而更糟糕的是，會後有人私下運作，企圖影響未來的決議，導致耳語流傳，破壞了合作的氣氛。

績效卓越的團隊長一般比較具有堅韌的意志和獨特的個性，因為有這些特質，才會幫助他克服困難和挫敗，獲得成功。但相對的也比較會造成領導團隊的障礙，因過度自信而比較固執、堅持己見，有時候缺少了同理心、謙虛和包容。在會議上面對問題、處理問題及解決問題上，比較強勢而獨斷。

所以訓練團隊在會議上的合作，要注意進行團隊對話，讓位階退位，讓謙卑登場，打造一個沒有階級意識的平等視野，讓大家永遠在提問、在思考，透過這個過程來避開經營上的盲點，繞開可能錯誤的障礙，得到最好的方案。而且因為夥伴的深度參與，也可以讓他們覺得自己是團隊的重要成員，從而更有凝聚力，讓大家更加團結，更願意合作。

用智慧創造團隊合作的氛圍

鑫山上海分公司張江營業部的團隊長曹玉妹，二〇〇四年進入保險業，二〇一四年加盟鑫山。曹玉妹生長於浦東鄉下農村，起點不高，遇挫折時偶爾會有自信心不足的低落情緒；但個性堅毅，獨立性強，能精進學習，克服性格短板，終於闖出一片天空，建立一支高生產力的團隊。

鑑於她團隊成員大部分居住在浦東張江周邊且績效出色，公司支持她籌備成立張江營業部，於二〇一七年二月十五日正式搬進鑫山自購的第一座職場，職場內還設置了一座精緻的圓桌會館。

曹玉妹女士初成立張江營業部，有了一個專屬的發展根據地，非常興奮，她下決心要建設一個具有長期願景、績效長青的團隊，從建立營業部文化、統一思想開始，一步步進行周密的規劃。

搬遷進新職場後，曹玉妹堅決執行鑫山家族文化三十三條的規範，希望打造一個整潔、愉悅的職場環境，於是她制定了一些規定，比如：辦公桌的高度和擺放物品的高度要統一，不能超出範圍；水杯、零食等等都必須放到茶水間的指定區域，不能放在辦公桌上；手機不可以帶到早會區；衣服要用帶有署名的專用衣套懸掛在公司特製的衣櫃裡，椅背上不許置放衣服；職場裡只有茶水間的櫃內放置一個垃圾桶；環保紙杯放在專屬櫃，當日重複使用等等。

由於一般營銷人員比較崇尚自由的工作方式，隨性多於紀律，不喜歡太多約束，對於這些規定，大部分的夥伴都認為太嚴格、不近人情，招致了夥伴們的質疑、抱怨，甚至流於情緒化的抵制，已經威脅到整個團隊的氛圍和工作的積極性。

曹玉妹雖然意志堅定，但體察辦公室夥伴的負面反應，已涉及情緒和面子的對立，不適合站在「風口」強勢執行，把自己變成爭議點，便採用借力的方式：其一、她先在經委會和主管會上跟核心成員溝通並取得支持，然後安排經委會每月舉辦「最佳辦公桌獎」比賽，用拍照、編碼、盲評的方式選出表現出色、配合度高的夥伴給予表彰。然後由經委會成員分配責任區，專門對違規行為進行勸導，要求整改。其二、她借用客戶或準增員來賓的力量。張江營業部每週都會舉辦客戶服務或創業說明會活動，當來賓走進職場，看到這麼漂亮、整潔的環境，都忍不住讚嘆並拍照留念，這讓張江的夥伴都感覺到自豪。

一段時間後，夥伴們發現職場整潔帶來巨大的效益，自然而然改變了排斥的想法，且保持環境整潔慢慢變成了習慣。到後來，張江營業部每個月的最後一天截績日，大家都會自覺地進行集體清掃，做斷捨離的工作，來迎接新的工作月的開始。

這個案例，看起來不是太棘手，但對領導者來講，仍是很有挑戰性，衝突矛盾處理不好，就立即造成團隊合作的傷害，對剛成立的營業部的發展會帶來陰影。反之，處理周延，皆大歡喜，就形成團隊的文化有深遠的影響。

衝突處理的基本原則

團隊運作中衝突不可避免，而建設性的衝突反而有益於團隊堅定持久的關係，所以卓越的領導者必然是衝突處理的高手。領導力會展現在下面的處理原則上：

第一、在團隊內部爆發衝突的時候，領導者首先要展現自制，不要情緒性的進入衝突中，不急著表態，不迴避衝突，面對混亂的挑戰，要能夠直面問題，用真誠、公正來處理爭議；

第二、要找出衝突的原因，包括遠近因及導火線，誠實面對；
第三、要勇於求助於上層主管出面斡旋；
第四、放下權威的心態，要有同理心；
第五、絕對不能有利益導向，防止上下交征利，不讓衝突糾纏在個人的利益得失上，而失去焦點；
第六、不能有太多自我意識，特別是為了面子而堅持己見。不要預設立場，不要在盛怒、衝動下做出決定；
第七、要勇於面對、化解衝突事件，不能迴避或者拖延不處理，而以為事件自然就會解決；衝突事件不會自動化解，只會積累、積怨，直到下一次衝突加大力度爆發；
第八、絕不口出惡言，絕不在背後批評，這會增加處理的困難度；
第九、領導者處理衝突，一定要秉持公平、公正、公開的制高點，採取與衝突各方等距的原則；
第十、如果在原則或價值觀的問題發生衝突，則不能退讓；堅守原則、維護企業價值觀是處理的底線。

總之，精誠團結、合作無間的團隊是最高效、最能夠成功的團隊。但團隊合作不會是天生的，這完全是訓練、引導出來的，也是傑出領導者表現與眾不同的地方。

第六講

信任：因為信任，一根針都插不進

真誠贏得信任

我從業保險四十八年，在海峽兩岸任職過四家公司，最後在上海創辦鑫山保險代理公司。四十八年只做一個工作，就是保險。這麼堅定的從業信念，終身熱愛保險工作，孕育自我第一個服務的公司——南山人壽保險公司，這塊豐腴的土壤。

我在南山人壽的外勤營銷做了十六年，奠定的基礎，汲取的養分，讓我往後持續發揮了三十年。是南山人壽的什麼魔法，讓我能在不同的環境、時空、市場持續的發揮？當然，它的企業文化、業務制度、人才培育、經營理念都有成功的關鍵特質，而這些特質的創建，離不開一位靈魂人物——已經退休的前南山人壽董事長郭文德先生。

一九七〇年，原來是主要股東的台北區合會將九五％股權讓售給美國國際保險集團（AIG）。

ＡＩＧ派遣旗下負責亞洲壽險的美亞保險集團（ＡＩＡ）的謝仕榮先生和郭文德先生來台經營南山。謝先生，香港人，精算師背景，負責管理；郭先生原是馬來西亞檳城的年輕教師，後轉行投入壽險營銷工作，三十歲左右，就被派來南山，初期擔任訓練總監，不久升任業務副總經理。一九八六年接任南山總經理，逐步擢升為副董事長、董事長，直到二〇〇八年全球金融風暴爆發，ＡＩＧ這艘航母沉沒，南山易手為止。

南山從美金一百萬元入主經營，到成為台灣三大保險公司之一，員工數萬人，資產規模數千億元，謝、郭兩人貢獻最大，而郭先生在南山人壽四十年的努力身影，更居首功。ＡＩＡ在進入台灣市場後，引進外勤人員無底薪、純佣金的承攬制度。這種制度強調多做多得，沒有天花板，鼓勵營銷人員自動自發、自主經營，發揮主人翁精神，輔以系統培訓，建立強大的營銷信念與自利利他的價值觀。在當時台灣的壽險行業裡獨樹一幟，但初期也不容易被主流的社會經濟環境接受，起步時發展緩慢。

我在一九七六年五月從空軍預備軍官役退伍，立即加入南山人壽營銷隊伍，深深被這種外商自由開放的風格吸引，也以處在高專業、高素質的環境中為豪。當時南山總公司在台北市南京東路二段十五號的迷你大樓，我在三樓業務部工作，而郭文德先生的辦公室也就在三樓靠南京東路的一角。

我進南山時，營銷隊伍經過幾年調整，普遍都很年輕，尤其是郭先生創建的ＤＳ部（Direct Sales），業務人員幾乎都是大專甫畢業或剛退伍下來的年輕人，採用挨家挨戶陌生拜訪的銷售方式，這需要專業的基礎功，堅定的信念，不畏懼拒絕、挫敗的意志力。年輕人容易被形塑，而郭文德先生在這方面著墨甚深，訓練出一支鋼鐵隊伍。這支隊伍由北到南慢慢繁衍，塑造出團隊自主經營及強烈的主人翁精神。郭先生建立的「你就是經營者！」的營銷文化，成為南山後來發展到三萬人營銷大軍的核心思想。

做人做事的導師

我在南山人壽十六年。前面五年半在總公司業務部，後面十年成立、發展「金山營業處」，搬到敦化南路信義路口。十年間，我從三十三人的隊伍繁衍出約兩千人的團隊，在當時的成績可謂數一數二。雖然績效斐然，但由於年輕傲氣，事實上與郭先生並不親，但這並不稍減我對他的仰慕與尊敬。就一位領導者而言，我看到的他，不只是業務制度的維護者、文化價值的創建者、人才的培育者，他更是做人做事的導師。

不管是公開的場合或私下的互動，我從未看過郭文德先生疾言厲色。他總是不厭其煩、諄諄善誘地暢談團隊經營的理念，談輔導育才的方式，談業務制度的精神。我觀察到他有幾個特點：一、他對外勤絕口不談業績；二、他從不背後批評人，對張三說李四的事；三、只要他做得到，他全力維護或提供營銷人員的利益。領導的涵養及待人的厚道，在他身上流露無遺。無論他升遷的頭銜為何，數十年來，公司的夥伴們均稱呼他「郭先生」，在傳統的中國社會裡，這種稱呼代表著極高的尊敬。

南山人壽在七〇年代厚實的耕耘，培育出無數內外勤人才，開頭雖然較慢，但基礎成形後，複製的力量驚人，終於在八〇年代開花結果，快速增長，成為除了國泰、新光外的第三大保險公司，並常追過新光。在八〇年代末期，台灣政府開放美商保險公司入場，九〇年代初期開放本地新壽險公司設立，這些新公司紛紛瞄準南山挖角人才，南山人開枝散葉，縱橫壽險業，形成培育總經理及高管的搖籃。更奇特的是，南山人壽不因人才流失而受傷，反而刺激南山更積極的增員發展，成長的速度毫不減慢。領導者建立的優良制度、文化、系統在關鍵時刻發揮了關鍵的作用。

在這風起雲湧、波濤壯闊的大時代中，我率先轉換跑道，投入加盟本地保險公司改造之路。一九九一年十二月四日，第一人壽董事會通過我的聘任案。我次日趕到南山總公司辭職，適逢郭總經理出差，沒見到面，心頭留下一絲遺憾。

老長官的領導智慧

一九九二年二月四日，大年初一，跟我一起從南山轉換到第一人壽的同事，約了到郭先生家拜年。過去十六年在南山，我從未向領導拜年過，現在剛離開南山，以探望老長官的心情去拜年，應也是恰如其分。

到了郭先生家，一如往昔，他談鋒甚健。他談到壽險經營的核心，其實就是一種感覺：一種尊重、誠懇、信賴的感覺。這種感覺，維繫了制度的運作，而領導力自在其中。

對於我挖角南山外勤人才的事，郭先生廓然大度，輕輕帶過說：「文宣適可而止就好，不要太讓老同事為難。」

我們談到第一人壽積弊很深，我勢必要積極整頓。他提醒我：整頓的事，不能操之過急，切忌新官上任三把火！要廣結善緣，得道多助。先做出一些具體的成績，等到大家都期待你整頓時，再大刀闊斧進行，自然會事半功倍，水到渠成。

郭先生的領導智慧，我完全聽進去了，我在第一人壽整頓原來的組織及營銷隊伍時，就採用這個進程。在新業務部隊建立輝煌的戰功後三個月，我得到董事會及高層的支持，一個月內一舉成功整併舊業務系統，毫無阻力。也因為順利的整併新舊業務，第一人壽業績如脫韁野馬，一路狂奔。

二〇〇六年，時任南山人壽董事長的郭先生到上海來，幾位在內地發展的南山老戰友相約到波特曼酒店去探望他，那時我已十多年沒見過他。郭先生很高興，請我們吃消夜，誇讚我們的成就，說他感覺到驕傲。我心裡在想，郭先生桃李滿天下，他在南山培養的部屬開枝散葉，遍布海峽兩岸壽險界，總經理數十人，高管數百人，這種成就才真正值得他引以為豪。

二〇〇八年全球金融風暴中，繼雷曼兄弟後，AIG這艘航母巨艦竟也沉沒了。一連串的紓困、分割、變賣，我們年輕時代寄身、創業、學習、成長的豐腴土壤——南山人壽竟也變賣掉了，實在是匪夷所思，世事難料。

潤泰集團尹衍樑先生最終取得南山人壽的經營權。但如何安住數百萬保戶的信心，如何讓幾萬員工及外勤夥伴，平穩度過這驚濤駭浪的變局？尹先生很聰明地敦請郭先生回任董事長，穩住軍心士氣，因為無人可以取代郭先生的影響力。雖然已七十多歲了，但他基於社會責任、企業責任，對員工夥伴負責任，一片真誠利他之心，即使沒有經營實權，但仍勇於承擔這個虛職！這種領導的風範，永遠讓人尊敬、懷念。

信任是財務報表裡看不見的資產

幾乎每個人都同意信任的重要，也都知道失去信任的後果。不管是組織、企業、家庭、朋友，甚至國家、社會、司法，或者各族群間，都強調信任的重要，甚至商界的說法認為**「信任是企業最重要的無形資產」**。如何建立信任？信任又連結了什麼？為什麼會失去信任？顯然地，這是一個領導力重要的修煉。

建立信任是靠真誠、言行一致？良好的溝通？還是靠慷慨、講義氣？或者是有錢，財力雄厚？或靠顏值，如明星擔任廣告代言？或靠專業形象，如醫師、會計師、財務規劃師？

其實每個人的經驗，對信任的感受、理解也都不盡相同。但普遍認為，建立信任靠日積月累，是長期觀其言、察其行的結果；但失去信任卻可以在一夜之間，因一個事件或一個決定而破壞殆盡。

特別是我們現在身處的這個世界，越來越透明，傳播越來越迅速，無論是好事壞事，透過社交網絡、媒體、電子郵件等各種管道，幾乎無可隱藏。領導者必須做好溝通，傳遞正面信息，建立信任感，這是日常最重要的工作之一。信任感不僅是對組織內的成員，還包括對顧客、供貨商、投資人、媒體等這些「利害關係人」，而且還要促進團隊成員彼此之間的互信，才能形成堅強的凝聚力及戰鬥力。

信任的三個層面

企業經營中談到的信任，或人與人之間互動所談的信任，有不同的面向。譬如我們說：「這個人值得信任！」它不是簡單的一個概念，它可能包含以下不同的層面：

第一、對能力的信任。這個層面比較簡單，容易理解，就是對於某個人、或者組織、或者品牌，提供的產品或服務的能力是否值得信賴。比如說我要做一個演講的簡報ＰＰＴ，我找培訓部的專員做，會比找我的秘書更靠譜，因為培訓專員講課經驗多，更能抓住聽眾的眼球。這牽涉到的是技術能力與判斷力，和人品操守無關。

第二、對判斷的信任。我們認同一個人的經驗、素養、見識、智慧或者洞見，更基於過去這個人的績效，做成事、做對事的記錄，從而相信他的判斷力。我在做招募面談時，很重視這一點，考察應徵者的管理素養。我們每天都在做大大小小事情的判斷，小至開車選擇哪一條路線，大至決定企業發展的方向。領導者經常做對判斷，會給追隨者信任與安全感。但即使領導者做錯了判斷，人們也不會因你的判斷錯誤，而懷疑你的技術能力和人品操守。

第三、對動機的信任。這代表的是對人品操守、道德水平的信任，是信任的最高層面。人們相信領導者是真心為大家著想，不會佔便宜，不會謀求個人私利；人們也假設企業生產產品，除追求利潤外，也會真心考慮顧客的利益與需求。但是，一旦失去動機上的信任，會引來很深刻的厭惡、瞧不起的感受，或者產生背棄、背叛的心理。所以，失去動機上的信任是最要不得的。我們通常不知不覺的把動機信任投射到政府、司法、公益團體、企業、雇主或者直接的領導者身上，先假設其動機是符合道德標準及公眾利益的。然而失去這種信任的人或組織，會帶來極大的傷害，甚至毀滅性的結果。

任何污點都可能摧毀信任

比如說食品企業，一般人期待「食品是良心事業」，但是很多生意人或企業品牌並不憑良心做事，醜聞爆出就讓人非常噁心、厭惡，像過去被揭發的回收地溝油，重新提煉做成清香油的事件。阿里巴巴電商平台曾經傳聞賣假貨，馬雲親自跳出來，花大量時間，在很多場合說明，也花很多成本、資源處理可能的假貨事件，因為他知道信任是不可以有污點的。

臉書在多年前也被爆料，多達五千萬用戶的數據，被劍橋數據分析公司洩漏，用以進行政治廣告操作，臉書創辦人馬克．祖克柏被傳到國會作證，接受嚴厲的訊問。事件一發生，臉書的市值在很短的時間內就蒸發掉美金一千億元，成為一場災難。毫無疑問的，大家認為信息洩漏的事件，不是能力問題，不是判斷力問題，而是動機問題，也就是道德問題。當他的動機被懷疑，只需要一個事件，在一朝一夕之間，信任就可以崩毀。

動機受人信任，產品就會比對手更具競爭力，因為有忠誠的顧客粉絲支持。不僅是企業組織、商業機構，包括公益慈善基金會或學術單位，都更容易贏得公眾的慷慨解囊，也比較可以更有效的推動任務目標，提供公共服務，獲得各方更多的配合與支持。相反地，如果動機被質疑，少了公信力，就要面對艱苦的奮戰，組織要承受更嚴格的規範、限制，可能會被課更高的稅率、業務被限制或募款更難等等。

鑫山自創辦以來，在合規經營、品質經營上的努力，深受監管機關的肯定，也深受我們的供貨商——保險公司的高度評價，這種信任，對鑫山長期發展有很大的助力。從很多方面來看，信任就代表金錢、特別的支持及更好的發展機會。能夠把贏得信任納入企業經營核心思維的領導者，一定有機會取得更大的競爭優勢。

領導者如何贏得信任

領導者若要贏得信任，**首先，態度要真誠、開放、尊重，善於溝通**。必須讓團隊內部、外界的利害關係人清楚知道你的策略、方向、願景，你信仰哪些理念，企業的價值觀是什麼等等，而不僅僅是關切產品、營業規模、利潤和競爭對手而已。同時，讓大家常常看得到你，經常出現在眾人面前，能讓你的夥伴有信心、有安全感。團隊互信堅固，夥伴成員也自然會以真誠、正直的態度行為來面對顧客和供貨商。

其次，做你自己。

讓大家清楚你是誰，「做自己，表裡一致」是領導者贏得信任的重要一步，但「做自己」要如何實踐？

亞馬遜的貝佐斯在他的傳記中提到，身為全美首富，他每天早上仍自己開部平凡平價的小車，先送小孩上學，再送太太上班，自己再去公司。上一世紀全美首富的山姆．沃爾頓每天開著小貨車載著愛犬去他的沃爾瑪大賣場巡訪，與員工打招呼，講講打氣與感謝的話。像這樣平凡的做自己，就自然而然成為領導的典範。有一些領導者經常把自己搞得神秘、高深莫測，出門時隨員前呼後擁，架子很大，與群眾的距離就遠了。

如果你個性是溫暖的，喜歡與人相處，你就把它表現出來；你的優勢是比較會溝通，比較有創意，你就把它做出來；你的價值觀是利他的、簡單的、務實的，就把它講出來。我常跟夥伴溝通品質經營的概念，我重複不斷把它講出來，久而久之我們的夥伴就清楚我的理念與價值觀。

我在中宏人壽時期，有一次到濟南，去主持濟南分公司的開業儀式。我出差一向輕車簡從，不喜歡勞師動眾、送往迎來，但時任濟南分公司的總經理堅持要派車子來機場接我，車子停到了辦公室的樓下，一大片紅地毯，從二樓一直鋪到了一樓的大門外，內外勤員工全部列隊鼓掌歡迎。這個現象，在很多企業裡應是常見的，但卻被我狠狠批評了一頓，因為這不是我認同的企業文化。幾十年來，到各地出差，我隨身帶的登機拉桿箱一定自己拉，也從來不讓別人幫忙提公文包。有一些夥伴搶著提包包或拉箱子，我都會說：「當我自己都提不動時，就是我該退休的時候了！」我只是在做我自己，做簡單、樸實、自在的自己。

第三、領導者要勇於承認錯誤，承擔責任。不少領導人，特別是在東方社會裡，很容易因為怕失面子，怕傷害了權威，把自己的失敗案子藏起來，不願提起，更忌諱討論。或者，習慣性地把失敗歸咎於部屬、環境、政策，這樣做，往往最後損傷的是他自己的信譽。當領導者犯下錯誤時，能夠誠實地面對它，承認挫敗，反而更贏得部屬的尊敬與信任。台積電的創辦人張忠謀董事長接受電視台的專訪，主持人問他有沒有犯過錯，張忠謀回答說：「我天天都犯錯！」但這完全無損於他被尊為「半導體教父」的地位。

我常常問我的機構總經理們，為什麼這件事沒有做好？為什麼最近的業績比較差？有些總經理習慣性的怨天怨地，怪公司知名度不夠、產品不給力，歸因沒有財補所以增員失敗、批評外勤夥伴小富即安的心態，「某某人生病、某某人孩子太小要照顧」都可以成為業績不佳的理由。只要有問題，都不是自己的錯，都是別人的錯，這樣的主管絕不會是優秀的領導者。

一堂人民幣五百萬元的課

鑫山創立的第二年，除了個險直營隊伍之外，我一直想建立第二渠道，以分散經營的風險。當時保險業利用電話營銷通路，設立呼叫中心（Call center），做得頗有規模，快速成長，有些公司地區性的呼叫中心，甚至有幾千個人的銷售隊伍，不乏成功、成熟的經驗。我想試試這新興的營銷渠道，就力排眾議，投入這個冒險行動。

結果，才做了六個月，就鳴金收兵，當時投入超過人民幣五百萬元全都泡湯，成為鑫山創業路上最大的挫敗。

電銷業務為何失敗？第一，時機不對。正當鑫山跨入電話營銷領域不久，政府的法令突然改變，要求電話營銷人員必須要大專以上的學歷。但實際上，電銷工作本質單調、線性，並不適合學歷相對高的人才，否則流動率會很高。限制大專以上學歷，人力來源急速限縮，對我們衝擊很大。原本規劃在半年中，至少能找到七百個銷售人員，但在限令下，我們用盡心力，半年只能找到七十幾個人，人力短缺，規模做不出來。

其次，偏離鑫山核心價值。鑫山成立之時，樹立了精英團隊形象，走高專業、高產能、高品質的三高路線。但電話營銷走的是平價、大量的模式。在跨入電話營銷時，我天真的認為可以兩個渠道並存，一個是鑫山的高水平營銷隊伍，另一個則靠電話營銷來攻佔門檻較低的一般市場。我以為同一個公司中，可以切割開來，執行之後，才發現真的不行，跟公司基本的價值及文化相衝突，不僅模糊了定位，領導力也無從發揮。

第三，管理團隊不懂電銷業務。鑫山剛創業，大家熱情而自信，認為沒有打不了的仗，但實際進入戰場，才發現我們對於電話營銷懂得太少，對於渠道的理解及運籌能力都太弱，也沒找到市場真正的A咖人才來主持業務。

六個月之後，發現苗頭不對，立即懸崖勒馬、止血、清理。但我心裡最痛的是，結束這個項目，我們無奈地解雇了七十幾位電話營銷人員及十幾位很不錯的電銷管理員工，多年來這一直是我內心的痛。

領導者並非聖人，一樣會犯錯，一旦有差錯，必須勇敢承認。電話營銷通路這一堂課，花了人民幣五百萬元的學費，是我判斷錯了，就必須承認，必須坦誠地面對，這無關乎丟臉，重要的是從失敗的經驗去學習成功的方法。因為這樣的勇於面對錯誤的文化的建立，反而是贏得夥伴互相信任的最佳途徑。

互相信任的團隊特徵

領導者被信任固然重要，團隊成員互相信任更是生產力的重要關鍵。**團隊間彼此信任與否，除了領導者的帶動外，一個公平、透明、互利、共享，並能創造創新的制度與環境，也是必要條件。**觀察一個彼此信賴的團隊，都會展現出陽光、開朗、歡樂而且喜歡彼此的氛圍。通常這樣的團隊會有以下八個特徵：

一、合作無間；

二、彼此都願意協助；

三、彼此都勇於提供回饋與支持；

四、能夠欣賞和接受彼此的能力與經驗；
五、投入全部的時間與精力在工作上，而不是在搞辦公室政治，或者說八卦；
六、能夠毫不遲疑的表示歉意或接受道歉；
七、能夠坦承自己的弱點與錯誤；
八、團隊成員很期待開會，或者期待新任務中進行團隊的合作。

因為信任，一根針都插不進

二〇〇五年上半年，我到中宏滿兩年，那時績效很好，成長很快，基礎穩了，有了戰功，我就開始大刀闊斧的做營銷體制的改革。我的價值觀是，營銷團隊一定要自主經營，具備主人翁意識；團隊組織要重視血緣關係，要斷絕人為操控的利益分配，摘掉坐等公司撥給營銷人員的惡習，讓團隊的活力釋放出來，強調營銷制度的公平性、公正性。

當時上海分公司有五位資深大團隊長（DD），由於與上海營銷負責人交情密切，也深諳巴結逢迎之道，團隊的發展長期依賴這位營銷負責人撥放分配業務人員給他們，坐享組織利益，不勞而獲。我到上海兩年，工作績效出來後，開始採取行動。我首先把這位營銷負責人調離上海到浙江工作，另一方面強力執行血緣關係政策，這就衝擊影響到團隊長的利益。

這五位團隊長聯合一些外勤主管，寫信到宏利亞洲總部及中方股東投訴我，並利用兩岸關係，煽動民族情結來詆毀我。這個投訴驚動了中外雙方股東，派人來調查，紛擾了一個多月。最後的處理結果是，帶頭鬧事的團隊長開除了兩位，降級了一位，保全了績效、能力較好的兩位，平息了這個紛擾的事件。

事情落幕後不久，有一天我跟我的洋老闆 Marc Sterling 一起吃中飯，飯後兩個人在黃浦江濱，邊散步，邊抽雪茄。我跟他講，實在不好意思，我的改革造成這個風波，我提議辭職回台灣以謝罪。Marc 卻說：「你的確該罰，我罰你至少再幹三年總裁！」最後沒料到，我一幹就幹了將近九年的中國區總裁，成為當時中國險企裡在任最久的 CEO。

缺乏信任，小事都變麻煩事

上面的故事說明，當你建立一個彼此信賴的關係的時候，連一根針都插不進來。但團隊成員若缺乏信任，一點猜忌都會造成關係的緊張，小事都可能引起軒然大波。

中宏人壽是大陸第一家中外合資公司，由加拿大宏利金融集團與中國中化集團共同投資，但由外資方主導營運管理，中資方派一位常務副總經理，作為股東的代表，比較像是古代的監軍角色，或現代的政委。通常他不懂保險的經營，但他有政治任務，要維護中方股東的權益，在現場了解公司的經營狀況，若條件許可，也會協助公司維繫與政府機關的交流。

二〇〇三年初，我剛到中宏人壽任職時，中方中化集團同時派來一位常務副總，跟我同齡，外經貿委出身的背景。我們兩人各自代表中、外方股東，但背景差異太大。他是官員出身，思想比較拘謹，講究面子排場，我是商界出身，又在外資工作，思想比較開放自由，兩人看事情難免角度會不一樣，但畢竟都有相當閱歷，能相互尊重，平常工作相處倒也相安無事。

二〇〇八年北京奧運會，因為宏利金融集團是奧委會的全球唯一壽險合作夥伴，中宏人壽搭了集團便車，有機會前往北京參與盛會。當年，我舉辦了「北京奧運高峰會議」，獎勵全國優秀的營銷夥伴，親臨奧運賽場，觀看比賽，親身感受中國世紀盛事。八月十三日我帶了約兩百位績優夥伴來到北京，帶著興奮和喜悅的心情，觀看了多場精彩比賽。

八月十四日晚上，我們在下榻的王府井半島酒店，為獲獎的夥伴們舉辦盛大的頒獎典禮，宏利全球CEO，Dominic D'Alessandro 率領一小群高管及董事會成員，也出席本次頒獎晚宴。中化集團 CEO 因故無法參加，指派其財務長代表出席。代表中方的這位常務副總堅持，雖然財務長位階較低，但既代表集團 CEO，雙方應該對等，特別是座位的安排。

一般晚宴上主桌的主位只有一位，究竟該誰坐主位呢？經過協商，我們決定了「雙主位」的排法，拿掉傳統正中主位，而在左右兩側各放一個座位，如此，兩個座位雖然都沒有正對舞台，但起碼做到對等的原則。

由於酒店服務人員和會務負責人都沒有這個經驗，座位仍舊按常規排成一個主位，把外方CEO排到主位，把中方財務長排在旁邊。這位常務副總在頒獎晚宴開始前發現未按協商方式排位，竟在現場大發雷霆，當場劈頭蓋臉對我發脾氣，甚至還抓著我到中方財務長那裡投訴指責，當時場面非常難堪，盛大頒獎晚宴的喜慶心情瞬間跌落谷底。可是隨後我還要上台致詞、頒獎，還要應酬、接待來自全球的高管們，在這樣的低落心情下，我如何完成今晚的任務？

我決定去洗手間好好洗把臉，把自己的心情平靜下來，然後回到會場，若無其事的主持盛大的頒獎晚宴，在酒宴中談笑風生的接待貴賓與營銷夥伴，沒有人發覺我在短時間內經歷了心情的三溫暖。

這個故事說明了，如果缺乏信任的關係，即使是調錯座位的小事，都會變成麻煩的災難。

信任危機的八種徵兆

總結多年的職場經驗，我認為，互動不良、信任不足的團隊，通常會有一些徵兆，當團隊出現下面這些現象時，領導者要及早介入，因為團隊成員的信任危機已逐漸形成：

一、團隊成員刻意隱瞞自己的弱點或錯誤，因為怕被攻擊；

二、有困難時，不願意請求別人協助；

三、同事不願意提供權責範圍以外的協助，即使有好點子，也不願意講出來；

四、對自己犯的錯誤和失誤從不道歉，甚至推諉責任；

五、不願意欣賞及借用成員彼此的能力跟經驗；

六、同事們花費時間和精力在取得別人的好感，或做沒生產性的事，比如講八卦，搞辦公室政治；

七、有人常心懷不滿，私下批評抱怨，在公開會議場合裡卻緘默不語；

八、團隊成員不喜歡開會，常常找理由缺席，設法避免跟其他人相處。

信任帶來安全感及歸屬感

有強大領導力的人，一定是深受追隨者信任的人，因爲信任，會帶給追隨者安全感及歸屬感。

其實，安全感是信任的基礎，歸屬感是信任的結果。有歸屬感、有凝聚力，自然有更好的機會，能夠促成高績效的團隊。

團隊組織的成員心中常會問：我是不是團隊的一分子？我們團隊是不是連結在一塊？我們安不安全？制度上公不公平？我們有沒有共享的未來？我們是否願意在這樣的環境氛圍中工作？一個領導者要經常留意團隊成員這個心理狀態，並採取必要的行動，創造夥伴們的安全感與歸屬感。

鑫山在多年前就推動「打招呼運動」。其實鑫山員工之間，早已強調是像一家人一樣，為什麼還要推動「打招呼」的運動呢？起源是，我在辦公室走動，雖然大家都熟悉，但有些夥伴見到領導，習慣性地低頭走過，擦肩而過卻視而不見，這樣缺了親切與溫度，感覺實在不好。於是我倡議打招呼運動，請夥伴們碰面時，能夠習慣眼神接觸，帶著笑容，問聲好。結果推動實施效果特別好，不但拉近同事間的心理距離，產生互信的感覺，辦公室的空氣中瀰漫著正能量，有一家人在一起的安全感及歸屬感，團隊的夥伴精神都明顯地展現出來。

第七講

承諾及責任：「This is your ship！」

慶豐人壽的媒體危機

一九九九年四月，慶豐人壽沉疴日深，由於投資衍生性金融商品受東南亞金融風暴影響，遭受巨額虧損，加上烏龍保單拖累，導致準備金不足。我與鄭鐘源董事長展開救亡圖存的努力，並積極尋找外資保險集團參股，以緩解慶豐集團現金增資的壓力。

四月三十日，慶豐人壽召開股東會通過現金增資台幣二十一億元的議案。但當天下午，財政部卻約談鄭董事長和我。到了保險司會議室，除了鄭濟世司長親自出席外，陳副司長還有兩位科長都在場，陳仗擺出來，不像一般的監管談話，感覺就不太妙。果然會中鄭司長要求增資台幣二十八億元，比上午股東會通過的案子多出台幣七億元，理由是慶豐第一季度又虧損了台幣七億元。

五月三日我到慶豐集團做第一季度營運季報，黃世惠董事長同意追加增資金額，並指示設法挪後現增日期，爭取時間與外資保險公司談判買賣股權事宜。慶豐人壽對集團已是燙手山芋，對集團資金調度造成巨大壓力。儘管財務上遭逢如此困境，正常的公司運營仍須維持，且業績仍要設法保持平穩的成長，員工夥伴的士氣事關重大，當時身為總經理，我的心情相當沉重。

六月二日，《台灣日報》登出聳動性標題的報導：「慶豐人壽虧損台幣二十二．六億，每股淨值負台幣二．五四元，若無及時增資，將遭破產命運。」顯然財務不佳的消息走漏了。

從早上上班後，業務人員和保戶查詢關切電話不斷湧進。

我立即緊急召開部室主管會議，研擬對策，發表文宣，安定人心。文宣上說明了公司虧損的原因、代表的意義和解決的對策。到了傍晚，人心逐漸從浮動趨於穩定。

不料，次日，立法院排了議程，立法委員質詢財政部與保險司，以「財務、業務發生重大困難的保險公司，財部處置因應之道」為題做質詢，炮聲隆隆。接著幾個電視台整點新聞，終日播放慶豐人壽巨額虧損的消息，一時恐慌情緒瀰漫，不利消息排山倒海過來。

我發了新聞稿給幾個報社，又親打電話給幾位熟識的記者朋友請託做平衡報導。

鄭董事長中午趕到台中安撫台中地區的夥伴。

六月四日，《經濟日報》用大篇幅做了平衡報導，內容極為正面，但保戶關切諮詢電話仍不斷的湧進來。

上午我再度召集部室主管會議，安排幾項緊急措施，並宣布進入緊急狀態。當時我最大的夢魘就是保戶湧入解約，以及外勤夥伴信心的全面崩塌。於是，我決定到慶豐集團找大老闆黃世惠董事長。

中午在等了一個小時後，終於見到了黃董事長。我向他報告這件事的始末，我們團隊因應的措施及未來負面的影響。我提出要求，請他出面向媒體說明他對慶豐人壽的支持，以安定保戶及員工夥伴。他立即同意。

談完話，我即搭下午兩點半的飛機到高雄去安撫高雄、屏東地區的夥伴。三點半我剛抵高雄，還沒出機場，就接到電話，要我立即回台北。黃董事長的幕僚安排五點召開記者會，要我一起出席。等我飛回台北，趕到慶豐總部時已經是五點四十分，記者們已守候枯等多時。

黃董事長展現大企業家風範，履行企業責任及對保戶的承諾，聲明支持慶豐人壽到底，並信賴慶壽的經營團隊。

六月五日，《工商時報》、《經濟日報》、《聯合報》、《中國時報》台灣四大報以巨幅圖文報導記者會的談話內容，並給予正面的評價。就像颱風尾巴掃過後，雨過天晴，倒像是利空出盡，夥伴們反而士氣大振，重新活過來一般。

危機處理，對領導者永遠是重大的挑戰。危機處理必須決策明快，應變迅速，不能猶豫不決，錯失時機，也不能心存僥倖或有一絲一毫的私心權謀，要以大眾最大的利益為出發點。這正是領導者必須具備的承諾、責任與擔當。黃世惠董事長身為企業家，做了很好的示範。

領導者的承諾與責任

多年來在工作職場，我最喜歡講的一句話是：**「世間上最美的語言，就是承諾；而世間上最高貴的情操，就是兌現承諾！」**這句話，講出來時聽眾都會心的笑了，可見答應的事情就去做到，該負的責任就去承擔，看似很簡單，但對領導者而言，常因受到主客觀條件的限制，或對承諾的認知不足，或是責任心缺乏，兌現起來常常不符期待。

一般來說，「承諾」是指一種積極的作為，多半源自於使命感、企圖心等內在驅動力，或對人的情義、愛護，願意去做一件事情；而「責任」更多是因為身分、角色、職位、任務的要求而做出的承擔。古人說：「人之患，患輕諾寡信」，意思是，隨便輕易答應人，卻很少能守信，是做人不應該的行為。「說了算數，說到做到」的人永遠受人尊敬。

領導者有發展的承諾，就會做出不一樣的經營思維和決策。鑫山的願景是為有志於從事壽險營銷的夥伴打造一個實現夢想、創造價值的平台。基於此承諾，戮力培育人才、發展團隊就是我們努力的方向。鑫山公司的英文名稱是「Golden Mountains Financial Service」（GMFS），這也體現了鑫山的使命與承諾：致力於為客戶提供最有價值的綜合金融理財解決方案，這就不只是保險銷售這麼簡單，我們更努力提升公司與營銷夥伴的財務規劃能力，以實現這個承諾。

鑫山創業後，我們立下了「品質經營」的目標承諾，作為差異化的競爭策略。從此以後，我們全力打造人才品質、客服品質、管理品質、業務品質，甚至職場品質，拉開與同業的差距，形成鑫山的核心競爭力。十年下來，我們在很多方面形成了經營優勢。譬如，鑫學堂和圓桌會館已成為鑫山品質的代言人，鶴立雞群於保險業；而鑫山的十三個月續保率，多年來一直維持在九六％以上，冠於同業，是鑫山業務品質的象徵。因為我們兌現這些承諾，所以員工和夥伴們認同公司，對鑫山有強烈的向心力及歸屬感。

領導的本質就是服務

在一個組織裡，領導者往往薪酬最高，掌握權力，擁有資源，也分配資源，甚至擁有生殺大權。多數時候部屬會盡心竭力的為領導者服務，領導者也會不自覺地期待被下級服務，卻忘記了自己應該服務組織和團隊，讓大家更有效率、更有生產力。

領導者所享有的福利和好處，其實是給予「領導」這個職位或角色的；但扮演這個角色，就需要承擔、付出相應的責任；如果疏於付出或無視於自己的責任，那他所擁有的職位、頭銜就只是一張名片而已，不是真正的領導者。

能夠爲部屬和夥伴服務，增加集體成功機會的領導者，就是所謂的「服務式領導」。由於過去幾千年的階級社會沉澱，在中國環境裡要有這種管理理念並不容易，但是保險行業中恰恰有很多領導者在這一點上做得非常出色，因為他們很清楚：保險行業的生產力的根源是營銷團隊，而培養營銷團隊、服務好營銷人員，會直接帶來良好績效。

真正的領導者能夠發自內心去照顧身邊的人，願意為組織和團隊服務。即使團隊成員與他的意見不同，他也願意花時間、精力甚至金錢來維護和保護團隊成員，願意犧牲自己的享受換取其他人的福利。

二〇二二年春末，上海突然爆發嚴重新冠疫情，確診病例數以萬計。三月下旬從浦東地區開始陸續隔離，到四月初，政府決定了開埠百多年來史無前例的封城，最後長達兩個多月才完成社會面清零、解封的目標。

突如其來的封城，使得上海市民在心理層面的壓抑及生活物資的匱乏都艱苦備嘗。

封城期間我人在台北，密切注意上海的封控情勢與員工夥伴的健康及生活狀況。公司管理層迅速採取措施，建議致送上海夥伴們「防疫關愛食品禮包」，解決部分家庭煮飯難的煩惱。總部夥伴們立即行動起來，各司其職分頭進行，尤其在當時物資和配送非常緊張的情況，排除一切困難，積極聯絡健康安全、有質量保障的食品供貨商，為每個夥伴配置了一大箱各式各樣、美味可口的懶人方便麵條，兼顧方便、安全與營養。

二〇二二年四月十九日及二十日，三百三十三份食品禮包經過細緻的打包和消毒殺菌，運送專車一份一份地準確送達每一位夥伴的手中。當一份份沉甸甸的禮包送抵夥伴的家中，傳遞的不僅是生活物資，更是鑫山領導層對夥伴們的關懷與用心，踐行了領導的本質就是服務的理念。

除了食品的供應，公司也給上海地區的夥伴們送上了一系列溫暖關懷——包括總裁親筆家書、分享心理健康課程、新冠防疫建議，以及組織在線鑫悅會和廚藝教學等，盡力給予每一位居家辦公的夥伴實實在在的支持，展現了鑫山以人為本的人文關懷。

"This is your ship"

《這是你的船》（*This is your ship*）這本書的作者麥可．艾伯拉蕭夫（Michael Abrashoff）艦長，描述他如何把「本福德號」（Benfold）從士氣低落的狀態轉變為美國海軍的王牌驅逐艦，怎樣一步步成為太平洋海域上最優秀艦艇的故事。我很喜歡這個故事，因為它生動真實地描述了一個領導者如何履行責任，透過堅強的決心、睿智的方式，改變一群烏合之眾，而變成一個士氣高昂、很有戰鬥力的團隊。他在「本福德號」所做的工作，正是我一輩子在領導旅程上所做的努力。

一九九七年，三十八歲的麥可．艾伯拉蕭夫接任「本福德號」驅逐艦艦長時，這艘配備了當時美國海軍最先進裝備的艦艇，卻是一支缺乏戰鬥力的團隊。艦上官兵士氣低迷，很多人厭惡待在這艘船上，甚至大家都想著趕緊退役，留任率不到三〇％。

美國軍艦艦長的任期通常是二至三年，在麥可之前的艦長大都存有五日京兆心理，不曾花太多心力在士兵身上。麥可接任後，他意識到要想改變這艘船，首先要改善自己的領導水平，學會從士兵的角度來看待這條船，他明白：「領導者務必先學會克服自身的局限，把組織的目標放在個人的利益之前。」

找出問題背後的問題

首先，麥可尋找士氣不振的原因，不是一對一的生硬面談，而是真正融入團隊裡，和大家一起吃飯、聊天、幹活等等。在這過程中，他傾聽士兵的需求，用同理心去溝通，他找出了大家對工作失去熱情的原因。比如：士兵沒有受到尊重，沒有機會參與到整個團隊的生活和事務，意見也不受重視，多付出的勞動沒有得到相應的回報以及工作單調等等。

針對這些問題，麥可一步一步地對症下藥。

第一、改善伙食。「民以食為天」，軍艦上幾乎都是男人，若管住一個男人的胃，就可以留住他的心。為了改善伙食，麥可甚至安排廚師去烹飪學校培訓學習。

第二、增加工作趣味。例如在甲板上投射ＭＴＶ屏幕，讓士兵邊跳舞邊拖地，或舉辦南瓜燈籠比賽等，極大地鼓舞了士兵的熱情，使得艦上的每個人都活力十足。

第三、讓聲納兵參與軍事演習的方案設計。因為潛水艇是利用聲納探測來發射魚雷，聲納兵無疑是最懂魚雷攻擊的人。所以，他召集所有的聲納兵，一起研究軍事演習的方案，並將方案提交給指揮官。在這過程中，麥可帶著士兵一起參加會議，極力地爭取和說服，雖然最後被上級否決，但讓士兵看到他是真心維護、支持大家，因此得到了大家高度的認可和信任。

第四、積極向上級爭取士兵的休假福利。按照軍隊慣例，演習結束後軍艦要回到某個港口休整。但由於「本福德號」在軍艦中的位階最低，所以它要等階級高的前兩艘軍艦陸續入港後才能停靠，但同時又必須在第二天一大早離港。為了讓士兵開心地休假，他極力向上級爭取提前停靠的機會，捍衛士兵的權益。

第五、提升士兵的技能及價值。在海上執行任務時，軍艦需要檢查過往通行的商船，但因為國籍和語言不同的限制，需要很複雜的流程才能完成檢查。有一天，有一位水兵提建議，說：「為什麼不建立一個數據庫呢？這樣就可以提升整體的效率。」雖然這位水兵只是一位剛入伍的士官生，但麥可還是給了他嘗試的機會。隨即在這位水兵的帶領下，艦船上的電子數據庫快速成形，原本需要好幾天的檢查流程直接被壓縮到了兩個半小時，最後被推廣到了整支艦隊。麥可懂得放大士兵的優勢，鼓勵並創造機會讓大家說出自己的意見，並擇優採納之，這使得很多士兵不但感覺到自己的價值，同時對艦長更加信任，無形中麥可擴大了自己的影響力。

第六、在一定的規範下，讓士兵獨立思考，自由發揮。有一次，在團隊復盤的過程中，一位水兵就當著大家的面，對著艦長說：「長官，你今天的指揮有問題，給我們帶來了不少麻煩。」而麥可也耐心地聽取水兵的建議，做出相應的改正。所以，水兵們發現，原來艦長不是個官大學問大的人，大家也更加敢於表達，反而幫助艦長優化並解決了很多問題，而且養成了不推託責任、從自身找問題、找答案的習慣。所以，當下屬在規定的範圍內，得到更大的自由度和自主性時，就會更加嚴格的要求自己，因為他們覺得自己得到了尊重和信任。當他們自主的去完成一件事情，並獲得肯定的時候，他們所得到的不只是薪水和職位，而是成就和自我價值的實現。

而在這領導管理的過程中，麥可最常說的一句話就是：「This is your ship !」也就是他反覆強調：「你是這條船的主人！」他要求每一位官兵都必須以主人翁的心態來管理和照料這條船，要主動承擔起責任。

麥可只用了兩年的時間，就將「本福德號」打造成美國海軍最出色的驅逐艦，士兵留任率上升至百分之百。

團隊成員的承諾

「本福德號」艦長麥可很成功地激發出他艦上官兵的承諾與責任感，讓團隊變成一支勁旅。其實他成功的關鍵，在於倡導主人翁精神。他不斷地強調：「This is your ship !」夥伴們受到尊重、有參與感，感覺到自身的價值，工作有樂趣、有成就感，自然受到感召而樂意熱情奉獻，團隊的戰力也就出來了。

作為一個企業，如果自己的員工也能確立一種**「這是你自己的公司！要讓它成爲最好的公司！」**的信念，我相信任何企業、任何時候一定都能立於不敗之地。

我在四十年前創建的營銷團隊「外勤主管經營委員會」的模式有異曲同工之妙。「經委會」是一個學習型組織，成員都是志願者，因為參與團隊的運作，獲得學習的機會而快速成長。成員做出承諾，承擔團隊責任，也相對得到成就感。很有意思的是，經委會成員付出大量的時間貢獻於團隊，反而他們的銷售業績更好，我們常說：「付出才會傑出！」就是這個道理。

鑫山強調「我是經營者」，強調業主精神（Ownership），倡導主人翁意識、企業家精神，與麥可艦長的理念是非常一致的。

領導者基於他的角色、身分，比較容易做出承諾、承擔責任。但對於團隊的一般成員，要對團隊和夥伴產生承諾跟責任，樂意合作，共同解決問題，則需要領導者更多的努力。領導者應當要花時間跟團隊夥伴建立互信的關係，把夥伴放在財務數字之前，讓團隊成員有歸屬感和安全感，當然，更要創造一個無障礙環境，讓成員發揮得有成就感、自豪感，團隊成員自然會為共同的目標而全力以赴。

團隊長和夥伴用主人翁的意識經營團隊，這跟朝九晚五的上班族思維完全不一樣。假設你是一位服飾店的老闆，人家問你：早上幾點開門？你肯定說：越早越好！人家又問你：晚上幾點打烊？你會說：越晚越好！人家再問你：週末開不開門？你一定說：當然開！（房租都已付了！）這就是主人翁精神的典型體現。

領導者的授權與擔當

鑫山成立十年以來，我作為公司的領航者，擁有四十多年的行業資歷，在海峽兩岸都擔任過大型保險公司的 CEO，管理經驗豐富；再加上鑫山的管理團隊都是我的學生和舊屬，公司裡自然而然的就習慣以我馬首是瞻，有一點中央集權的傾向。這樣的好處是決策快速，任何事拍板後立刻就能執行；缺點是凡事請示、凡事彙報，大家都不作主，在管理上不免少了一些授權與擔當。

由於疫情的原因，往返兩岸都需要隔離，實在不方便，因此連續三年，每年我都滯留台北好幾個月。我就想利用留台的時間，看看公司在我缺席的情況下，究竟能否如常運作，同時也訓練高管層更獨立做決策。

這一段時間下來，我發現，比起之前坐鎮在上海總部，在台北的我清靜了很多，不再有各種人或事打斷我的日常作息，沒有那麼多需要請示的問題，也說明了沒有我，公司也能正常運作。

就管理上的授權，我認為，不同的環境或階段應該有不同的作法，這跟企業的演化過程息息相關。一九九二年，我離開南山人壽，加盟第一人壽，去重建業務系統和團隊，那時幾乎事必躬親，從核保規則、產品規劃、組織改造、基本法，事必躬親、無役不與，等到業務上軌道之後，就逐漸放手，抓大放小，讓組織分工，團隊自主經營，取代中央集權。

二〇〇三年，我到中宏擔任總裁，那時，中宏在大陸已經成立七年，第一任總裁陳炳根先生把行政、信息、財務、精算弄得井井有條，而高層管理團隊大都來自香港，管理技巧及能力非常成熟，因此行政上我相當授權總部各部門，我則專注於開拓據點、培育營銷管理人才。八年多期間，我在中國大陸新開創了四十七家分支機構，等於一年就建了六、七家機構，速度相當快。二〇一二年創建鑫山，我又回到「校長兼撞鐘」的日子，典章制度系統都是我親自帶著團隊做，大小決定都是我說了才算。但多年後，鑫山已經步上軌道，業務已穩居保險經代的頭部公司，公司獲利良好，我又變成了強調授權、分工的領導者。

我一直認為，公司要快速發展，一定要進行合理的分工和授權，員工們也要有更大的擔當，要能夠自主做決定，這中間難免會因為經驗不足、視野不夠開闊、思慮不夠周延而犯錯，但錯誤是獲得長期成功必須要付出的代價。團隊中具備了「主人翁精神」，有「業主意識」，有「我就是老闆」的思維，那麼團隊成員對公司目標的承諾，對完成任務的責任心，必然充分的展現。

領導者的聲譽與品牌

領導者的聲譽對企業的品牌非常重要，所以維護自己的名聲是領導者的責任，這當中包括公眾形象、人品操守、經營評價等。市場上對一個企業的評價，除了財務報表外，另外主要的判斷依據是來自對這家企業領導者的評價。特別是股權投資、私募基金，在評估一家公司的價值時，領導者的權重往往佔到五〇%以上，也就是說，這些投資機構認為一家企業是否有遠景，值不值得投資，領導者的才能與操守是關鍵因素。

我曾經讀過一本領導學的書，書名是《這一生，你想留下什麼？》，作者是史丹佛大學的第十任校長漢尼斯（John L. Hennessy），任期自二〇〇〇年到二〇一六年，幹了十六年。他用謙卑、同理心、勇氣、真誠的領導特質，把史丹佛建設成全球數一數二的偉大學府，非常受人尊敬。漢尼斯有個心願，希望在校長職務退休後，在史丹佛做一個「領袖培育計劃」，目標是培育世界級的領導者，未來能為世界帶來真正的改變和進步。他向執全球運動品牌牛耳的 NIKE 創辦人菲爾．奈特募款，規劃成立專項獎學金。基於漢尼斯的聲望、信譽，菲爾．奈特獨力慷慨捐出美金四億元，只有一個條件：要求漢尼斯擔任第一任負責人，並共同掛名，這就是著名的「奈特漢尼斯獎學金」。這個獎學金每年從全球數千名申請人中挑選最優秀的五十名到史丹佛大學進修。菲爾．奈特之所以願意捐美金四億元成立這個獎學金，就是因為他相信漢尼斯，相信他能夠做好這件事。反觀如今一些企業，頻頻爆出各種醜聞，比如貪贓違法亂紀、掏空公司財務等等，相關領導者的名譽、形象自然蒙塵，為人不齒。

領導者有傳承的責任

一個企業或組織，要能夠永續經營、基業長青，領導者就必須做好傳承的規劃。很多出色的領導者在任期間，豐功偉績、成就非凡，但是卻沒有做好傳承，以至於企業富不過三代，甚至接棒人快速的走到岔路去。接班人是不是擁有相同的願景和遠見？是否能夠堅守企業的價值觀？團隊成員之間是否能夠種下根深柢固的企業靈魂和文化基因？

二十一世紀全球知名企業中，交棒的案例有成功也有失敗。失敗的案例比如：比爾．蓋茲將微軟公司的管理大權交棒給鮑爾默，雖然後者很有活力和熱情，但就是缺乏了蓋茲的眼界、遠見和價值觀，一味追求財報數字和業績的成長，使得微軟公司差點滑了一大跤。而成功的案例中，我最推崇的是蘋果公司。

大家都知道，賈伯斯的願景，不只是創造優秀產品，也要打造一個優秀的組織、一個能夠永續經營的企業。二〇〇九年，賈伯斯病重，在接受治療期間，指派庫克經營蘋果這個龐大的組織。庫克發表演說時說：「我們是為了製造優秀的產品，才存在於這個世界上，這一點，今後也絕對不會有所改變；我們十分重視創新的精神，在達成卓越之前都不應該自滿；犯錯時必須對自己誠實，具備改正的勇氣；無論是誰，做到什麼職位，都將在這家企業繼續發揚這樣的價值理念！」蕭規曹隨，庫克這次講話，把賈伯斯的信念說得淋漓盡致。二〇一一年賈伯斯辭世後，庫克接班了十多年，在賈伯斯建構的基礎上發揚光大，技術與獲利持續領先同業，迄今市值仍居世界頂峰。

除了接班人外，爲團隊和組織培養更多領導幹部，也是一個領導者的重要責任。組織裡，若只有少數幾個領導者，無法真正的強大，必須培養更多、更靠近基層的領導者。

二〇二〇年上半年疫情期間，我在公司內部開闢了「培養領袖講堂」在線的十講課程，每週三晚上對公司內外勤超過五百位夥伴授課，連續十週，目的就在全面提升公司幹部的領導能力。另外，針對新上崗的機構總經理或部門主管的入職培訓課程，我都會主持一天的「領導力工作坊」，以強化重要幹部的領導力。除了這些正式的課程外，在工作中、會議上隨機隨時的耳提面命，我更是從來沒有斷過。

領導者承擔外部責任

身為一個領導者，隨著身分、角色、職務的改變，必須要承擔組織外部的許多責任，而外部責任的履行，也在一定程度上，反映企業的品牌和企業的聲譽。

二〇一二年鑫山創業不久，我參加了上海市台商協會，當時的目的只是拓展人脈、開發台商的企業市場。過了幾年，台商協會會長想要成立一個「金融行業工作委員會」，作為在滬台商金融業的社交聯誼、信息交流的平台。台商在上海的銀行、證券、保險、期貨、租賃、投資等金融機構有上百家，台灣派來駐滬的高管都非常專業，身經百戰，可謂人才濟濟。

但由於金融業大都為集團企業，派駐上海的金融管理人員清一色都是職業經理人，三五年任期滿了就要調走，駐蹕上海的期間缺乏長期性和穩定性。台商協會希望「金融行業工作委員會」的負責人，最好由一個在上海創業的企業主來擔任，於是就找到了我，邀請我出任主任委員，同時兼台商協會的副會長。

將近兩年期間，我一直推辭，主要是因為當時鑫山創業不久，公司還沒有獲利，我覺得不該花太多時間、精力在其他事務上。到了二〇一六年，公司業務穩定並開始盈利，我這才同意籌組。其實我知道，出任「金融行業工作委員會」的主委，要承擔相當大的壓力，包括官方的溝通，組織會員的聯誼活動，舉辦參訪、講座、論壇，還要協助會員排除一些政府手續上的可能障礙；不但自己要承擔很多經費，時間付出也很大。但我心裡也很清楚，這是一個企業領導者很難迴避的責任：外界對你有所期待，做得到的範圍內，就必須勇於承擔。

後來，我又出任了台灣政治大學上海校友會的會長。一九九四年到一九九七年，我曾就讀政治大學的企業家進修班，收穫非常大。為感謝母校栽培，我很樂意照顧、服務在上海工作的學弟學妹們，扮演一個母校與校友間橋梁的角色。我覺得這都是非常有意義、非常有價值的事，雖然必須承擔更多的責任與資源。

當然，這些事情對鑫山的公司品牌和聲望絕對有促進的效果。台商協會、校友會很多次的活動，都會利用「鑫學堂」來舉辦。鑫山在台商圈裡，相當有名望，上海市台辦的領導、台商協會會員、台灣校友會的成員談到鑫山時，也都非常認同，這些對鑫山的品牌都有很大的加分。

社會責任與公益活動

我認為，企業存在於這個社會，運用社會的各種資源，從事生產與服務的工作，獲取利潤，以謀企業的生存，這中間，企業本身的投入、努力，以及承擔的風險都是巨大的，然而社會資源的挹注，市場或政府提供的養分、支持也是發展不可或缺的。因此，企業家和領導者承擔一定的社會責任，是被社會大眾期待的。所謂「取之於社會、用之於社會」，正是這樣的概念。

社會責任涵蓋甚廣，包括環境保護、社會風氣、產品責任、公共安全等，當然扶貧濟弱的慈善活動及文化、教育、醫療的公益事業更受到矚目。

一個卓越的領導者或知名的企業家，特別是具有公眾影響力的人物，應該要常常問自己：這一生的奮鬥，最後會留下什麼遺澤？也就是說，你這一生，對社會、對民眾有什麼幫助？有什麼貢獻？你做了什麼有價值、有意義的事情留下來？也許有人在乎名聲，這無可厚非，但更重要的是，你被幸運之神眷顧，得天獨厚，在功成名就之餘，有沒有發揮自己的生命價值和社會價值？

巴菲特和比爾．蓋茲是美國的首富及次首富，都捐出九〇％的財產，成立基金會，專門研究如何攻克癌症、病毒來造福人類；鴻海的郭台銘先生是台灣首富，捐了台幣兩百億元成立「臺大癌症醫院」，後來錢不夠，又追加捐贈台幣兩百億元。類似的這種慷慨義舉，不勝枚舉，都令社會大眾尊崇。但每個企業或個人的狀況不同，若能量力而行布施，來共建和諧社會，則領導的風範自在其中。

我做了一輩子保險，深刻體會壽險事業利他的精神，所以年輕的時候就投入一些慈善公益活動項目。譬如在第一人壽時期，擔任「喜願協會」董事兼義工，積極參與為三歲到十八歲的重症少年及兒童，實現他們人生可能的「最後願望」的種種服務活動。我也曾運用第一人壽的力量，發動公司的內外勤夥伴，在淡水捷運站廣場舉辦大型的義賣活動，為喜願兒募款，很多知名的藝人及社會人士都前來助陣。

二〇〇三年初，我到了上海，擔任中宏人壽總裁，在內地開拓事業的同時，公益也是我經營發展之外的另一項堅持和投入。就在同一年，我設立了「中宏社會關懷承諾日」，連續八年，每一年都會推出不同主題的公益活動，在健康環保、癌症研究、兒童教育、殘疾人救助等多個領域展開，倡導「持續公益」的理念，傳遞慈善惠澤天下精神。二〇〇八年汶川大地震後，我也深入四川災區，帶著成都夥伴義工給予受災群眾心理關懷，也通過義賣募捐善款，為災區兒童購買助聽器，實現近四千個夢想，也曾連續兩年共資助四百五十位貧困老人做白內障手術，讓他們重見光明。

利他與感恩的價值觀

二〇一二年，我創立了鑫山，公益之心也一直延續下來，把「樂善好施」寫進鑫山家族文化三十三條之內。鑫山提倡「利他、感恩」的文化，我們引導員工積極參與公益項目和慈善活動，多做對社會、公眾及周遭環境有價值之事，將愛與善的種子廣泛播種，影響並鼓勵身邊更多人參與進來。

鑫山這十年來，除了公司捐款之外，另外通過義賣、義拍、樂淘等方式募集善款，也盡力將每一筆善款用到最需要的地方。從最初的「一份早餐」公益項目，連續四年為雲南怒江貧困山區孩子們解決早餐問題，到設立「鑫山傳燈公益計劃」，利用鑫山的培訓專長，以教育的方式來促進孩子心智成長，開闢了更多元的公益形式。例如舉辦「少年成長勵志營」，我們以中華傳統文化為基礎，融入國學教育，並以現代企業管理方法，助力清寒學生提升綜合素養、擴大視野。又設立「華德助學金」，鼓勵品學兼優、天資聰穎但家境相對困難的學生，擁有更優質的教育機會，成長為社會的棟梁之才。鑫山還將連續五年捐助支持「小蝸牛圖書室」，為偏遠山區兒童籌建圖書室，開拓閱讀空間。展望未來，鑫山仍將持續擴大公益投入，完善公益參與機制，將愛與責任輻射到更多地區，盡己所能為更多有需要的人群提供幫助。

我深信，當一個企業在履行社會責任的時候，就能夠充分地體現個人、團隊和組織的價值，這是非常高尚的承諾，是非常有意義的對社會的回饋，更是企業領導力的展現。

第八講

看見未來：小巨蛋的一場饗宴

小巨蛋的盛會

二〇一二年十月五日，我到了台北南京東路小巨蛋體育館參與一場盛會。《商業周刊》為慶祝成立二十五週年，在小巨蛋舉辦一場萬人出席的活動，主題為：「商周之夜．創新啓動未來」。周刊雜誌社用答謝讀者、服務客戶的形式來慶祝週年本身就很創新，而活動構想又別出心裁，一者在萬人體育館舉辦，二者沒有邀請官員做應景的致詞，活動的亮點是播放蘋果創辦人史帝夫．賈伯斯的專訪紀錄片，又請了三位國外演講嘉賓做趨勢分享。

我初接到邀請卡時沒太注意，因為我人在上海，正忙著籌備鑫山開業慶典儀式。但時任《商業周刊》執行長王文靜女士一通電話，讓我飛回到台北參與這場盛會。她說，賈伯斯的採訪影片非常珍貴，非常值得觀賞，錯過了可惜。

沒有料到，當天晚上變成一場經營思維的饗宴。賈伯斯的專訪影片長達一個小時，讓我相當震撼，特別是我剛創辦鑫山，未來在大陸市場如何開創新局，如何脫穎而出，給我深刻的啟發。

這部影片是賈伯斯在一九九五年接受專訪時拍攝的，但不知何故從未播出，完整影片竟被遺忘了。直到二〇一一年賈伯斯辭世後，該片導演保羅．森（Paul Sen）在車庫中意外發現影帶，才重現並公開這段珍貴的專訪。影片中，賈伯斯暢談他被逐出蘋果，創立 NeXT 的心路歷程；他對人才團隊的看法；他對約翰．史考利（John Sculley）的恩怨情仇（按：史考利是賈伯斯從百事可樂引進蘋果擔任董事長，最後自己反被史考利逐出蘋果）；他對 IBM、微軟、全錄這些科技巨人的評價；以及他對未來科技發展的真知灼見。影片中，可以強烈感受他的熱情和遠見，對產品完美呈現的執著，對人才的重視，還有對文化的品味，對工藝技術的完美追求，對科技趨勢的精準遠見等等。

而那時是一九九五年，正是賈伯斯人生最低谷的階段。他只擁有 NeXT，一個營業額不到美金一億元的公司。

隔年一九九六年，蘋果買下 NeXT，再過半年，蘋果迎回賈伯斯重掌蘋果。後面幾年，iPod、iPhone、iPad、iMac 接踵問世，把蘋果推到世界頂峰，直到今天，仍然是全球市值最高的公司之一。而最重要的是，賈伯斯實現了他對未來懷抱的夢想：改變人類生活的方式，讓生活變得更簡單、更高效、更有品味。

今天的網路世代，無論是通信、社交、搜尋、數據影像、消費、甚至防疫，沒有一樣能離開網路。然而，回頭看賈伯斯受訪的影片，在一九九五年網路仍未普及的年代，他所描述因特網對未來生活和消費的影響，竟一一實現。

賈伯斯本人就是一個傳奇，一位能夠看見未來、塑造未來、共享未來的偉大領導者。

看見未來、塑造未來、共享未來

未來很虛空，看見未來，就好像從虛空中看見實景，必須要有豐富的思維和想像力，這是卓越領導者的能力和特質。他不但能看見未來，還能具體描繪並分享給追隨者。領導者談未來，一定會談願景，也就是說願景是領導者對未來概念的具體描述，當組織達成目標後會呈現的景象。願景有長中短期目標，當完成各階段的目標時，願景就實現了。

網際網路最早出現在一九六九年，是現代網路科技的基礎建設，起初只是連接服務器，進行數據的連接與分享，後來被廣泛應用到郵件的溝通、信息的傳送，直到二十世紀末。然而進入二十一世紀，迄今僅僅二十年的時間裡，一些偉大的創業家利用網際網路改變了世界。例如谷歌用網路把全球信息與人連接起來；臉書的祖克柏用網路把人與人連接起來；亞馬遜的貝佐斯用網路搭建販賣商品的平台；蘋果的賈伯斯用網路來搬運數據、音樂、影像，又精巧地植入他創造的智慧型手機，把它移動化，最終徹底改變人們的生活方式。

領導者或創業家有夢想，所以看到未來；透過願景描述未來；透過培養團隊人才、創造產品去形塑未來，並與人們分享未來。這些人真正的偉大，是因為他們不是只關心利潤和營收規模，他們更多談的夢想及使命感，就是去促進人類的生活。像阿里巴巴，創業初期的願景是「讓天下沒有難做的生意」，把公司存在的理由與價值做了簡單易懂的描述；但十年後，已經有幾十萬、上百萬的賣家在平台上銷售運營時，他就開始省思阿里巴巴未來的路該怎麼走，才會提出存在一百零二年的願景，到二〇三六年服務二十億消費者，創造一億人就業，幫助一千萬家中小企業盈利的新願景。因為領導者清晰的闡述，團隊的生命力得以延續。

亞馬遜的貝佐斯，二〇一八年在接受《富比士》雜誌的採訪中有一段經典的話：「在公布一個季度財報之後，朋友們來祝賀我說：『嗨！幹得不錯，又是一個豐收的季度！』我會說，『謝謝，這是我三年前的規劃，我現在在做的是二〇二一年的事情了。』」貝佐斯的意思是，現在的經營成果三年前就決定了，而三年後的績效是今天正在做的努力，現在所做的一切都是為了未來。毫無疑問的，這些卓越的領導者其實都是出色的未來學家。

領導者如何創造未來

一、溝通未來場景

創造未來不是一個人的事，需要團隊的努力。儘管領導者心中有一幅圖畫，但要花時間與團隊夥伴談未來，把未來化成具體景象，讓團隊成員相信並承諾一起去實現未來的願景。**領導者要讓成員參與策略及計劃，讓團隊每一位成員看到屬於自己的任務，喚起團隊成員自我向前的動機，激發他們的內驅力。**

領導者不但談未來，還要經常談，在每個地方都談，利用大量的細節描述讓願景能夠栩栩如生，確定每個人都和他一樣，能很清楚的看見未來那幅圖畫，包括成功的模樣，大家在未來的成就中可以獲得哪些好處，因為這是激勵團隊，注入團隊成員積極、進取、活力的最好方式。

二〇一九年十一月，一位香港宏利人壽集團的老朋友到辦公室來看我，推介他自己公司開發出來的展業工具，掛置在手機的APP裡。那個時候用移動端工具展業，主要還是運用平板電腦（Pad），甚至是手提電腦（PC），用手機APP還在萌芽探索階段。我看到了手機必然成為辦公桌的延伸的這個趨勢，立即在總部組建了項目團隊，取名為「鑫秘書」系統，提出戰略目標：為一線營銷夥伴賦能，提供增員、銷售、團隊管理的系列智能工具，以營銷夥伴的視角規劃鑫秘書的各個模塊，包括銷售、產品、保單服務、增員、業務活動、學習平台、榮耀成長之路，以及團隊管理，甚至投單平台等，目標在為營銷夥伴提供「秘書化」的支持服務平台。

為了實現目標，項目團隊面談了多家金融科技公司，隨後新冠疫情爆發，阻隔了進度，耽誤了半年時間，最後終於在二〇二〇年五月，鑫山選定和保險龍頭科技企業「眾安科技」合作，採用行業領先的雲端架構及微服務架構，聯合打造「鑫秘書」系統。「眾安科技」技術能力很強，但對壽險運營的觀念和流程不熟悉，而鑫山管理幹部對壽險運營的理解和實務操作的經驗在業界又是首屈一指，兩強結合，做出的成果很令人滿意。

自從立項後，鑫秘書系統變成我與營銷夥伴最熱門的話題。我參加的營銷活動，大型的如年度風雲會、進修營、分公司開幕慶典，小型的如早會、總裁榮譽餐會等，我不厭其煩地說明「鑫秘書」長得什麼樣子，會給大家什麼幫助，現在的進度到哪裡，什麼時候可以上線。由於我第一手的傳播，夥伴們的熱情高漲，期待非常殷切，全公司都對未來充滿了信心。

經過十幾個月的需求調研、系統開發、測試及數據遷移，終於在二〇二一年七月一日成功上線了鑫秘書一．〇版的《經代核心系統》。緊接著二．〇系列，即一站化的投單平台出台，和二十餘家保險公司及第三方平台實現數據對接，並在鑫秘書APP的保險商城上線了上百款電投產品，大大提高一線夥伴的展業效率。二〇二二年七月，鑫秘書又推出三．〇系列——「鑫學院」在線學習模塊，將在線學習和線下培訓相結合。

因為長時期疫情的催化，我預見未來壽險平台的在線運營將成為主流，即使是營銷夥伴在線下銷售，在線運營能力也會是經營效率的關鍵。為了進一步在這方面賦能營銷夥伴，鑫秘書持續優化，逐步推出V四．〇系列工具，通過便捷的在線銷售工具及豐富的產品責任條款分析，為營銷夥伴實現保戶需求分析、保單診斷、產品對比、家庭組合計劃書及電投的銷售，也通過核保助手等功能提升非標準體客戶的投保效率。

未來，為了適應新媒體時代的發展，鑫秘書五．〇系列計劃推出品牌及獲客工具，加大公域品牌營銷，從公域引流受眾，再運用私域、社群、直播等方式，持續培育潛在客戶和增員對象，通過漏斗模式將有價值的流量分配給營銷夥伴，多方面賦能營銷夥伴提升個人品牌及獲客能力。

在今天，手機已經成為一種生活的方式。而未來，因為「鑫秘書」，手機在哪裡，鑫山夥伴的辦公桌就在那裡。

二、聚焦長期思維

談未來，要聚焦在長期思維，要著重在長期可持續的成就，而少看短期成果或利潤。只有思考長期，才能為企業創造更高價值，才能創造出真正優秀的事物、產品和服務，才能永續經營。蘋果賈伯斯的觀念不是追求當期盈利，而是致力創造出類拔萃、能改變人類生活的好產品，結果是不求自得，蘋果獲得了很高的利潤，長期居於全球市值第一的地位，但賈伯斯的理念才是讓蘋果成為一家卓越公司的真正原因。

鑫山目前正在接受券商上市輔導。很多公司會因為積極籌備上市而扭曲營運策略，如重視短期績效、避免長期資本投入、削減人事及日常開銷，以美化帳面。但鑫山不會因為上市而扭曲發展策略或做財務調整。譬如，保險經代行業規模要做大，有一個快速的手段，就是提供高額佣金，吸引同業營銷人員掛靠做「飛單」，製造出保費規模。但鑫山堅決不做飛單，每一張保單都是自己的營銷人員賣出，確保優良的業務品質。

鑫山為了長期發展，培養人才，每年在培訓上投入的經費相當巨大。譬如高客經營的特訓班，我與劉長坤律師、毛越老師簽定三年顧問合約，連續三年每月定期來公司訓練營銷夥伴經營高客市場的技能，投入人民幣數百萬元計；我請台灣政治大學的教師來指導管理案例教學的課程，提升主管的管理水平。另外，鑫山有一個獨門的課程，就是命理風水，敦請我臺灣大學歷史系的學弟顏伍雄老師講授九宮學理的課程，談流年運勢、人生的貴人及機會點、婚姻、財運、陽宅風水等，多年來長期指導公司的夥伴，透過這些命理知識來做客戶服務及增員活動。這些行動背後的想法，都與上市無關，而是長期主義的思考。

三、懂得選擇與放棄

領導者思考未來，如經營策略、產品發展、市場定位、戰略布局，必須要懂得做選擇與放棄。企業經營如果包山包海、什麼都做，那是不現實的，因為企業資源和專長優勢都是有限的。最難的不是你選擇什麼，而是該放棄什麼。先要檢視自己的核心能力、競爭優勢、目標願景和組織定位，來決定要什麼，或者不要什麼。

賈伯斯一九九七年受邀重返蘋果公司，當時蘋果正陷入經營的困境。他開出來振衰起弊的藥方，不是刪減經費，因為他知道緊縮開支會失去動能力量；他放棄多項成熟的產品，而聚焦在創新的產品上增加投資。果然，蘋果公司在二〇〇一年成功推出 iPod，把音樂藏在口袋，隨身帶著幾千支歌曲，完全改變人類聆聽音樂的方式，重振蘋果在全球科技業的雄風。

由於互聯網科技的進步、疫情封控的催化、年輕世代消費群的興起，使得過去兩年互聯網保險平台變得相當紅火，線上業績快速崛起。不但如此，這些互聯網經紀代理公司，在嘗到在線的甜頭後，又積極轉向線下，以有效整合線上線下的銷售。由於他們的出色業績，使得鑫山部分管理層起心動念，建議公司去探索經營在線的可能性，這也在管理層之間起了義利之辨的討論。

我個人是不贊成的，因為鑫山管理幹部擅長的是高專業的線下運營，特別是人的領導與管理，這是過去賴以成功的模式。貿然投入不熟悉的在線業務，風險大，效益低，失敗的機率高。我反而認為，線下的經營還有很大的空間。專注線下，大量培養團隊及人才，做到極致，生存空間就夠大。

這也是一種選擇與放棄。

目標的制定

我很喜歡打高爾夫球，因為它是很典型的目標運動，目標感很強烈。一場球十八個洞，每一洞都有標準桿，讓球員有具體的目標，知道這個洞打得好不好。基本上每個洞十五分鐘內可以打完，就立竿見影看到自己的成績好壞。這洞平了或低於標準桿，就很有成就感；這洞打壞了，下一洞還有機會爭取打好。每一洞都有新的目標、有新的希望，所以樂趣無窮。

美國著名高爾夫球員傑克・尼克勞斯（Jack Nicklaus）縱橫球壇幾十年，獲獎無數，大師風範非常受人尊敬。他有一句名言：「我在擊球的時候，看不見前面的沙坑、水塘和長草，我只看到果嶺。擊球時那一剎那，我已經在心中描繪了球落在果嶺的景象。」他道出了成為大師的心理秘訣，原來他無視於障礙，心無旁騖，只專注在目標上。

邁向未來時，先要確定目標。目標就是我們要做到什麼？往哪裡去？團隊建立的目標，透過成員的參與、協力與合作，創造出預期的成果，這個成果就是大家期待共享的未來。

鑫山每年都設定年度經營主題，引導夥伴們專注在年度目標，以凝聚共識、整合行動策略。二〇二〇年鑫山的年度主題是「自主經營，管理創新」，目的就是強化主人翁意識，激發內驅力，其次就是在科技上賦能管理和營銷，致力於科技工具的提升。二〇二二年的主題是「深化改造，變新變強」，聚焦改革，致力於人才發展、品牌宣傳、營銷團隊經營、產品、存量客戶服務的種種變革，以因應後疫情時代市場急遽的變化。

曾經有個機構做過一個測試，目的是了解高階主管對公司目標掌握的程度。有六百家公司的高階主管接受邀請，請他們說出所屬公司最優先的三大目標。在測試前，主辦機構事先預測應該有六四％的人可以說出自己公司最優先的三大目標，結果出乎意料的，能正確講出目標的人卻只有二％。

所以，領導者要不厭其煩的讓夥伴知道團隊目標，通過各種場合不斷強調目標，反覆溝通目標，以期夥伴對目標的理解和領導者一致，如此才能充分凝聚團隊的力量，才能共同邁向未來。

創新、成長與改造

創新是塑造未來、追求成長很重要的能力。**創新不是一個想法，也不是一個企圖，不僅僅是一個創意，更不能是一個口號，而是一種開發能力，把合理可行的想法付諸執行。**成功創新的結果能夠吸引市場客戶，創造營收利潤，改善質量或降低成本。**創新的關鍵在領導者是否看到變革的需求，帶頭驅動創新？能否溝通團隊成員建立共識，堅持創新的系列努力？**

企業過去的成功往往會阻礙創新。譬如，IBM做商用電腦太成功了，當個人電腦時代來臨，它就沒辦法漂亮轉身，迄今在個人電腦領域仍無一席之地。歐美日各大老牌汽車廠享有數十年的品牌優勢，但流於慣性的思維，一旦電動汽車市場出現，難以掉頭，結果特斯拉電動車以新銳姿態，在市值、市佔率上遠遠拋開傳統汽車業的老大哥們。

北大西洋公約組織有一次舉行軍事演習，幾個國家的指揮官都聚集在演習指揮部觀看部隊操演。其中一個盟軍的指揮官看到法國炮兵部隊中，有六個人負責一部炮車，其中五個人忙碌操作，各有所司，但第六號炮兵始終不動地站在炮車邊，於是便詢問炮兵指揮官，這個炮兵是做什麼的。但指揮官不知道，便一級一級問下去，營長、連長也不知道，於是查閱炮兵操典。

原來在十八世紀末拿破崙時代，炮車是用馬拉的，當開炮的時候馬會受到驚嚇，六號炮兵的責任就是穩住馬、拉住馬。可是兩百多年過去，炮車早不用馬拉了，卻相沿成習，炮兵的組織結構依舊沒變。這個笑話故事，嚴肅說明了慣性思維的可怕。

頓挫帶來省思

二〇一九年，鑫山度過了八歲生日。在過去七個完整的會計年度，我們的業績整整成長二十四倍，年複合成長率五七％，在保險業中，有這樣高速成長的成績，可以說相當出色。二〇二〇年，碰上了新冠疫情，鑫山沒能免於劫難，出現了創業以來首次的年度負增長，當年營收衰退一〇％，獲利比前一年大減二〇％。快速成長七年之後的第一次衰退，讓我誠實地低頭去看：現在的我們到底發生了什麼問題？為何大環境的逆襲就讓我們陷入停滯？應該怎麼調整，我們夢想的未來才能順利達到？

我發現，鑫山依賴過去成功的經驗，相沿成習，管理階層處在舒適圈，開始墨守成規，顯露出老化的疲態。這時，我血液中創業者的急迫感、危機感又開始上升。是改變的時候了！過去的經驗顯示，顛覆舊習慣，總是會讓人害怕，會引起不安，會造成組織動盪，但為了更美好的未來，這是一條無可避免的路。

我做保險至今，已經進入第四十七年，在兩岸間經歷了許多市場的變化。過去的改變，大都是漸進式的，很少是在某個時間或某個階段裡有劇烈的變化，但是從二〇二〇年開始到現在，產業發生了顛覆性的變革。譬如過去二十年，我都認為保險是人與人互動、有溫度的行業，所以互聯網保險對市場的影響不會太大，但是疫情完全改變了這個業態，疫情阻隔了人與人頻繁的互動，因此催化了互聯網保險的飆速發展，也深刻影響平台經營、產品開發及銷售的行為。產業之所以劇烈震盪，互聯網牽動的還只是其中之一，許多因素都在這個階段一起爆發，造成前所未有的劇變。

產業及市場的變化與挑戰

首先，因中美貿易戰及疫情管控，導致長期的經濟下行，消費者對未來充滿不確定性，以致比較謹慎，特別是高奢品或非剛需品動力減少，家庭保險費的支出首當其衝，買氣偏保守，業務量明顯萎縮。

其次，如同上述的，疫情催化了互聯網保險的崛起。九〇後的年輕消費族群是互聯網的原生代，他們偏好網購，同時重視獨特產品、服務體驗等特性，與傳統客群很不一樣。業界的統計數據顯示，這兩年購買保險的人群中，九〇後的佔比，從五％提升到了接近二〇％，也就是說，年輕消費族群漸漸成為主流。在很多業者還沒來得及發現趨勢現象時，市場已經變得不一樣了。

第三，人口結構老齡化現象明顯，養老需求突出。政府現在也發現養老的需求，提出了「養老中國」的政策宣示，代替過去的「健康中國」，這是整個大環境的一個變化。但除了少數幾家保險公司外，大部分業界仍沉浸在重疾險、健康險的慣性思維中，並沒有做好太多準備。

第四，二〇二一年初「重疾新規」頒布實施以後，重疾險自第二季度崩塌式的銷售現象，導致低端的保險營銷人員大量流失。一年多的時間裡，全國營銷人員從高峰的近千萬人，流失到現在剩下四百多萬人，嚴重衝擊了整個保險行業。而變化來得又兇又急，多數公司反應不及而束手無策。

第五，明確了互聯網保險監管政策。「互聯網新規」自二〇二二年初開始實施，對互聯網平台，包括保險公司及銷售業者做了嚴謹的規範，對執業資質及銷售對象做了明確的規定。「新規」的實施，完全顛覆了業界玩家的生態，立即遏制了互聯網保險的野蠻蔓延，有效遏制飛單的猖獗現象。自然有一部分互聯網平台玩家轉進線下，仍用在線思路做飛單業務，但若監管政策持續收緊，這樣的路子很難走遠。

第六，全國「雙錄」次第執行。所謂雙錄就是客戶簽訂保險契約時做錄像、錄音的流程要求，以避免銷售誤導，並明確保戶購買的真實意願。它間接的正面作用是避免飛單氾濫，但因為雙錄的軟件、法規不夠完善，各家保險公司的要求內容也不相同，雙錄對銷售造成了極大影響，各機構在實施初期幾乎業績都腰斬，這需要一段時間才能逐漸適應。

第七，科技含量形成人才競爭的關注點。隨著金融科技快速發展，保險科技也日新月異。特別是大陸市場龐大，ＩＴ人才眾多，保險科技形成百家爭鳴的態勢，舉凡展業工具、營銷管理軟件，如整合式家庭計劃書、保單診斷及產品庫、需求分析、預核保、客戶管理、團隊管理、個人經營檔案等推陳出新，聯機上學習平台都非常完備。短短兩年時間，這些科技裝備已經成為經代公司爭取人才的基本門檻，而不是優勢了。

啓動改造，展望未來

鑑於上述的產業及市場的變化與挑戰，我從二〇二一年六月一日就正式啓動了鑫山的改造工程，提出「深化改造，變新變強」的宣示，把二〇二一年訂為鑫山的改造元年。我的目標是希望在三年內，讓鑫山從經營的疲態，脫胎換骨，而變新變強。而二〇二二年，適逢鑫山開業十週年，更是進入改造的深水區，各項資源的投入，各種計劃的推動，正如火如荼的展開，不因疫情管控的影響，而有絲毫放慢。

第一、人才引進及發展策略。古有明訓：「中興以人才為本」，經代公司以營銷為主體業務，而營銷管理的核心人才就是機構總經理和外勤團隊長。過去三年，鑫山在引進這種人才的數量是嚴重不足的，也導致發展的速度變慢。未來勢必用更積極的方式引進優秀人才，來因應規模擴充的需求。

人才年輕化是重點，因為我們面對主流消費群年輕化的趨勢，而年輕的管理階層更能貼近市場與顧客。除了極特殊的例子，鑫山已不聘用四十歲以上的部門主管或機構總經理。至於白板營銷人員更鎖定九〇後、高學歷、具備營銷特質的年輕人。為此，鑫山特別推出青年領袖計劃（Y計劃），每個月一期，每期計劃培育三年，長期重點培植未來的團隊長人才。Y計劃是一個人才種籽項目，開頭起步不會太快，但今天有五個種籽，一年以後它可能就是五十個，兩年後可能就是五百個。惟有長期主義，這項人才發展策略才能落實成功。

另外鑫山對存量的營銷主管也重點進行改造提升的努力，從二〇二一年開始，持續推動「Ｄ計劃」和「Ｓ計劃」，除了強化主管的經營實力外，更重要的是激發主管們的內驅力，建立「我是經營者」的主人翁意識及企業家精神。

第二、品牌策略。鑫山一向注重文化氣質、品質經營，但過去我個人比較低調務實，在品宣上比較保守、傳統，鑫山有一些獨特優勢不為外界知道。但這幾年，新媒體快速普及，年輕化又是趨勢，品宣勢必改頭換面，做重大變革。

從改造年啓動，公司就開始推廣ＩＰ人設的打造，首先做全國性培訓，請專家老師來教營銷夥伴做短視頻、開直播。接著總部設立「新媒體中心」，更進一步用公司資源開闢各種直播間欄目，製作增員視頻，重推公司宣傳片。又成立了「品牌設計中心」，專司公司各色各樣的平面設計。這兩個中心的特色是成員平均年齡不到三十歲，完全是互聯網世代的年輕人，他們的作品徹底顛覆了傳統鑫山的刻板嚴謹形象，生動活潑、充滿朝氣活力、洋溢青春的色彩，但又能表現鑫山品質經營的特色，讓營銷團隊及客戶群都非常驚艷。

二〇二二年適逢鑫山十週歲，市場部規劃了長達半年的各項慶典活動，以「Next Ten Next You」（未來十年，有你更好）為主題，以「價值、成長、多元、創新」為內涵，展開各項品牌、客服、公益的事件活動，熱情奔放的氣息，瀰漫整個公司，一新耳目。鑫山的第二個十年開始，已經跨出了形象改造成功的一步，致力朝向成為年輕世代喜歡、關注的品牌。

第三、營銷賦能策略。科技工具肯定是賦能營銷的重點，但不僅於「鑫秘書」的推動，增員的支持賦能是另一項重要的投入。鑫山在二〇二一年第四季度開發了「大型事業說明會」（Grand COP）的操作模型，取得很好的成績；另外，啓動內渠道增員，放開全國性跨區異地增員，鼓勵營銷夥伴建立跨全國團隊，輔以配套措施，初步展開後效果很好，逐漸擴大效應，在未來幾年，會成為增員的重要渠道。

第四、構建在線運營的能力。經過三年疫情的催化，市場上提供的在線軟件、平台越來越成熟，使得很多傳統線下的工作成功轉移到在線，且效率更高，效果更好。舉凡增員、培訓育成、營銷支持、獲客、溝通管理、客戶服務到品牌宣傳，也就是除了壽險商品銷售外，幾乎都可以透過在線來實現。在線運營能力的強弱，未來會決定經營成本、客服效率和管理水平。鑫秘書、鑫學堂、新媒體等都已初步建置，未來會持續完善，必然是鑫山未來重要的競爭能力。

第九講
企業文化：鑫學堂是文化的標記

鑫學堂的誕生

「鑫學堂」的誕生，既是偶然，也是職業生涯長期思考的必然。而毫不意外的，它成爲鑫山品質經營、人文關懷的標記，因爲它雖然是一個商業空間，但底層的思維是文化，自然也會成爲鑫山文化的代言人。文化很難複製，所以鑫學堂成為中國保險界的獨一無二，成為鑫山在業界與眾不同的標誌。

二〇一七年四月下旬，富邦華一銀行上海外灘支行開幕，我以「上海台商協會金融工委會」主委的身分應邀觀禮。外灘支行坐落外灘萬國建築群中，在典雅的花崗石建築內，以「書店銀行」的風貌呈現，強烈的書香人文氣息，令我非常震撼，深受啓發。

大學時我就讀臺灣大學歷史系，因修課關係，常出入台北故宮博物院，深受歷史人文教育薰陶；我年輕的時候，幾次到海外保險經紀代理公司參訪，對卓越團隊擁有的高品質職場的風貌非常羨慕；星巴克咖啡館提供了新的生活空間；誠品書店創造了城市人文的書香空間；這些都令我嚮往，而長期沉積在內心深處。直到我看到了富邦華一外灘的「書店銀行」，才恍然原來一個金融保險行業的營業場所也可以做成書香人文的空間，觸發了埋藏在內心的夢想。

從外灘支行回到公司不久，我就租下總公司大樓「陸家嘴世紀金融廣場」一樓的一個單元約三百平方米的空間。半年後上海鑫學堂誕生了。

鑫學堂與文化的連結

鑫學堂的設計師是我次女詩瑋，畢業於加州聖荷西州立大學室內設計系。我跟她溝通：中國地大物博、歷史悠久，人文思想沉澱厚重，每個城市各有獨特的歷史、生活方式及建築風貌。我希望創造出一個辦公室以外的工作空間，提供給鑫山的夥伴使用，有學習培訓、工作交誼、接待客人的功能，又能夠結合書香韻味及在地城市獨具的歷史人文特色，它不該只是一般高級會館所呈現的商業的華麗而已。也許是設計師從小耳濡目染，心意相通，理解我描繪的景象，忠實地做出鑫學堂的獨特人文風格。

二〇一八年一月充滿海派風格的上海鑫學堂落地啓用，緊接著同年六月杭州鑫學堂落成，二〇一九年蘇州鑫學堂、二〇二〇年寧波鑫學堂到二〇二一年的瀋陽鑫學堂次第完成。每座鑫學堂都有城市的故事與文化底蘊，因而豐富了屬於鑫山夥伴的工作空間，帶來夥伴們對公司追求品質經營與深度文化的認同，他們自豪的帶領賓客參觀，喝杯濃郁的咖啡，傳誦鑫山故事，形成團隊強大的凝聚力。

上海鑫學堂

上海最著稱的城市印象是曾經的十里洋場的繁華，充滿海派、洋氣、小資的氛圍。因此上海鑫學堂的設計採用三〇年代老上海的風情，古典、浪漫而帶點低調的奢華及驕氣。

迎面最引人矚目的是在交誼區裡兩大面鏤空的大書牆，從落地窗透進樓外路邊的老梧桐葉，把上海巷弄的風情展露無遺。端景掛了一幅外灘的老照片，對應新舊時代的滄桑。書架上的擺飾品，有雪茄盒、高爾夫球人偶、非洲土人銅雕、美洲麋鹿、三〇年代的電話機，呈現當年華洋融合、萬國通商的多元熱鬧景象。

幾盞老式典雅的銅管玻璃燈，加上牆上掛著幾幅二〇年代出生的旅法老畫家丁雄泉和朱德群的真跡版畫，豐富的色彩烘托出學堂的質感和品味。而六面木作、高及天花板的隔間板，更彰顯學堂的厚重、大氣。

杭州鑫學堂

杭州建城已經有兩千多年歷史，從吳越春秋開始，多少風流人物都在這裡留過足跡，家喻戶曉的越王勾踐、西施、蘇東坡、白居易、岳飛，甚至虛構的《白蛇傳》，都以西湖為背景。無數赫赫功績在這裡發生，數不清的悲歡離合在此地上演，才子風流，英雄輩出，有著碰撞、變革、物換星移的年代；而濃妝淡抹總相宜的西湖，墨人騷客更豐富了它的浪漫故事。

杭州是個深具歷史厚度的城市，因此故事取材可以很多。在設計時，我就決定想把春秋戰國時期，那種富有朝氣活力、百家爭鳴的厚重氛圍搬進學堂，最後設計師選了「黑」、「紅」這兩種顏色來表現那個大時代。厚重的黑色門板，配上輕盈亮麗的紅絲穗，既衝突、又顯融合；典雅、大氣的紅黑皮椅，鋪上烤漆成中國紅的會議桌面，搭配牆上現代感的荷花畫作，及蘇東坡的〈飲湖上初晴後雨〉的字畫，特別彰顯杭州不凡的氣質。

蘇州鑫學堂

蘇州人文薈萃豐富，是吳越春秋的要角，也是三國時代東吳的根據地，但要說出具有代表性的城市風貌，最沒有爭議的就是江南園林。鑫學堂當然設法做出姑蘇雅韻、尋覓通幽的園林風格，但如何把園林的感覺搬進大樓室內呢？

學堂內用青磚牆面、書畫、青瓷瓶、花瓣椅的元素，凸顯出江南園林的古典雅致，並用一張長條閱讀桌，桌上擺了古樸的大口花瓶，插一株高及天花板的樹枝，寓意滿園茂密的樹林，在光與影的折射下，給人以幽深、寧靜的美感。很特別的是落地書牆的書架，用造型不一的黑色瓷釉花瓶分隔藏書空間，在書與書之間引入曲徑通幽的意趣。牆上掛了幅北宋宰相范仲淹的〈江上漁者〉，是特地請台北故宮的名家老師書寫的字畫，展現了蘇州魚米之鄉的富饒，更契合鑫山的文化，感恩尊重每一位辛勤的夥伴。

寧波鑫學堂

寧波則是另一種不同的風景。

寧波是海上絲綢之路的起點，中國探索世界的基地，三江匯流、四通八達，擁有千年海洋商貿文化的特色，商賈雲集，貿易鼎盛。為了更傳神的表現這種年代感，我請設計師參考上海華爾道夫酒店（昔為上海商會）的風格來裝修寧波鑫學堂。牆壁鑲上大量的木質建材，搭配棋盤格子的黑白大理石地板，佐以日月燈、海圖、古城照片、鉚釘皮沙發，還特地找了一個古商船的模型，這些元素營造出三江通商、千年港埠的歷史氛圍。

最特別的是，為了凸顯寧波的文化，設計師做了三座書架，把學堂空間分成三區，每個書架有不同的名稱，放置不同的書籍，來對應城市的特殊史蹟。

第一座書架取名「天一閣」。寧波市月湖西側的天一街，坐落著中國現存最古老的私家藏書樓「天一閣」，不但收藏了大量珍貴的圖書典籍，並且對後世其他藏書樓的興修也產生重大影響。「風雨天一閣，藏盡天下書」是寧波的城市象徵。第二座稱為「雪竇閣」。寧波市奉化雪竇山上的「雪竇資聖禪寺」，是著名禪宗寺廟，位「禪宗十剎」之列，迄今已經一千七百餘年歷史。書架取名雪竇，擺放許多佛教經典，賓客可以隨緣帶走，傳達禪宗歡喜、自在、精進、平等、慈悲的精神。第三座是「三江閣」。寧波是奉化江、姚江、甬江三江交會之地，既是通往國際的門戶，又是深入中國的起點。在這個書架上，以旅遊、歷史文物、人物傳記書籍為主。

寧波鑫學堂因為設計師巧妙的安排，整個空間沉浸在濃厚的在地城市色彩，自然流露豐富的人文氣息。

瀋陽鑫學堂

瀋陽的城市特色，除了老重工業區外，也有東北王張作霖大帥府、偽滿洲國及無數闖關東的故事。最特別的是前清發跡於此，努爾哈赤、皇太極在瀋陽建都，所謂「一朝發祥地、兩代帝王都」，順著這條歷史的脈絡，我思考、選擇把瀋陽的鑫學堂設計成皇家客廳的感覺，營造出皇室高貴、華麗的風格。

學堂運用紅牆、黃瓦、碧磚，演繹皇城建築雄渾壯麗之美，連結紫禁城的印象。入口端景用圓形方孔銅錢造型，取意天圓地方，構建平衡與圓融；雲石盤宮燈，圓潤柔和，寓平安吉祥之意；官帽宮門，採朱扉金釘，縱橫各九，以合宮廷禮制；墨色書架裡，藏珍器、納萬物，博古通今，彰顯書香底蘊；而瓷白地磚的圖案，形似水墨畫卷，鋪陳空間的意境與靈性。

學堂既然是皇家客廳的風格，我請設計師參考台北君悅酒店大堂的沙發組概念，特別訂做了一組圓弧造型的九人座沙發組，上面吊掛一盞大型水晶燈，非常高貴、大氣，寓意九五之尊及圓滿吉祥。學堂從整體布局到對細節的雕琢，無一不彰顯出尊貴的皇家風範，而這個客廳的陳設可謂其中之最。

鑫山品質文化的代言人

二〇一三年，鑫山開業不久，有感於業界普遍的粗放經營，決心做出差異化策略，以期凸顯品牌競爭優勢，因此推出「品質經營」的概念，推動「精緻、人文、高端、高效」的管理文化，及「高專業、高品質、高產能」的三高營銷戰略。這些文化理念，對凝聚人心，提升品質，建立企業及營銷人員形象，造成員工及代理人自豪之情，是非常顯著的。

但品質意識或精緻、人文的概念，畢竟還是比較抽象或者流於各說各話，難以明確的表達及理解。自二〇一八年初，上海鑫學堂落成啓用後，各方讚譽有加，視覺上的衝擊帶來強烈的空間文化感。隨後，幾座鑫學堂陸續落地，每一座都精緻而有特色，人文氣息濃厚。夥伴們在十里洋場的氛圍中學習，在江南園林的光影中穿梭，在經典的三江書架中進出，在紅黑相間的戰國意象中簽單，在皇室的貴氣廳堂裡會客，鑫學堂自然而然地成為鑫山倡導的品質經營的標記，也是精緻人文風格的代言人，把鑫山「以人為本」的深層價值充分的呈現出來。

鑫學堂展現的鑫山文化底蘊，很難被模仿。現在全中國的保險同業，幾乎都知道鑫學堂的存在了，它不只是對內鞏固企業文化，更是對外宣揚公司理念的櫥窗。我們想要延攬的人才，幾乎只要帶到鑫學堂，都感受到這種氛圍創造出的文化震撼，而心嚮往之。鑫學堂發展至今，已經不只是單純的第三工作空間，更成為鑫山文化鮮明的標誌，及競爭力的重要來源。

我對文化的理解

我在做應徵者的面試時，為了了解對方的價值觀，常會詢問候選人對文化的看法。但多數人的回答，像瞎子摸象一樣，觸摸到邊邊，說不出全貌究竟，顯然多數人對文化兩字雖然琅琅上口，但理解又不夠深入，甚至以偏概全。我認為，文化是一種現象、是一種生活方式、是一種態度，也是眾人共同的價值觀。簡單扼要的去理解，文化就是大家都在做的事。

文化是一種現象

遊客到千百年的古剎老廟遊覽，順便上香祈求健康平安、家庭幸福，有些人會做布施，捐款到功德箱，但有些人卻把零錢硬幣丟到寺前水池或神龕內。當然我想不會有人認真以為丟些硬幣，神祇就會讓你心想事成。但多數人應該是想，既然來拜菩薩了，捐點零錢，比較心安，但更多的是因為大家都這樣做，就也跟著做。

雙十一，在過去是單身的年輕人慶祝的「光棍節」，而在網路世代，經過巧妙的商業操作和互聯網技術的支持，雙十一卻成為每年全球最熱鬧的「狂歡購物節」，可謂是網路史，甚至是商業史上最偉大、最有創意的發明。銷售額每年迭創新高，從天貓初創雙十一購物的二〇〇九年，單日銷售額只有人民幣〇．五二億，到二〇一九年銷售額達人民幣兩千六百八十四億元，十年間成長五千多倍。從雙十一之前的營銷預熱，網上滿滿的購物車訂單，到雙十一之後因送快遞造成城市塞車狀況，這儼然成為一種全民參與的文化現象。

文化是一種生活方式

中國的春節，是家人聚會團圓的日子。無論遊子身在哪裡，都會不遠千里、不辭舟車勞苦的回家。所以每逢春節前後兩週，春運成為中央到各地方政府最重大的任務。有人從衛星觀測估算春運期間，中國有兩億人在地表移動，形成一種世界奇觀。中國人傳統的春節習俗，回家吃年夜飯，走訪親友拜年，放鞭炮，數千年的生活文化沒變。而春運、除夕全家看春晚節目，也形成當代的文化現象。

去台北的遊客若時間許可，都會去誠品書店逛一逛。那裡不僅僅是一間書店，它是城市人文、藝術、創意、生活的巧妙結合，通過城市文化特質和社會脈動，把人、空間、活動串起來，塑造有深度內涵的文化氛圍和生活空間，成為城市獨特的風景線。

台灣的農民不吃牛肉，因為他們認為牛是人類的朋友，是家庭生活的夥伴，是生存的寄託。台灣的漁民以打魚為生，出海靠天吃飯，吉凶難測，為祈求神明保佑，漁村到處都是神壇廟宇；而且漁民吃魚時是不翻魚身的，寓意不翻船，保平安。這些都是一種生活方式形成的文化。

文化是一種態度

態度是體現一個人如何對待他人、對待自己，和對待所處的環境。我出差常搭飛機，在抵達目的地機場時，乘客紛紛站立起來，人貼人地擠在過道上，甚至擠過別人以便先拿好行李，爭先恐後下飛機。但我也看過許多比較文明的地方，或尊重人的社會裡，飛機抵達後，中排後排很安靜的坐著，等待前排都走完了再站起來取行李，有序下飛機，這就是如何對待周邊人和自己的態度。我也觀察到一個現象，中國的爺爺奶奶送小朋友上學，都是老人家提書包，孩子則兩手空空；而在國外或國內的外僑學校，書包都是小孩子自己背，因為背書包是他的責任。

對待所處的環境，不管是自然環境、城市環境，還是人文環境，都應該尊重、愛惜及保護。新冠肺炎帶給人類的威脅，警醒人類對動物保護、環境生態要有正確的態度；野生動物應該在屬於它的環境裡生活，而不是出現在人類的餐桌上，人類要尊重並敬畏大自然的一切生命。同樣，對城市的環境、人文的環境，像上海的弄堂、小洋樓，北京的衚衕、大宅院，都是生活歷史的記憶，應該被珍惜並保護保存。這樣的態度，才是健康、進步的社會文化。

文化是衆人共同的價值觀

傳統的四維八德、尊師重道、勤儉守分、公益行善等，深受儒家思想影響，形成中國社會共同的價值觀；而在不同的時代，也有出現金錢崇拜、貪贓枉法、為富不仁、浮華奢靡的社會風氣，也是一個階段的共同價值觀。

當今社會，有所謂九〇後的年輕世代，與八〇年代及更早出生的族群很不一樣。九〇後的年輕族群，出生於一胎化的政策環境下，六個大人養一個孩子，集家庭寵愛於一身，在沒有物質匱乏記憶的環境中長大，又是互聯網的原生代，他們崇尚個性主義，以個人好惡為取向，不喜被制度拘束或被人左右，自己作主，偏好網路溝通互動；他們沒有勤儉致富的觀念，是月光族，對人生奮鬥目標不明確，甚至嚮往斜槓人生。這種人生價值觀，形成了九〇後很不一樣的文化。

文化是大家都在做的事

文化不在乎學歷、背景、年齡、地域、年代，也不在乎你是什麼，而在乎你做了什麼。所以基於我的理解，我用最簡單的概念來說明：文化就是大家都在做的事！作家龍應台說，人是散落一地的珠子，文化是絲線，使互不相干的陌生人成為一個群體。而對於組織或企業而言，團隊成員溝通互動的方式，待人待己的方式，對工作的認知與在職場所做的事，都構成了企業的文化。

一個公司若大家下班，都在打牌、玩電動，它就形成一個文化；如果下班後，大家都在學習進修，這也是個文化。如果離座之後，都會把椅子推回去，這是一種文化；如果每個人離座之後，任由桌椅胡亂擺放，這也是文化。客人來了，大家自然起身打招呼，幫忙倒茶水；客人要走了，禮貌地送到電梯口，親切說再見，這些都是文化，大家做一樣的事，就是企業文化的展現。

企業是人跟文化構成的。當不同的人在做同樣的事情；當CEO與櫃台接待小姐，對待訪客、對待夥伴的方式都一樣，就形成一致的企業文化。**文化，不是感恩、利他這樣抽象的話而已，而是生活上眞實的行爲**。

企業文化是世界最強大的力量之一。在許多成功的企業、冠軍團隊、優秀學院、興旺的家族都能看到優秀文化的存在及力量。像NBA冠軍球隊、亞馬遜、阿里巴巴、北大、清華，都有一定的組織文化特質。然而企業文化是由上而下的，文化的形成與領導者密不可分，如果領導者刻意創造正向的文化，團隊就會出現強勁的文化價值觀，如果領導者不經意的疏失或錯誤的引導，就會造成負面的文化。

不少到鑫山參訪的人士跟我做了反饋：你們辦公室朝氣十足，沒有繃緊的面孔、不會碰到冷漠的對待，不只是對外人，內部員工彼此之間似乎也充滿正能量，都會主動打招呼，互動似乎很親切自然。連外來訪客都很容易感受到這種氛圍，可見文化形成的影響力有多巨大！

價值觀是企業的靈魂

價值觀是生活和工作的原則，是人們認同，並認為值得追求的人生準則。價值觀是一家企業的DNA，牽動所有思想及行為，包括營造信任感、歸屬感，邁向共同的目標。價值觀鮮明的企業或團隊組織，甚至一座城市、一個社會群體，人在其中都深受影響。

譬如鑫山創建鑫學堂，它的定位不是五星級咖啡吧，不是酒店行政樓層的接待廳，我們賦予鑫學堂城市文化特色，把歷史人文、城市性格都融入其中。為什麼這樣做？因為只有文化和價值觀才會感動人，才會有共同的記憶和影響力，才能形成企業的靈魂。鑫山夥伴們非常喜歡鑫學堂，不僅是鑫學堂體面、有質感，他們更喜歡公司創建鑫學堂的理由：給夥伴在家庭與辦公室外的第三空間，這空間充滿了厚重的文化底蘊，而他們是其中的一分子。

既然價值觀是企業的靈魂，那領導者如何影響每位員工做正確的事，正確的對待人？首先，是建立強勁的文化理念，並持續溝通深入人心。其次，是培養更多擁有相同價值觀的基層領導者。因為

CEO很難照顧到各個角落，必須由基層領導者去影響每一位員工。這也是我從創業以來一直在做的事。

二〇一二年上半年鑫山取得營業執照，在籌備期間，保單還沒有開始銷售，我就寫下「鑫山家族文化三十三條」，包含理念文化、專業風範、職場守則、文明禮儀、成功習慣五個部分，作為工作準則。業務夥伴們的行為、思想、理念、習慣都要符合三十三條標準，沒有模糊空間，確保大家做正確的事。

開業後第二年，鑫山決心做差異化策略，推出「品質經營」的概念，推動「精緻、人文、高端、高效」的管理目標，及「高專業、高品質、高產能」的三高營銷戰略。這些文化理念，對凝聚人心，提升品質，建立企業及營銷人員形象，造成員工及代理人自豪之情，是非常顯著的。

二〇一六年在四週年司慶上，我推出「尊重、誠信、利他、感恩」的核心價值觀，強調「人的價值重於商業的本質」，期待鑫山人發揮市場價值、生命價值及社會價值，賦予鑫山價值的完整闡釋，確立了鑫山的文化和價值觀體系。

二〇一九年開始，鑫山發展到二十五家分公司，從南到北，規模大了，更要有一套大家遵循的經營原則，於是我寫下了「經營準則」，以利於領導人才的培養和經營理念的傳承，這就是鑫山文化價值體系演化的過程。這樣的企業文化非常清晰明確，經由不斷的溝通傳遞，已經成為大家共同的語言，也成為鑫山企業的靈魂。

有怎樣的領導者就有怎樣的文化

臉書、谷歌、亞馬遜、蘋果這些網路巨無霸，能在激烈的競爭環境中脫穎而出，並且越來越強大，維持驚人的成長，都源自於他們的創辦人一開始就設立宏大願景，創造高度安全感、信任感的工作環境，員工們可以心無旁騖的做事、發展。他們創造強烈的企業文化，打下經營基礎與快速成長的動能。

所以說，每家企業就是領導者的放大版本，領導者的一舉一動都會形塑企業文化，決定公司未來發展命運。

領導者重視文化、重視人、重視制度，就會呈現互相信任、有歸屬感、安全感的氛圍；如果領導者重視營收、重視短期利潤，人與人之間的互動只有網路的溝通，人與人之間的情感與人情味就會漸漸消失，公司就會變成沒有文化的空殼。

一家只以獲利和生存為目標的公司，用權謀操弄為手段，公司就會逐漸走下坡，一個巨浪打來，就會翻船。

所以，卓越的領導者，關注的焦點在人，追求以人為本的領導方式，致力文化塑造，不斷闡述和推動核心價值。**領導者的價值觀及理念形塑企業文化，而文化又決定企業盛衰。**

蘋果講究的極致工藝及注重細節的文化，就源自於創辦人賈伯斯的價值觀。在賈伯斯的自傳裡，有一個發人省思的小故事。

小時候，賈伯斯的木工養父要做一個立櫃。通常，櫃子靠牆的背面，使用者看不到，大都使用最簡單、最廉價的三夾板湊合了事。但他父親不一樣，在櫃子的後面也用上好的木材，小賈伯斯不解地問：「櫃子的後面，根本沒人注意，為何要用好木頭？」賈父回答說，一般人雖不會注意這樣的細節，但你自己知道這個櫃子後面是好木頭或是爛夾板，你對這個櫃子的感覺是不一樣的！這句話，不僅影響了賈伯斯的一生，賈伯斯更把這個價值觀，透過公司文化的塑造，成為蘋果員工、產品及企業奉行不悖的核心價值，才讓你我口袋裡的 iPhone 成為以細節勝出的手機之王。

類似的情況也發生在星巴克身上。星巴克的創辦人霍華．舒茲，在二〇〇八年回任執行長，他挽救業績下滑的危機，第一個動刀的不是砍經費或人事，而是找回店內的咖啡香，趕走店內燒焦的乾酪味，重建創業時的企業文化，喚回「星巴克式體驗、第三個好去處、小小避風港」的核心靈魂，讓星巴克文化主導革新之路，才讓星巴克走出金融風暴後的低谷。

舒茲在他的書《平地而起》中說，改變的種籽源自內在，對公司而言改變始於文化。一個組織的價值觀早在創立初期就留下印記，創業領導者每天所做的選擇成為公司集體的記憶與現在的表現。領導者的背後一定要有他的理念和價值觀，並使夥伴或客戶可以分享他的這種理念和價值觀。

有怎樣的文化就有怎樣的企業

賽門．西奈克是二〇一七年度全球管理思想家排行榜《Thinkers50》的第十八名，是暢銷書《最後吃，才是真領導》、《找到你的為什麼》、《先問，為什麼》的作者，也是TED演講家，他對領導的真知灼見，我很受啟發。他說：「什麼是企業？**一家企業就是一種文化，一群因爲擁有共同價值觀**

或信念而聚集在一起的人，那家企業產生的凝聚力不是因爲它的產品或服務，那家企業強大不是因爲它的規模和資源，眞正的力量在文化。從CEO到基層員工都認同鮮明的價值觀及信念，所以企業要尋找的不是具備某種技能的人，而是認同企業理念的人。」

鑫山有接待的文化。我們強調待客之道，客人來訪要奉茶水，但不能用紙杯，要用瓷杯，並用托盤奉上，以展現對客人的尊重與我們的品質。鑫山家族文化三十三條中強調，送客要送到電梯口，這是基本的禮節與尊重；會議室裡用畢的桌子、椅子要歸位，要收拾乾淨，這是對下一位使用者的尊重。

在鑫山的職場中找不到垃圾桶，垃圾桶都藏在茶水間的櫃子裡面。因為我們認為垃圾桶是負能量的東西，它裝著大家丟棄的東西，會引起視覺上的不舒服，引起潛意識負面的感覺。在鑫山的職場牆上也沒有業績板，因為我們認為用業績板製造壓力是負面的，我們希望夥伴應該是要用歡喜心、成就感朝目標努力。我們希望創造和引導積極、尊重、有正能量的職場環境，而不是充斥負面情緒、壓力挫敗感覺的工作場所。

強大的企業文化會讓團隊有歸屬感

每種文化都有自己的歷史、傳統和語言、符號。當我們認同一種文化，會清楚表達我們屬於這種文化，並讓自己符合這套文化共享的價值觀和信仰。譬如說國家、民族、宗教的認同感，或組織、團隊的歸屬感。

臺灣大學有悠久的歷史、優良的傳統，人才輩出，是公認的台灣第一學府。我考上臺灣大學，在一年級新生的時候，無論上學還是上街，很喜歡穿著卡其色的西裝制服，因為胸袋上繡有「國立台灣大學」的字樣，穿上它就像昭告天下，我是屬於臺大的，這是身分的象徵，也是身分的認同，很有自豪感。

在強大的企業文化中，員工和夥伴會形成情感歸屬，會以各種方式認同，比如我們鑫山人稱呼夥伴為「家人們」，穿著印有公司標誌的T恤，會感到很自豪，因為我們認同公司，喜歡成為其中的一分子。

當文化從誠信、利他、服務的價值觀轉變成追逐權位、績效、利潤的時候，就會變味，人們不再互相信任，不會互相尊重，想的是如何自保，想的不是做正確的事，而是做對自己有利的事。比如察言觀色、政治正確、跟對領導、打壓同事、弄虛造假以求生存。當人失去歸屬感後，就會把公司的T恤丟進垃圾桶，因為自豪感已經消失了。

當我們評估工作的感覺時，經常回答的是工作環境，而比較不是正在做的工作內容。當一家公司從大家喜歡的地方，變成只是去上班賺錢的地方，首先要擔負責任的就是領導者。員工夥伴對環境的喜惡，通常在工作投入度上會做出相對的回應，而建立什麼環境卻是由領導者決定的，這方面值得所有領導者深思。

強大的文化讓員工做正確的事

鑫山的核心價值觀談尊重、利他，品質文化談的是精緻、人文，當各級領導者經常談這些，並以身作則時，員工夥伴就會受啓發去做正確的事，而不是對自己有利、方便的事。所以文化是怎樣的，員工就會做怎樣的事。

鑫山每年的高峰會議、環球會議都是由總部營銷企劃部承辦的。無論遠到巴塞隆納、拉斯維加斯等歐美城市，工作組都會提前兩個月到現場實地探勘，規劃旅行路線、選擇景點、酒店，考察舉辦晚宴及頒獎儀式的場地、舞台，決定菜單、樂團，並確定自由行的推薦路線等等。工作組規劃及執行所有的項目內容，他們每次探勘回來不需向我彙報，我也不會過問。每次的會議要花費幾百萬人民幣的經費，是筆不小的支出，我之所以不過問，是因為相信他們會做出正確的事，也就是在預算範圍內，他們會盡其所能地做出最盡興開心、最有成本效益，且令夥伴終身難忘的尊貴榮耀之旅。

分享共好的文化刺激創新成長

「利他、分享、共好」是鑫山核心價值觀重要的內涵，是鑫山文化的ＤＮＡ。無論是機構之間，還是各團隊間的互動交流，諸如案例研究、九宮學理、高客分享、經委會學習及在線培訓等，真正的做到百花齊放，印證了我一輩子深信不疑的一句話：「創造力來自互動」。一個人躲在家裡很難想出偉大的點子，而通過互動、分享，能激發出創造力。所以因付出而傑出，因互動而成長。我們鼓勵員工互相幫助，分享學習成果，成長的基因就深藏其中。

有些領導者關起門，拒絕分享成果，生怕好東西被人抄襲，怕別人超越他，這樣的閉門鎖國，造成的結果就是團隊的生產力、競爭力走下坡。通常這樣的領導者能力很強，但性格有缺陷，缺乏安全感，掌控欲比較強，喜歡把團隊牢牢抓在自己手裡，害怕當團隊成員看到外面的卓越後，他控制不了團隊，他在乎的是自己的權位、面子和利益，比較少去想團隊夥伴的發展需求，最後團隊的成長一定滯慢、產生瓶頸。

中宏人壽上海分公司的精英部，從二〇〇二年第一期的二十五位精英發展到七百五十人的團隊，成員學歷、素質高，全部本科以上學歷，研究生佔比二〇%以上，是一支戰鬥力很強，非常專業，質量卓越的隊伍。這支精英部隊伍的初期成功，要歸功於一位認真能幹的領導者，但她的性格造成「鎖門政策」，牢牢掌握每一位成員，控制大家的行動和思想，造成後期精英部成長的滯慢。如果當時精英部能開放門戶，分享共好，因應環境變革，改變作法，絕對可以有更大的成長與成就。

第十講
經營準則：百年老店的定海神針

企業靈魂隨著創業者逝去而失落

沃爾瑪百貨由美國零售業的傳奇人物山姆．沃爾頓於一九六二年成立，全盛時期在二十七個國家開設了超過一萬家賣場，全球員工總數兩百二十多萬人，每週光臨沃爾瑪的顧客兩億人次，是二十世紀以來全球最大型零售企業之一。

山姆．沃爾頓用他的理念打造出零售業的龍頭，但一九九二年四月山姆與世長辭後，沃爾瑪不但失去創辦人、精神領袖，同時也失去了企業的靈魂。之後由羅布森．沃爾頓接任沃爾瑪董事長，他雖然強調，未來的企業方向、管理、政策不會有任何改變，但真實的情況是，沃爾瑪後來的發展對於員工與顧客來說，卻不是他承諾的這個樣子。

在人們心中，山姆．沃爾頓就是個不折不扣的普通人，他的行為、打扮、言談就像美國鄉下的普通大眾，他經常穿一件傳統的毛呢外套，戴一頂棒球帽，開著小貨卡車，就像他想服務的美國平民大眾一樣。

山姆在一九八五年被《富比士》雜誌評為「美國首富」，一直持續到一九九二年去世。財富絕對是成功的指標之一，但山姆從來沒有把金錢看得很重，他卻看重人，他相信「照顧別人就是照顧自己」，他本人和沃爾瑪的一舉一動都在實踐這個信念。他記得員工生日，甚至知道收銀員的母親剛做完膽囊手術。他的經營理念是「提供最優惠、最實惠的價格給美國普通家庭」。身為美國首富，他拒絕使用公司專機，他的說法是：「如果一般美國人都無法享受的，身為普羅大眾的代言人也不應該享受」。有人問他：「你那麼有錢，為什麼還要開小貨卡車？」他說：「如果我不開小貨卡車，我的狗坐哪裡呢？難道讓我的狗坐在勞斯萊斯裡嗎？」山姆的平易近人，成功打造了一個深受員工、顧客、社區喜愛的公司。

為什麼要有經營準則？

山姆在世的時候，沃爾瑪從來沒有走過岔路，但為什麼之後的沃爾瑪卻變得不是以前的樣子呢？因為山姆沒有把他的理念很清楚的變成文字，讓他的繼承人把他的願景、價值觀傳承下去並發揚光大。羅布森．沃爾頓接任後，更關心的是華爾街的股價，剝削員工，忽視顧客，公司醜聞不斷，山姆創建沃爾瑪的初衷和理念幾乎消失。雖然後來沃爾瑪在環保方面做了很多努力，但民眾不再相信他們，懷疑他們的誠信與動機，企業逐漸喪失優勢，結果競爭者好市多（Costco）超越了沃爾瑪，成為零售業龍頭，受到民眾更大的認同和喜愛。

亞馬遜一九九四年創建，一九九七年上市，創辦人傑夫．貝佐斯用文字寫下「十四條領導準則」，作為公司發展戰略、設計產品、建立服務系統的依據。亞馬遜即使在規模不是很大的時候，貝佐斯就不斷闡述十四條領導準則，甚至每年的股東會，在致股東的信中重複地強調「領導準則」，成為企業發展的DNA。至今亞馬遜已是全球科技與物流的巨鱷，但其企業價值觀依然非常強大，成長動能勇猛，二〇一八年全球市值第一，貝佐斯也早已成為全美首富。

沃爾頓和貝佐斯都是傑出的企業家、創業家，雖風格迥異，但都擁有強烈的信念，重視顧客，堅持用最低的價格、最優質的服務提供給顧客。他們曾都是全美首富，但企業發展方式卻不同，山姆身體力行，卻沒有傳遞理念初衷，貝佐斯寫下十四條準則，天天灌輸給他的夥伴。兩個截然不同的創業家，卻帶給我相同的啟發！

聯想集團的柳傳志交棒幾年後卻回鍋視事；台積電的創辦人張忠謀退休，但繼承者不能傳承他的理念，不得已老帥又重掌兵符十幾年；星巴克的霍華．舒茲把CEO交出去，但八年後重新披掛上陣。這些出色的創辦人為什麼董事長的工作卻交不出去呢？

全美最大、聲譽卓著的基金管理公司「橋水資產管理公司」的創辦人達利歐，寫下很厚的巨著《原則》，用數百條原則闡述他經營的思維及作法。「無印良品」的前社長松井忠三寫的厚達兩千頁的經營指南《解密無印良品》，說明無印良品的經營方式、開店原則、作業流程；「優衣庫」的創始人柳井正寫的《經營者養成筆記》，描述如何複製管理系統、開店技術、服務價值觀。雷軍口述三十四萬字，在二〇二二年八月出版的《小米創業思考》，總結「小米方法論」。讀了這些書，我恍然大悟，原來他們都在做企業傳承的事情。

當一家公司規模逐漸變大，創辦人或執行長的任務就是要把自己變成價值體系的化身，不斷的談論理念、願景，傳遞公司的價值觀。鑫山既然矢志成為一家百年老店，有永續經營的使命感，核心價值就必須要代代傳承。保險是人的事業，若是人在政在，人亡政息，企業領導者一更換，價值體系也換了，企業文化沒有忠實的傳承，就容易走岔路。我創業沒有太久，因為年齡的關係，不能不提早思考接班與傳承的問題，所以就萌生了寫經營準則的想法。回顧過去近半世紀的職涯及經營管理的歷程，經過不斷的實踐、演化，終於淬鍊產生了「鑫山十三條經營準則」。

經營理念與企業文化的演化

一九九六年，我在慶豐人壽期間，被釋了兵權，成為僅負責「國際事業部」的光桿執行副總經理。利用這段沉潛自修的時間，我整理過去二十年營銷管理的實務經驗，寫成了第一本書《菁英團隊》。這本書是首次把一線營銷經營做了系統化的總結，我闡述了「以人為本」的行業理念，「我是經營者」的企業家精神，團隊經營的核心，從業人員的價值觀等等。

在經歷了慶豐人壽的磨難、台灣人壽的淬礪、中宏人壽的奮進後，二〇一一年在退休前夕，我寫成了第二本書《舉重若輕》。這本書是用另一個二十年擔任高階管理者的視角，總結了領導管理、策略方向、人才培育、品牌經營、企業核心價值的經驗與觀點，對經營理念的闡述更為豐富、完整。

不同階段的鍛鍊，帶來源源不斷的養分，開闊了我在領導管理的視野與格局。二〇一二年，我創辦鑫山時，對鑫山應該是一家什麼樣的公司，畫面已非常清晰。我希望鑫山是一家以人和文化為中心，而不是只關注業績、利潤、產品和規模的企業。鑫山用什麼人，有什麼文化和價值觀，是創業開始最先關注的題目，這也同時決定了鑫山從外界看來是怎麼樣的一家公司。

當鑫山在籌備階段時，我撰寫企業的願景宣言，就揭櫫了鑫山的使命目標，是「打造保險從業夥伴實現夢想及創造價值的平台」，設定的宣言是「快樂的團隊，富裕的人生」。我又草擬了「鑫山家族文化三十三條」，以幫助員工和營銷夥伴建立統一的鑫山文化體系及共同的價值觀，展現高專業的形象。

二〇一三年，為了做出與同業競爭者的差異化，我提出「精緻、人文、高端、高效」的管理文化以及「高專業、高品質、高產能」的鑫三高營銷文化，以推動「品質經營」的策略。接著，在二〇一六年四週年司慶時，我又提出「尊重、誠信、利他、感恩」的核心價值觀，演化至此，鑫山的價值體系與文化理念可謂燦然大備。

到了二〇一九年，經過八年的快速成長後，我決心進一步提出「鑫山經營準則十三條」，作為邁向百年老店的定海神針，讓公司的理念文化有更細緻的演繹，並得以如實的傳承。

第一條　我們相信：人的價值重於商業的本質

商業的本質是盈利，因為這是企業生存與持續發展的憑藉。鑫山雖然重視盈利，但人更重要，無論是員工或夥伴，我們都戮力協助他們實現夢想、創造價值。

鑫山的核心價值觀是「尊重、誠信、利他、感恩」，每個字都跟人有關，人才是鑫山最重要的資產，構成公司最重要的因素。所以我們投資人、培育人，把人放在對的位置，發揮最大的價值。人才培育更是鑫山的核心能力，對人的培育是永無止境的投資。我們培養出來的人，不是只會賣保單的機器，而要成為業務精英、資產管理專家、團隊領導者，不但工作專業，更能過有品質、品味的生活。鑫山的平台宣言是「快樂的團隊．富裕的人生」，這是鼓勵公司員工和營銷夥伴對價值的追求，是鑫山平台要營造快樂富裕的情境最簡單的描述。

對於上海總部及上海分公司的員工而言，每天上班都能享有「幸福便當」應該是職場生活難以磨滅的記憶。從鑫山開業第一年，我就雇用了魏愛明「阿明」，每天中午供應便當給員工夥伴，同仁們戲稱為「幸福便當」，一轉眼，阿明做的便當已吃了十年。

魏愛明是福州人，為人非常善良、細心、勤快。多年前到台灣做醫院照護工，曾長期照料三峽華德禪寺的如孟師父。鑫山在籌備時，正好她合同到期準備回老家。師父問我，上海有沒有什麼工作機會給阿明。

照顧員工本就是我創業的理念初衷，父親小時候的庭訓：「同吃一鍋飯，才會齊心」，這句話一直埋在我心裡。如孟師父帶來的這個因緣，我當下決定，雇用阿明，在上海總部附近租賃一套房子，請阿明每天煮午餐給夥伴們，「幸福便當」就這樣開張了，十年來，除了休長假，沒有中斷過。

「幸福便當」帶給員工們的福利其實有限，而從成本的角度看，是很糟的決策，但經營事業不能純粹依從商業角度或損益表。這樣的舉措，更大的意義在實踐鑫山利他的價值觀，讓夥伴們避免外食的風險及不便，得以安心的吃個健康午餐。我們視之為對夥伴們照顧的心意，而夥伴們也覺得有幸福感。

公司夥伴們存感恩之心，不把阿明只視為一個煮飯的普通阿姨，他們都尊稱她「阿明姐」。

阿明及司機、鑫學堂的保潔接待人員都是公司的正式員工，享有險金，都參與公司的活動及福利。鑫山的政策不用鐘點工，因為我們視所有服務人員都是「鑫山家人」。這些都不是商業的考量，因為我們相信人的價值重於商業的盈利。

第二條　鑫山以營銷夥伴為經營核心

管理團隊聚焦營銷夥伴的需求，堅持營銷夥伴利益優先，這是經營上的核心思考。

在工商企業界，跟你的企業相關聯的人，包含投資人、供應商、顧客、員工夥伴、人才招募對象及所在社區，每個企業關注的優先級是不同的。鑫山最優先關注的是營銷夥伴和內勤員工，其次是客戶，第三是準增員對象，第四是供應商，最後才是股東和投資人。鑫山認為，沒有開心的員工就沒有滿意的客戶。把員工服務好，營銷夥伴就有更大的能量去服務客戶，所以只有開心的員工，快樂的夥伴，才有滿意的顧客。這就是鑫山簡單的價值觀，都圍繞在人上面。

同樣的，鑫山的管理層是以營銷夥伴利益優先為出發點做經營決策。由於營銷夥伴的工作特性，時間上比較自由、有彈性，且採用無底薪的佣酬制度，鼓勵主人翁意識，自己安排工作和休閒生活。如果是死板的考勤請假制度就會大大限制這樣的自由，所以鑫山從人性化的角度做考量，基本法設計外勤無論年資長短，都享有二十一天的休假。這樣的制度很受營銷夥伴的歡迎，他們可以安排寒暑假期，或照顧家中長輩幼兒等，而不致太影響工作。

鑫山每年的高峰會議、環球會議等獎勵旅遊，也都是「用戶思維」的規劃。我們希望帶給績優夥伴出遊時，有團體旅行的方便，也有自由行的樂趣。我們會把事先探勘挑選的自由行的風景點、購物點、美食點寫進大會手冊裡供夥伴們選擇，大家可以三三兩兩結伴去想去的地方。雖然數百人的團體出行裡增加了自由行的安排，帶給會務組非常繁雜的工作和成本的增加，但創造了夥伴們更大的快樂與滿足是內勤服務同仁最在意的。

第三條　鑫山選才用人，重視熱情、正氣、態度、質感四個基本要件

每個人都有其性格的特質，以及來自成長家庭、學校教育所薰陶的氣質，其中有正面也有負面，到成年後逐漸發展成各個人的優勢或短板。

鑫山用人，個人特質上首重熱情。因為我們相信，熱情的人對目標或任務比較有承諾、有責任心；能關懷人、服務人、信任人，也容易被別人信任，所以他的表現就會比較優異。因為重視熱情，所以即使聘用會計、合規、法務人員，雖然崗位性質都比較安靜，但我們仍然要求必須具備熱情的特質，甚至連雇用司機或阿姨，也不例外。只有這樣，才能確保建構活力四射的職場氛圍。

其次正氣。有正氣的人品行端正，是非感強烈，私心較少，比較願意分享與合作。

再其次，態度正面、樂觀、積極會決定一個人的能量場，會影響他如何對待別人，如何看待生活、工作、環境，從而決定他的成就。態度也顯示出他的價值觀是否與鑫山一致。

最後，具備質感的人，對自己或周遭事物比較有品質意識，比較有基礎概念參與鑫山「品質經營」的建設，成為富有質感的人才團隊成員。

第四條　鑫山致力於啓發各級管理人員具備領導的素養

領導者的素養包括信任、溝通、合作、遠見、承諾、責任承擔、激勵士氣、堅持信念與價值觀。

領導者的特質首要是真誠，也就是真摰、誠信、誠實，對不誠信不誠實的言行零包容。因為真誠會帶來堅定的信任關係，有益於人際關係的緊密。信任需要長時間積累，但不信任卻可以因一個事件

就崩壞掉。

領導者的體貼、慷慨與同理心永遠比金錢重要；領導者要廉潔，才能贏得部屬尊敬；領導者居於高位能因為自己的錯誤向屬下道歉，更是了不起的風範。這些領導的言行，真正讓部屬心悅誠服而樂意追隨，而因為這樣的連結，領導變得有效，更容易得到績效成果。

領導素養不是只對高階主管的要求，領導力更不是高階主管的專利。一個組織或團隊，領導力若能普及到基層主管，則組織或團隊的戰力會極大程度的放大，更有機會業績長紅、產品領先市場、人才凝聚，且顧客滿意度高，而造就出成功的企業或團隊。

紐約市每年大約新開業一千家餐廳，五年後會消失八百家，每家餐廳開業時都雄心勃勃、滿懷希望。餐廳經營成功需要很多條件，比如地理位置、食材質量、口味特色、價位、服務、烹飪技術、裝潢，還有品牌等結合在一起，誰能把這些因素都成功結合在一起，誰就具備強大的領導力。

美國很有名氣的餐飲業者丹尼．梅爾（Danny Meyer），在競爭非常激烈的紐約市場，創造了不可思議的記錄，他在過去三十年開了二十五家餐廳，除一家外，都非常成功。他的店包括咖啡館、酒館、燒烤店、義式餐廳，甚至還有漢堡連鎖店。其中聯合廣場咖啡館，九次獲評「全美最佳餐廳」，丹尼．梅爾的餐廳和廚師贏得二十六個飲食界的諾貝爾獎——「詹姆斯．貝爾德獎」。之所以如此成功，是因為他的每個餐廳都能創造出親切感、連結感和家的感覺，員工用體貼、溫暖對待每一次跟客人的相遇，讓客人覺得賓至如歸。

有一次，一位年輕的女士剛搬到紐約，帶家人到聯合廣場咖啡館慶祝喬遷，同時也為從鄉下來探訪的父母接風。晚餐結束前，準備點最後一道的甜點。看甜品單時，鄉下來的父親發現，一杯法國波爾多酒莊出產的甜白酒要價美金四十二元，忍不住批評紐約的昂貴物價，因為這個價格對於鄉下而言是不可思議的。服務生聽到這位父親的話後，過沒多久，他就帶著一瓶菜單上的美金四十二元一杯的甜白酒，為這一家人每人斟上一杯，並微笑著說，很感謝你們全家今天能惠顧本店，這是世界上最珍貴、最頂級的甜白酒之一，我們店讓各位免費品嘗一下，略表我們的心意。

丹尼．梅爾訓練基層幹部在現場決定如何待客，授權了一線員工在不同的情境中快速做決定，讓顧客開心、滿意，贏得顧客的忠誠。丹尼的成功，除歸因於他卓越的領導力，更因為他把領導素養很好地普及到基層。

第五條　我們致力創造職場環境，使之成為員工夥伴喜歡的工作空間

鑫山自開業以來，一直非常重視職場的規劃設計，我刻意把外勤團隊職場做成「書香辦公室」，大辦公室內一定有一面書牆，營造出書香人文的氣息。績效好的團隊，更提供「鑫學堂」或「圓桌會館」，透過高雅、尊榮的形式，引導外勤夥伴建立工作的自尊與人生的價值感。但這些都是硬設備，職場空間最重要的還是軟件的氛圍。

每個人都喜歡有安全感、歸屬感、同事相互信任的工作環境。特別是營銷夥伴最愛擁有簡單、和諧、有積極性、有成長性的工作氣氛，而營造並維護這種環境的關鍵人物是領導者。

領導者可以創造積極、正能量、大家都喜歡的職場空間，也可以創造矛盾、互相仇恨、沒有安全感、沒有歸屬感的工作環境。

公司人事制度、業務制度、營銷體制的公平性、公正性，會極大的影響職場環境氛圍，譬如鑫山非常強調外勤人員的從屬血緣關係，並視之為絕對不可跨越的紅線；外勤晉升、考核、業績競賽規則都嚴格公平執行，避免特批，旨在營造信任感、安全感的環境。但制度再周延、嚴謹，仍依賴領導者公正、無私的執行。然而遺憾的是，總是有些領導者的性格喜歡暗箱操作、私心偏袒、作虛造假、上下其手，或者缺乏真誠與擔當，以至於環境氛圍不佳，團隊缺乏安全感與士氣，導致團隊績效不彰，甚至長期的發展沉淪。鑫山煙台、珠海、長春的第一任分公司總經理就是這樣的問題。

辦公室都會有種氣場，能被聞到、感知到。領導者很重要的功課，是營造團隊合作和諧、共好雙贏的環境，也就是人和政通，業務才能持續發展成長。

第六條　我們重視長期思維，培養遠見，看到未來

做事不短視、不追逐短利，這是鑫山的戰略思想。我們想創辦一家不一樣的公司，並期待它活存

一百年，就像全球許多聲譽卓越、歷史悠久的保險集團一樣。鑫山期待聚集一群具有相同的價值觀和遠見，思考長期，不追求短平快的夥伴，才能創造出真正優秀的服務和價值，而實現百年老店的夢想。

鑫山體現在長期思維的表現，包括不做飛單、不做過橋業務、不用高佣金增員、不追逐規模保費；鑫山長期培養自己的人才，全力發展培訓系統與高客系統，成為公司的核心能力；鑫學堂、書香辦公室、圓桌會館，都在堅持人文品質經營。我們認為現在的努力，包括創新、突破、挑戰自我，都在決定一年甚至三年後的結果，最終能讓我們成為不平凡的公司。

第七條　實施差異化策略，並落實在品質經營上，是我們競爭制勝的王道

差異化策略的要點，在於不斷拉大差距、墊高門檻，讓競爭對手難以模仿、追趕，得以維持市場優勢。所以永遠要精益求精，精進不停。

每個企業的競爭核心策略都不太一樣，有的用技術取勝，像蘋果；有的用服務取勝，像招商銀行；有的用價格取勝，像沃爾瑪；有的用物流取勝，像亞馬遜。以網購平台而言，像淘寶規模大品項多，京東質量好速度快，拼多多東西便宜，各有專擅勝場的策略。

鑫山不做產品，也沒有高科技，更不能決定價格，我們決心用「品質經營」取勝：從人才品質入手，做出培訓品質、業務品質、客服品質、管理品質以及職場品質。但是品質差異化很難短期做到，必須一點一滴，日日精進，其關鍵源頭在於建設最優秀的人才團隊，具備品質意識，用心將細節做到極

致，這也就是德國人、日本人的「匠人精神」。

第八條　好的開始是成功的一半，凡事一開頭就要做對，特別是策略、方向、目標、任務，至於產品服務、制度流程可以邊做邊優化改善

經營企業，無論是決定新的通路、研發新的產品，或開展一個項目客服計劃等等，一開頭，就要找對人，做對事，否則失敗、錯誤、走彎路的代價極大。

鑫山創業初期，高管群雖然在保險業身經百戰，但都缺乏經營保險代理行業的經驗，一路摸著石頭過河，其實犯了不少錯誤，包括第一套基本法缺乏吸引力，分公司使用面積過大，財產險業務策略太冒進，上海同業增員過度樂觀等等，幸好當發現問題不對勁時，立即改弦易轍，採取一連串的補救措施，但成本已經增加，並耗費了龐大的時間資源。最大的失敗是二〇一三年投入電話營銷通路的行動，才做了六個月就收攤，這堂課繳了超過人民幣五百萬元的學費。

這些錯誤和失敗的經驗，形成深刻的教訓，教會高管層不斷思考，凡事要「慎始」，一開頭就要做對事，就是俗話說的：「好的開始，是成功的一半。」

所以最近這幾年，所有的策略方向的規劃，方案的推動，資源的投入，都經過市場信息的蒐集、政策趨勢的研判，高管層反覆的辨證，謀定而後動，以減少錯誤，包括幼獅計劃、青年領袖發展計劃等增員方案，鑫秘書系統的推進等。但儘管這樣的努力改善，大錯可以免，小錯卻仍然不斷，可見經營判

斷之不易。

第九條　到現場，找答案

領導者只有到最前線，才容易發現事實真相、找到解決問題的方法，比較能夠做出正確的決策。我常常提醒管理層，**讓聽得見炮聲的人參與決策，在一線戰場的他們，意見應該得到最大的重視**。中國歷史上，皇帝御駕親征不乏其例，其目的除激勵士氣外，更重要的是及時掌握戰情，快速做決策，打勝仗的機率比較高。否則即使千里快騎傳遞軍情，來回戰地及京師一週，軍機早貽誤了。

組織的領導者必須要到基層訪視、調研，保持對現場的關注和興趣，這是創造優質產品、服務、管理不可或缺的一部分，士氣更會受到激發。**親到一線現場建立的敏感度、理解力、判斷力，是領導者解決問題、做決策的基礎**。有些分支機構做不好，我也會派遣總部高管到該機構蹲點督導一段期間，以便徹底了解原因、解決問題。

擔任高管超過三十年，我一直勤快的到各機構去視察訪問，就在踐行這個信念。即使在上海總部上班，一有空檔，我也會無預警的到上海分公司或營業部的職場去走走看看。辦公室都會有種氣場，不管人多人少，有經驗的領導者都可以聞出士氣的良窳，夥伴們的精神面貌總會透露出團隊強弱的信息。

四十多年前，我在南山人壽擔任營銷經理期間，因業績表現獲得公司的旅遊獎勵，帶家人去美國旅遊。我參加的美西旅遊團，有一天入住拉斯維加斯的賭場豪華酒店，隔天早上搭小飛機前往科羅拉多大峽谷遊覽。小飛機是八人座，只有一位機長兼乘務員接待七位乘客。這位笑容可掬又帥氣的機長登機前詢問：「誰要坐副駕駛位？」我自告奮勇選了副駕駛的座位。坐在副駕駛座位上，視野特別好，沿途一路欣賞風景一邊聽機長講解有關大峽谷的故事，非常過癮。得空時機長和我攀談起來，才知道他曾經是美國空軍飛行員，並在台灣清泉崗空軍基地駐防兩年。我台中老家距清泉崗只有十公里，這一下子拉近了距離，兩人都感覺格外親切。

大峽谷到了，機長親切地把大家一個個扶下飛機。我最後下飛機時，機長提議跟我換名片，客氣地說改天有機會去台灣時來找我。

當我接過名片，一下子驚呆了，原來他竟是擁有上百架飛機的拉斯維加斯航空公司的董事長兼總裁！我問他身為一把手的領導者，為什麼還要親自駕駛飛機接待客人？他說這是他們公司的文化，高層同樣要接近市場，貼近客戶，只有這樣，才能真正了解公司服務的質量和客戶的需求是否被滿足。當時年輕的我相當震撼！對我一輩子的工作有深刻的啓發：身為高管，永遠要貼近客戶市場，到聽得見炮聲的前線去！

第十條　要做到明察兼聽，睿智判斷，兩代彙報關係是最有效的管理模式

傳統管理模式都是管一代，避免越權指揮或越級報告，造成指揮管理系統的混亂，也有它的道理，

但顯然這樣管理的風險也高，容易一手遮天，很多不好、不對的事都屏蔽或被壓制下來。

「兩代彙報關係」是最有效的，這也是我擔任保險公司高管三十年一直採用的模式。每層管理者往下看二代，可彌補領導和管理的死角，信息不被阻隔，可觀察公司的政策是否被忠實執行，人員是否適才適任，理念及價值觀的傳遞是否暢通，紀律的要求是否被貫徹。而且兩代的管理更有機會挖掘人才，不因下一層主管個人好惡偏頗、個性不和而埋沒人才甚至流失。

兩代彙報關係是以信任做基礎，如果組織內缺乏信任，不但達不到效果，還會引起猜忌與混亂。因此，高階領導層有責任去營造相互信任的文化環境氛圍，也就是一種公開、透明的互動模式，不暗箱操作，不在背後說三道四。我向第二代主管交代的事，或第二代主管直接向我彙報的事，一定會讓第一代主管也盡快知道，信息透明，就不存在猜疑的問題。

我在宏利保險集團工作十年，十年裡唯一的老闆就是Marc Sterling，而無獨有偶，他也是管兩代的奉行者。向他彙報十年，我們彼此之間的信任，連一根針也插不進來，我們共同營造的信任環境，也建立了優良的文化風氣。

我在中宏人壽擔任總裁時期，有一年，有一位向我彙報的區域總經理不滿我對某件事的決策，用電子郵件私信給Marc董事長，信中批評了我一頓。Marc簡單回覆他，並建議他直接與我討論，Marc把他的覆文連同郵件的來文同時傳送副本給我。這位區域總經理嚇得從此以後再也不敢背後打小報告。

第十一條　衝突對良好的團隊合作關係不可或缺，它是求取共識，得到精誠團結的過程

經驗顯示，團隊合作關係中，若有建設性的衝突，反而發展更好，因不同的意見或視角的碰撞，能得到越多的火花，也比較有機會繞開可能的錯誤彎路。一個有建設性衝突的團隊，只要成員理解衝突的目的，在於最短時間找出最佳的解決方案，而態度上能就事論事、對事不對人，即使爭論得面紅耳赤，或當場言語逆耳致心中不快，但結果通常解決問題更快。所以不要害怕衝突，只要敞開心胸，目標一致，因衝突而謀求共識所花的時間、精力是最好的投資。

衝突最大的禁忌是，不當面說清楚，卻在背後講閒話、說三道四；或者表面上接受他方的意見或會議的結論，但事實上卻暗中杯葛，或採不配合、不支持的消極態度。真正的團隊合作模式，在建設性的衝突之後，決策一旦形成，所有成員一定絕對服從，雖不贊成，但一定支持，成員都理解團隊合作優先於個人偏好。

第十二條　我們必須擁有成長的心態，持續成長才是真正的成功

團隊持續成長要具備時時學習的精神，嘗試創新，挑戰障礙，不畏懼失敗，不斷從錯誤中學習。持續成長要靠熱情、靠努力、靠訓練，更要具備樂觀、積極的心態。

成長的過程苦澀，成長也有風險，但成長的果實是甜美的。有些人恐懼成長，畏於挑戰艱難，害

怕其中過程壓力會更大。譬如有些營銷部門或機構負責人，到下半年或第四季度時，刻意放緩業績的進度，以避免下一年度被賦予更高的業績指標。殊不知，成長本身就是一種動能，就像飛輪一樣，越踩越快、越輕鬆，但刻意壓抑放慢，會讓動能喪失，等到發現慢太多，要重新加速，得付出極大代價。

成功也往往會局限持續的成長。因為成功容易讓人陷入自滿，失去謙卑，不自覺地縮小自身的視野，並因傲慢而在重要決策中犯下錯誤。因此開闊眼界、擁有健康的成長心態，比聰明才智和能力更重要。我們要常常思考未來一年到三年成長的機會點在哪裡？成長的動能來自哪裡？這是領導者必須具備的格局。

第十三條　長期成功需要紀律

企業或團隊可以因技術的突破、新產品的推出、營銷策略的創意或服務的創新而獲得階段性的成功，但要持續、長期的成功，沒有嚴明的紀律是很難做到的。

紀律就是嚴格的自我要求、遵守團隊規則及法律規範。保險業的團隊像軍隊，沒有紀律的軍隊無法打仗，沒有紀律的營銷隊伍就沒有戰力。有紀律的人擁有更多的自信、堅持和毅力，這項特質比專業和聰明才智更能夠帶來成功。

企業經營，除了遵守規章制度外，嚴格執行系統化的運作、標準化的流程（SOP），都是工作紀律的展現。組織規模越龐大，紀律的要求越高，像麥當勞、肯德基、星巴克這些全球性連鎖的餐飲產業，都有嚴謹的作業流程及食品安全規範，若缺乏工作紀律導致疏失，都會造成品牌的災難。像優衣庫的《經營者養成筆記》、無印良品的《解密無印良品》，他們的創辦人透過這些文字規則，去確保所有員工的基本動作正確。因為紀律的嚴格執行，這些產業的龍頭得以建立深厚的公眾信任與品牌價值，他們的公司因而能夠持續成功，而基業長青。

營銷團隊自主性高，強調主人翁意識，因此在營銷團隊中對紀律的要求，動機很重要，目的是要利他的，如果為了滿足個人權力和威望而要求紀律，很難服眾；如果是為達成團隊目標，為夥伴的成長和成功而要求紀律，譬如要求出勤、培訓、會議，比較容易被夥伴們心悅誠服的接受。而一支有紀律的團隊，肯定是有績效、有生產力的雄獅隊伍。

堅持義利之辨

保險行業的夫妻檔特別多，尤其夫妻在同一家公司一起打拚事業的案例相當普遍。鑫山的規章制度中特別規範了夫妻在公司內部的關係：若夫妻都是外勤，可以有隸屬及彙報關係；但夫妻分別為內勤與外勤，或都是內勤，則不能有直接或間接的隸屬及彙報關係。

我們曾經增員過江蘇無錫的一對夫妻，兩人都很優秀。太太是某外資保險企業的分公司總經理，先生是外勤團隊長，但不在同一個城市。藉由鑫山提供的平台，兩人希望能回到無錫，由太太擔任總經理，先生擔任團隊長，夫妻聯手打造事業，拓展無錫市場。

但鑫山的經營理念是以營銷人員的利益為出發點，依據我們過去幾十年的經驗，如果夫妻在同一條線有隸屬關係，容易有弊端，如利益傾斜、處事不公的情事，難免會影響團隊的互信與和諧，使工作關係與環境變得複雜，恐導致營銷人員的發展進退失據。他們夫妻很喜歡鑫山的文化價值觀與環境氛圍，卻不能接受隸屬關係的切割。雖然我們對他們兩位也很欣賞，但不能違背團隊的管理原則、制度與紀律。因為這一點，雙方合作發展的機會失之交臂，我們也錯過了開發無錫市場的良機，迄今，仍無緣進入無錫開設機構。但我們卻從未後悔，鑫山不會因眼前的利益而忘記我們的價值體系與經營準則！

後記
人生的羅盤

二〇一一年，我在中宏退休前夕，在大陸出版了《舉重若輕》。回到臺北，我把該書送給好友，時任《商業周刊》執行長的王文靜女士，並徵詢她在臺灣出版的可能性。文靜喜歡這本書，覺得內容很有啓發性，但認為這種隨筆札記的形式，對臺灣讀者並不討喜，她建議我用傳記的寫法，嵌入工作和生活的深刻體悟，比較有可讀性，甚至，怕我沒時間，還推薦了一位寫手進行訪談及撰稿。

那個時段，我緊鑼密鼓地籌備「鑫山」創辦事宜，心情比較匆忙，家裡的人也反對，認為創業成敗未卜，不應該分心，而且創業若未成功，出書顯然會成為笑話，遂決定作罷。

「鑫山保代」成立後歷經十年，有了穩定的根基，而因為疫情的阻隔，這兩年我停留在臺北的時間較多，有餘裕來思考領導經驗傳承的事，並得以決心發憤整理及寫作，終於完成本書，可謂事隔十年，因緣才得俱足。

由於兩岸時空環境、互動氛圍的變化，還有運輸物流的障礙，出版及發行本書變成相當的複雜。我現在事業的主力在大陸，應以發行簡體中文版為優先，但臺灣是我學習成長、職涯起步的搖籃，縱然我已離開臺灣保險業二十年，也許發行量不會太多，但感情上好像也不能缺少繁體版。最後我決定分別用繁體中文及簡體中文做兩個版本的發行。

我透過「商周出版公司」總編輯何宜珍女士的介紹，認識特約主編陳瑤蓉女士，她組織了一個編輯小組，高效、優質地把兩個版本分別做出來。我也特別感謝好友李聖偉將軍及《中國時報》前社長林聖芬學長的引薦，認識了「時報文化出版公司」的趙政岷董事長，蒙他慨然協助而成就了本書繁體版的問世。

從「培養領袖講堂」的備課及培訓，到寫作本書，本意想的是領導力的傳承，但無意間，因個人保險職涯中的橫逆多難的經歷，使得本書竟也變成具有勵志的作用，真是無心插柳的結果。

回顧我的保險人生，雖然曲折險阻、心志折磨，但樂觀、自信及堅持的心態卻始終不變，這歸因於我心中有座明確的人生羅盤指引方向。在職涯中我有許多關鍵的選擇，幸好都沒走上岔路，或即便有時繞了彎路，也能及時回歸正途。

人生羅盤的中心點就是「了解自己」。明白自己的優勢及短板，誠實地面對自己，接受不完美的自己。越了解自己，才能找到內心的熱情與力量。

人生羅盤的北方，是「價值與原則」。掌握住自己價值觀的底線，並形成生活的原則，包括誠信、正直、紀律、是非觀念等等。當面對誘惑、遭受壓力、發生衝突、感覺不安時，價值底線將協助做出抉擇。

人生羅盤的東方是「目的與動機」。人生到底為何而戰？生命價值與市場價值的取捨與平衡？有強烈動機的人，才有強烈的熱情。顯然地，人生最美好的事，是做自己感興趣、能發揮優勢且利他的工作。

人生羅盤的南方是「良師益友和家人」。沒有人能夠獨力成功，師友家人永遠是最大的支持力量。但自己要先付出，要敞開心胸，才能得到信任與支持。

人生羅盤的西方是「平衡的人生」。真正的平衡，是將自己生命中的所有部分整合在一起，在任何環境下，都能保持本色——做真實的自己。取捨之際，做正確選擇，並且有所放棄，追求內心真正想要的，而不是別人的期待，努力經營內心的幸福感與富足感。

因為心中的這座羅盤，使得我在經歷獨特的職涯中，得以越挫越奮，持續精進；也使得我在退休耳順之年投入創業，顛覆一般人的六十歲規劃，走一條與別人不一樣的路；也使得我在鑫山成立十週年之際，發憤寫作本書做好傳承的工作。擁有這一座人生羅盤，不但豐富了我的人生旅程，更得以留下遺澤供年輕世代的人們參考，這實在是生命裡莫大的福報。

雖然我年輕時愛寫文章、填詩賦詞，但保險專業幹久了，疏於筆耕，拿起筆桿有如千斤之重，能夠完成十六萬字實在不容易，顯然是老天恩賜的力量。特別感謝林聖芬學長為我寫序，他筆力遒勁，文辭雋永，為本書增色添彩。而寫作過程中，我陸續發給很多好友指正，他們或不吝提出建議，或不斷勉勵打氣，激勵我持續維持動能，這裡就不一一列舉芳名，一併致上最深的謝意。

寫書過程中，對人生、職涯及領導思維不斷地「省思」和「復盤」，其實收穫最大的就是自己。回顧過往的人生與領導旅程的各個重要轉折，應對了美學家蔣勳老師說的：「我們的生命有時會有一種大時代的遼闊，要去發出大的聲音……」，而「人生的豁達與從容，大概都來自於毋須去堅持非此即彼，而是能夠優游於生命的變化裡，耐心地看待某一段時間中，我們還沒有發現的意義。」

的確，生命中只要保持好奇，不斷探索，從來不缺精彩，永遠等待我們去發現新的意義與價值。所以人生旅程的故事仍然值得期待，新的篇章還在待續中……

PEOPLE 497

出將入相：鑫山保代公司創辦人林重文的保險人生與領導旅程

作　者——林重文
照片提供——林重文
特約主編——陳瑤蓉
校對編輯——吳慧玲
校　對——呂佳真
協力編輯——王清閔．陸璟
專案協力——林詩琪
責任編輯——廖宜家
主　編——謝翠鈺
企　劃——陳玟利
封面設計——Javick工作室
美術編輯——張瑜卿

董事長——趙政岷
出版者——時報文化出版企業股份有限公司
一〇八〇一九　臺北市和平西路三段二四〇號四樓
發行專線／（〇二）二三〇六六八四二
讀者服務專線／〇八〇〇二三一七〇五、（〇二）二三〇四七一〇三
讀者服務傳真／（〇二）二三〇四六八五八
郵撥／一九三四四七二四　時報文化出版公司
信箱／一〇八九九　臺北華江橋郵局第九九信箱
時報悅讀網——http://www.readingtimes.com.tw
法律顧問——理律法律事務所　陳長文律師、李念祖律師
印　刷——勁達印刷有限公司
初版一刷——二〇二三年五月十二日
定　價——新台幣四二〇元

時報文化出版公司成立於一九七五年，並於一九九九年股票上櫃公開發行，於二〇〇八年脫離中時集團非屬旺中，以「尊重智慧與創意的文化事業」為信念。

出將入相：鑫山保代公司創辦人林重文的保險人生與領導旅程／林重文著 --- 初版 --- 臺北市：時報文化出版企業股份有限公司，2023.05
面；17×23公分. ---（People 497）
ISBN 978-626-353-777-4（平裝）

1.CST：林重文　2.CST：自傳　3.CST：保險業管理
4.CST：領導

783.3886　　112005811

ISBN 978-626-353-777-4　Printed in Taiwan